群体性事件中犯罪参与者刑事责任研究

杨灵芝 著

法律出版社 LAW PRESS · CHINA

前　言

随着经济体制改革发展，政治体制改革的积极推进，利益格局发生根本性变化，以至于激发了各种矛盾的冲突，使得群体性事件呈现日益剧增的趋势。群体性事件的发生并不是偶然的，而是长期积累的社会矛盾的爆发，如民生生活权益的被侵害，宗教信仰的不同，执法人员的不当执法，医患关系的紧张等都是导致群体性事件发生的必然因素。群体性事件频发既破坏了社会稳定发展，加大"维稳"困难；又损害了国家、社会、民众的权益。面对此困境，政府部门侧重于柔和的处理措施，多数采取的是行政化追责处理。然而，从长远来看，行政化追责模式并不利于群体性事件有效治理，也不利于国家提倡"法治化"道路建设。面对群体性事件对社会危害性越来越大的趋势，因此，刑法介入成为必不可少的手段。

然而，群体性事件在适用刑法调整时存在许多困境。首先，从立法层面来看，"群体性事件"一词并不是刑法领域的规范性术语，直到2013年9月最高人民法院、最高人民检察院施行的《关于办理利用信息网络实施诽谤等刑事案件的司法解释》和《关于审理编造、故意传播虚假恐怖信息刑事案件的司法解释》两个司法解释中，才正式把"群体性事件"一词纳入刑法规制领域，填补了刑法领域中关于"群体性事件"的立法空白。而在学术理论界中，已有很多学者对"群体性事件"作了界定，综合其优点和缺点，笔者认为群体性事件是指因某种社会矛盾所引起，由三人以上人员聚众共同实施违反刑法规定的，给社会带来重大危害的集群行为。其次，从司法实践层面来看，群体性事件属于多人参与犯罪的形态。在司法实践中，存在主犯、从犯的分界模糊化；犯罪圈的扩大化；煽动犯的非处置化；以及群体性事件中犯罪参与行为和犯罪参与主体的不明确化等问题。针对这些问题的出现,需要甄别出群体性事件中的犯罪、聚众犯罪、共同犯罪三者之间的关系,找出其共性的一面,同时找出其个性的一面。如群体性事件中的犯罪与聚众犯罪之间,群体性事件中的犯罪与聚众犯罪既有交集,又有相异的地方。如除了聚众淫乱罪和聚众赌博罪不被群体性事件的罪名包含之外,其他聚众犯罪几乎包含在群体性事件犯罪当中。群体性事件中的犯罪除了有聚众犯罪,还有非聚众犯罪,如妨害公务罪、故意伤害罪等。而群体性事件中的犯罪与共同犯罪更为错综复杂,群体性事件中的犯罪形态既包括共同犯罪,又包括单独犯罪,如何判断和甄别是否为共同犯罪,则主要以犯罪参与人是否有“意思联络”为依据,反之,构成单独犯罪。从群体性事件涉及的罪名梳理来看,构成单独犯罪的情形有两个罪,聚众扰乱公共场所秩序、交通秩序罪和非法集会、游行、示威罪。此处的两个罪名只处罚首要分子,不处罚积极参与者和一般参与者,当然,如果首要分子是二人以上,则构成任意的共同犯罪。此处只能是首要分子为一人的情况下构成单独犯罪。最后,从多人参与犯罪的理论层面来看,在理论上有两种体系之争:“一元犯罪参与体系”与“二元犯罪参与体系”。一元犯罪参与体系认为,凡是对犯罪的实行进行加工者都是“正犯”,对各个犯罪参与者,根据其加工的程度及性质来量定刑罚,也即根据参与犯罪的作用大小区分主犯或从犯,进而对其刑事处罚。一元犯罪参与体系避免了共犯正犯的诸多难题,如对认定罪责过于烦琐、不易理解等问题有一定的积极意义。同时,也有学者认为,一元犯罪参与体系存在许多的局限性和不合理性,如两个以上犯罪参与者的行为,对于构成要件的实现,都有因果关系,但有些是直接关系,有些是间接关系,法律上不能作出相同的评价。从行为的客观方面分析,有些是犯罪构成要件上的行为,有些则是犯罪构成要件以外的行为,如果不区分行为的性质,一律认为是“正犯”,则违背了罪刑法定原则。二元犯罪参与体系认为,犯罪参与者需要有正犯共犯的区别,以基本犯罪构成作为前提条件,根据多数行为者的参与形态,在总则中设修正的一般规定,使其成为分则各条规定的基本犯罪构成要件的一个组成部分或者必要的补充。依照共犯的从属性区别正犯和共犯,只有正犯存在才有共犯的存在。根据罪刑法定原则和罪刑相适应原则,正犯共犯的分离体系是可取的，虽然正犯共犯的分离体系相对“正犯”体系复杂得多，但是，根据我国现有的刑法环境和体制，我国既然已经承认了教唆犯的存在，则意味着认同了正犯共犯的分离体系。

在正犯共犯分离体系背景下，分析群体性事件中犯罪参与者的刑事责任，是一个值得深入研究的问题，既解决了司法实践中量刑不清晰的问题，也可以为群体性事件中的犯罪提供一些理论支撑依据。因此，笔者试着在犯罪参与体系下分析群体性事件中犯罪参与者的犯罪参与行为，根据其犯罪参与行为确定其承担相应的刑事责任。群体性事件中的参与主体非常广泛，有煽动者、指挥者、策划者、组织者、肇事者、围观者、旁观者等，其中部分参与者构成犯罪主体，部分参与者不构成犯罪主体。而参与者实施了指挥行为、组织行为、策划行为、教唆行为、帮助行为等犯罪参与行为才能构成犯罪主体，追究其刑事责任。因群体性事件中的犯罪与聚众犯罪和共同犯罪都有错综复杂的关系，因此，以聚众犯罪中的刑事责任主体分类：首要分子、积极参与者、一般参与者作为群体性事件中的犯罪主体分类试析。一是群体性事件中的指挥者、策划者、组织者等都是首要分子，其承担主犯的刑事责任。然而，是否所有的首要分子都是主犯呢？答案是否定的，首要分子不一定是主犯，部分首要分子在犯罪中只起到次要作用或者辅助作用时，可以构成从犯，承担小于主犯的刑事责任。再试问，首要分子是否一定就是正犯？是否首要分子也有构成共犯的情形？根据德国学者罗克辛教授的行为支配论观点，实施了行为支配即可构成正犯，如果不具有这种意义上的行为支配，只是通过引诱、促进、援助他人的犯罪行为而加入其犯罪行为的，不能构成正犯，只能构成教唆犯或者从犯。二是群体性事件中的积极参与者，我国刑法对积极参与者的定义和范围并未作出一致的界定，导致与司法实践中的认定难以达到统一的标准。积极参与者的界定要考虑两点：一是考虑参与者在群体性事件中所起的实际作用；二是考虑参与者在群体性事件中的主观恶性以及积极的态度。从群体性事件中参与者的实际表现来看，主要有四类主体可以归为积极参与者：积极响应者；具体危害行为的直接实施者；危害后果的制造者；在犯罪现场实施有效煽动和助威导致危害结果的人。群体性事件中的积极参与者是正犯？还是帮助犯？

抑或教唆犯？根据其在群体性事件中是否对行为起到支配作用确定其构成正犯或者共犯，再结合其在群体性事件中的主观恶性和对犯罪结果起到的作用确定其构成主犯或者从犯。三是群体性事件中的一般参与者，在现行刑法中一般参与者并不构成犯罪，但有三个例外：一是涉及危害国家安全罪中，一般参与者是构成犯罪的；二是如果一般参与者与积极参与者和首要分子构成必要的共同犯罪，则与首要分子和积极参与者定为同一罪名，只是在刑事处罚上轻重不一；三是当一般参与者转化为积极参与者时，则由不构成犯罪转为犯罪。一般参与者在一般的情况下只构成共犯中的帮助犯，对犯罪没有起到主要的作用，以从犯论处。

除了群体性事件中的正常犯罪形态之外，还存在一些特殊的情形，如共犯实行过限问题，共犯脱离问题以及网络群体性事件中犯罪参与者的刑事责任问题等。在多人参与犯罪的过程中，部分犯罪参与者会超出共同故意的范围实施犯罪活动，此时，实行过限的行为人需要单独承担实行过限的刑事责任，构成单独犯罪，不能与其他共犯人承担同样的刑事责任。反之，在群体性事件中存在共犯脱离的现象，但是，我国刑法并没有关于共犯关系脱离的规定，一般而言，在处理相关案件时，理论界通常是比照“犯罪中止”的规定，按照“一人既遂，全体既遂”的原则进行处理，再把共犯脱离的现象作为酌定量刑的情节予以考虑。其争锋的焦点在于是构成犯罪中止还是共犯脱离，如果构成犯罪中止，则犯罪参与者只承担犯罪中止的责任；如果成立共犯脱离，则承担共犯脱离的责任。构成共犯脱离更为妥当，根据罪刑法定原则，退出后的参与者不应当对退出后的行为承担刑事责任。这就弥补了犯罪中止理论的不足。另外，随着网络的普及，网民参与集体抗争活动增多，网络群体性事件随之而来，网络犯罪成为一个不能回避的新问题。然而，在网络群体性事件犯罪中，由于网络的隐蔽性和自由性，存在犯罪主体难以确认的困境，共同犯罪的“故意”很难界定，因此，必须寻找其突破之路。有观点认为，网络群体性事件中的犯罪参与者可以构成教唆犯；有观点认为，网络群体性事件中的犯罪参与者可以构成煽动犯；而笔者赞同构成教唆犯的观点。虽然传统的教唆犯教唆对象应该是特定的，但是鉴于网络的特殊性，可以对教唆犯较多的对象进行扩大化解释，能够解决这一问题。

综上所述,群体性事件中的犯罪行为具有严重的社会危害性,刑法的介入将会成为必然趋势。特别是在日益发达的今天,民众物质生活水平的提高,将会对制度和诉求要求透明化程度要求越来越高的情形下,刑法将为民众的生活保驾护航,共同实现法治社会的伟大目标。

目录

绪　论

一、研究背景

当前,随着经济的高速发展和改革继续深化,社会发展中积累的问题爆发出来,如贫富差距加大、失业人口增多、农民利益被侵害等,这些问题激发了社会矛盾的发生,导致群体性事件急剧增多。据中央社会治安综合治理办公室和公安部披露的数据显示,群体性事件的数量从1994年的1万多起上升到2004年的7.4万起,十年时间增加了6倍,参与人数以4倍的趋势在增加。2005年达到约8.7万起;2006年达到约9万起;2007年达到8万余起;2008年达到9万余起;2009年达到10万余起;2011年达到13.9万余起;2012年上半年达到7.4万余起;2013年上半年达到8.4万余起。① 另外,据中国社会科学院法治研究所的研究认为,以目前群体性事件的实际情况出发,根据参加者的规模划分,其中以参加者达100人以上的群体性事件具有高度的代表性,且一些地方将100人作为评价群体性事件严重程度的分界线。其研究结果显示:从2000年1月1日至2013年9月30日,中国境内发生的871起100人以上的群体性事件中,参与者规模在100人至1000人的有590起,占66.7%;参与者规模在1001人至10,000人的有271起,占31.1%;参与者规模在10,001人及以上的有10起,占1.1%。根据调研所得的样本,2010年、2011年和2012年是群体性事件的高发期,在871件100人以

---

① 参见张明军、陈朋:《2013年上半年群体性事件分析报告》,载《中国社会公共安全研究报告》2013年第2期。

上群体性事件中分别占 18.7%、19.7%、24.0%。[①] 在上述群体性事件剧增趋势中，群体性事件给社会稳定造成极大的负面影响，不利于人们和谐幸福生活状态。诚然，频发的群体性事件与社会纠纷争端增多总体环境有关，从最底层来看，贫富差距的拉大、贪污腐败，以及官民的冲突为其提供了温床；往上看，是民众对公平、正义诉求增加以及政治利益透明性需求为其提供了冲突的空间。

然而，作为一名普通民众和学法之人，常会想到这样的问题：群体性事件的参与者是谁？为什么要发生群体性事件？是否群体性事件中所有的参与者都构成犯罪？群体性事件中参与者的哪些行为是犯罪行为？哪些行为不是犯罪行为？当在群体性事件中出现危害国家权利和他人的生命权、财产权、健康权时，应该由谁承担责任？为什么教唆犯、帮助犯本人没有亲自参与犯罪的实行行为，却同样要承担刑事责任？为什么共犯人要根据"部分行为承担整体责任"的处罚原则进行处罚，既然是部分行为，为何要承担整体责任呢？为什么共犯人在超出了共同故意的范围则不承担相应的刑事责任？为什么共犯人在中途退出其犯罪参与行为，不需要承担刑事责任呢？这些看似简单的问题，其实蕴涵着犯罪参与理论研究的重要课题，犯罪参与即狭义上的共同犯罪问题，同时还涉及聚众犯罪相关问题。群体性事件本身的复杂性，使参与者和犯罪参与行为呈现多元化状态，想要解决以上问题并非易事，而解答这些问题的钥匙就是聚众犯罪及其共同犯罪的理论融合。

曾有学者云，"共同犯罪"是令人绝望的一章。的确，共同犯罪的内容实则复杂，再结合群体性事件的多元化，则更是令人难以把控。纵观学界对群体性事件的研究，其主要研究领域从社会学、政治学、心理学、犯罪学视角切入，而从刑法学的视角切入甚少。之所以从刑法中的犯罪参与中的角度切入分析群体性事件中犯罪参与者的刑事责任，一是群体性事件中犯罪主体的模糊性，使刑事责任主体不明确，导致犯罪处罚圈的扩大。二是群体性事件属于多人参与犯罪的情形，与共同犯罪形态相

---

① 参见李林、田禾著：《中国法治发展报告》，社会科学文献出版社2014年版，第271～283页。

吻合。犯罪参与是一个事实概念,并不是一个规范概念,从广义上来说,犯罪参与包括共同故意犯罪、共同过失犯罪、间接正犯、一方出于故意而与另一方出于过失的犯罪等所有二人以上作用于同一犯罪事实的情形;从狭义上来说,犯罪参与仅指共同犯罪。[①] 群体性事件中的处置按照聚众犯罪来处罚,适用了刑法中的分则的规定。然而,也存在共同犯罪的特殊形态,因此,不仅要适应刑法分则的规定,还要适应刑法总则的规定来完善群体性事件的处理。运用共同犯罪理论处置群体性事件,群体性事件中的参与者人数众多,符合共同犯罪构成要件中的主体要件——两人以上,而从群体性事件中构成"群体"的人数必须为三人及其以上,群体性事件的参与主体是被包含于共同犯罪的主体人数之内的。群体性事件中的"群体"界限与聚众犯罪中的主体——三人及其以上具有相似性,但两者也有相异性。群体性事件中的犯罪参与者都是处于故意的心态参与群体性事件,与一般犯罪构成中犯罪主观方面既有故意又有过失的心态不同。然而,从对群体性事件的传统处理来看,大部分司法工作者直接采用聚众犯罪处理群体性事件中的犯罪参与者,对群体性事件中的犯罪与聚众犯罪的差异性并无太多的考量,也未结合共同犯罪的理论来处理群体性事件中的犯罪参与者。因此,需要厘清群体性事件中的犯罪与聚众犯罪和共同犯罪之间的关系,区别出群体性事件中共同犯罪主犯和从犯的身份,使犯罪参与者各自的刑事责任都得以实现。但遗憾的是,目前刑法学者并未对群体性事件中犯罪参与者刑事责任进行系统的探讨和分析。鉴于此,本书作出这一尝试。

二、研究现状

我国学界对群体性事件的研究已经取得了一些富有价值和指导意义的研究成果。以社会学、行政法学、公安学、行政管理学研究成果居多,刑法领域的研究成果还比较少。专门从刑法视角研究群体性事件的

---

① 参见中国人民大学刑事法律科学研究中心编:《刑事法热点问题国际视野》,北京大学出版社 2010 年版,第 149 页。

博士论文只有1篇，即李海良博士的《群体性事件刑法规制研究》；涉及犯罪学学科博士论文2篇；硕士论文涉及刑法领域的有十几篇。在CNKI库中用“群体性事件”关键词搜索以及“群体性事件对策研究”“群体性事件刑事政策”“群体性事件犯罪构成”“群体性事件与行为”“群体性事件与行政法”等为主题搜索到文献数千篇，但从刑法角度去研究的只有120篇左右，其中核心期刊11篇；国内与群体性事件相关的著作20余部。以下梳理的是对涉及本论题的研究成果。

（一）国内研究现状

目前，国内学者没有对“群体性事件中犯罪参与者的刑事责任”进行专门的研究。[①] 但是，有与本书密切相关的命题——“群体性事件刑法规制”——的研究成果，共有1篇博士论文，专著3本，[②]也有部分期刊和报纸刊登了相关性的文章，这些相关的研究成果，可资借鉴。

首先，有关“群体性事件”的研究。最早涉及的是“群体性事件概念”的界定研究，中共中央办公厅于2004年的《关于积极预防和妥善处置群体性事件的工作意见》文件中指出：群体性事件是指由人民内部矛盾引发、群众认为自身权益受到侵害，通过非法聚集、围堵等方式，向有关机关或者单位表达意愿、提出要求等事件及其酝酿、形成过程中串联、聚集等活动。2000年4月5日公安部颁发的《公安机关处置群体性治安事件规定》指出：群体性治安事件是聚众共同实施的违反国家法律、法规、规章，扰乱社会秩序，危害公共安全，侵犯公民人身安全和公私财物安全的行为。中共中央办公厅和公安部对群体性事件概念各有侧重点，中共中央更加强调群体性事件是国家人民内部的矛盾，公安部强调群体性事件是违反法律、法规的一种行为。中国行政管理学会课题组在其研究报告中指出，群体性事件是指因人们内部矛

① 笔者在中国知网（CNKI）数据库中以“群体性事件犯罪参与刑事责任或者群体性事件中共同犯罪研究”为篇名进行模糊检索，没有发现以此为题的论文，在图书数据库和互联网搜索引擎，也没有发现以此为论题的专著。

② 分别是：李海良：《群体性事件刑法规制研究》，西南政法大学2013年博士学位论文；刘德法著：《聚众犯罪理论与实务研究》，中国人民公安大学出版社2015年版；李宇先著：《聚众犯罪研究》，中国人民公安大学出版社2015年版；莫晓宇著：《涉众型犯罪研究》，中国人民公安大学出版社2015年版。

盾而引发,由部分公众参与并形成有一定组织和目的的集体上访、集会、阻塞交通、围堵党政机关、静坐请愿、聚众闹事等群体行为,并对政府管理和社会造成影响。应星教授认为,群体性事件是指由人民内部矛盾引发的、10 人以上群众自发参加的、主要针对政府或企业事业管理者的群体聚集事件,其间发生了较明显的暴力冲突,出现了比较严重的违法行为,对社会秩序造成了较大的消极影响;卢建平教授认为,群体性事件是指由某些社会矛盾引发,特定群体或不特定多数人聚合临时形成的偶合群体,以人民内部矛盾的形式,通过没有合法依据的规模性聚集、对社会造成负面影响的群体活动、发生多数人之间语言或肢体行为上的冲突等方式,或表达诉求和主张,或直接争取和维护自身利益,或发泄不满、制造影响,因而对社会秩序和社会稳定造成较大负面影响的各种事件;于建嵘教授认为,群体性事件是指有一定人数参加的、通过没有法定依据的行为对社会秩序产生一定影响的事件;康均心、马力教授认为,群体性事件是现代社会生活中具有挫折感的个体,由于在某种情境中获得暗示而结成群体,公开进行的扰乱和破坏社会秩序,造成严重社会影响和后果,应当受到法律制裁的行为,至今还没有一个具有通说地位的群体性事件的概念。卢建平、于建嵘、康均心三位学者站在法学的角度对群体性事件所下的定义,都有自己的侧重点,卢建平教授强调群体性事件是一个人民内部的矛盾,所发生的事件是没有合法依据的;于建嵘教授强调群体性事件是没有法定依据对社会有影响的事件;康均心教授强调群体性事件是一种扰乱和破坏社会秩序应受法律制裁的行为。三位学者都认为,群体性事件都是违反法律规定的,而不同点在于,卢建平教授与于建嵘教授都认为群体性事件是一件事件,而康均心教授认为群体性事件是一个行为,这具有本质上的区别。作者赞同于建嵘教授的观点,强调群体性事件对社会的严重危害性,从而受到法律制裁,群体性事件应该是一个事件,而不是一个行为的说法。而中国行政管理学会课题组和应星教授是从社会学的角度给群体性事件下的定义,各个领域对群体性事件的定义有其自身的特点。

其次,有关群体性事件的刑事政策和刑法基本原则的研究。第一,从刑事政策的角度来看，岳臣忠教授认为，通过梳理各个学者对群体性事件概念界定、类型、特征和社会危害性分析刑事政策，认为对刑事政策关注的力度需要加大，刑事政策把制止未然犯罪作为自己的重要任务和目标，这一切符合群体性事件的实际情况，主要是为了预防和控制犯罪；①蔡一军教授认为，在群体性事件中，宽严相济的刑事政策，体现了"中庸""均衡"的伦理思想；②高永明教授认为，对待群体性事件可以适用"轻轻重重"的刑事司法政策；③程春丽教授认为，在司法实践中应当避免"一刀切"的做法，既不能简单粗暴地将群体性事件理解为恐怖活动一味地强调打击，也不能抱着息事宁人的态度一味地妥协。④ 第二，从刑法规制原则来看，对群体性事件适应的刑法原则综述，主要有五个方面：一是谦抑原则。如岳臣忠教授认为，对群体性事件产生的原因的不可期待性，事件责任的多样性导致刑法在规制的过程中必须保持谦抑，否则将激化矛盾，扩大事态的发展。⑤ 二是限度原则。如曾粤兴、于涛教授认为，刑法的适用必须谨慎，刑法适用于群体性事件必须有一定的限度；⑥高永明教授认为，刑法规制群体性事件时，必须注意适用刑法的限度，特别是行为程度限度、性质限度和角色限度。⑦ 三是人权保障原则。如曾粤兴、于涛教授认为，刑法在处置群体性事件中的功能，不仅仅体现在其对犯罪的报应功能，而应更多地体现出刑法对社会的保护价值，对权利的保障功能。⑧

---

① 参见岳臣忠：《刑法视域下的群体性事件研究综述》，载《西南政法大学学报》2014 年第 16 卷第 3 期。

② 参见蔡一军：《群体性事件的刑法立场与处置对策》，载《行政与法》2012 年第 1 期。

③ 参见高永明：《群体性事件刑法规制的限度研究》，载《扬州大学学报》（人文社会科学版）2011 年第 15 卷第 5 期。

④ 参见程春丽：《群体性事件引发刑事案件的刑法学思考》，载《中国青年政治学院学报》2013 年第 4 期。

⑤ 参见岳臣忠：《论涉罪群体性事件的刑事干预原则》，载《西南石油大学学报》（社会科学版）2014 年第 2 期。

⑥ 参见曾粤兴、于涛：《群体性事件的刑法伦理分析——以构建和谐西部为视角》，载《中国人民公安大学学报》2010 年第 3 期。

⑦ 参见高永明：《群体性事件刑法规制的限度研究》，载《扬州大学学报》（人文社会科学版）2011 年第 15 卷第 5 期。

⑧ 参见曾粤兴、于涛：《群体性事件的刑法伦理分析——以构建和谐西部为视角》，载《中国人民公安大学学报》2010 年第 3 期。

四是反向规制原则。蔡一军教授认为,刑法要及时对引起群体性事件发生的原因中的犯罪行为进行规制,要建立责任追究制度。[①] 高永明教授认为,要坚决追究公职犯罪的刑事责任。五是罪责刑相适应原则。王文华教授认为,群体性事件的本质特征是因为仇恨而引起的,刑法做出相应回应的同时,要准确解决在群体性暴力事件中罪与非罪、此罪与彼罪,群体性暴力事件的组织者、参与者的定罪、量刑应体现罪责刑相适应的原则。[②]

最后,有关"群体性事件犯罪参与"的研究。群体性事件中的犯罪参与从两个方面论述——犯罪参与者和犯罪参与行为。如马亚军教授认为,以群体性事件参与主体作用与心理特点的不同为标准可以划分为肇事者、积极者、预备者和旁观者。[③] 从群体性事件中共同犯罪、群体性事件中刑事责任的方面来看,文献资料非常少,只是偶尔在几篇硕士论文中略有涉及,并没有成为系统性观点。如张灿主要从刑事责任的角度讨论了群体性犯罪事件中犯罪主体相关责任以及对犯罪人进行的刑罚裁量等。但是,从聚众犯罪的角度来研究群体性事件的论著和文献相对多一些。一是"群体性事件与聚众犯罪"的研究。如李宇先撰写的《聚众犯罪研究》一书、刘德法撰写的《聚众犯罪理论与实务研究》一文分析了群体性事件就是聚众犯罪,以群体性事件作为绪论和引言的方式,分析聚众犯罪的理论和实务问题,认为群体性事件的分析,直接就是聚众犯罪分析。笔者认为欠妥,因为群体性事件除了具有聚众犯罪样态,还具有非聚众犯罪样态。仅仅把群体性事件作为聚众犯罪研究具有片面性。莫晓宇撰写的《涉众型犯罪研究》一书中创新出来一个新概念——"涉众型犯罪",在我国现行刑法中,只有聚众犯罪的规定,没有"涉众型犯罪"这一说法,两者之间存在区别和联系,扩宽和补充了仅仅研究聚众犯罪的局限性。

(二)国外研究现状

近些年来,受国际金融危机和各国社会政治环境变化等影响,无论

---

① 参见蔡一军:《群体性事件的刑法立场与处置对策》,载《行政与法》2012 年第 1 期。

② 参见王文华:《群体性暴力事件与仇恨事件:刑法与刑事政策的回应》,载《甘肃政法学院学报》2011 年第 4 期。

③ 参见马亚军:《关注群体性事件的心理问题》,载《法制日报》2010 年 11 月 14 日,第 2 版。

是发展中国家还是发达国家，都出现了一系列游行、示威、抗争等维权、骚乱甚至恐怖袭击活动，对于这样类似的群体性活动，西方社会学一般称为“集体行动”。在国外，没有“群体性事件”的提法，西方社会学一般从集体行动、社会运动视角予以关注，从心理、理性的取向和社会冲突理论来研究集体行动的原因和集体行动的发展规律两大问题。

首先，从心里取向角度的研究状况。有几种学说理论：勒庞的心智归一法则（the law of mental unity）。勒庞于1895年发表《乌合之众——大众心理研究》一书，其整个理论的核心就是所谓的心智归一法则。他认为，作为个体的人个个不同，但一般都是理性的、有教养的、有文化和负责任的。但一旦聚到一起，随着聚众规模的逐渐增大，他们之间就会相互影响、启发和感染，身处其中个体的思维和行为方式渐趋一致，变得越来越野蛮和非理性，其行为也越来越受到脑下垂体的控制。布鲁默的循环反应理论（circular reaction），在勒庞的社会心理学理论基础上，美国符号互动理论大家布鲁默提出了循环反应理论，布鲁默认为，社会变化导致个人生活方式发生变化，这种变化导致不安、孤独甚至怨恨，因而奠定了集体行为发生的前提条件，聚众的形成过程是一个人与人之间的符号互动过程，他把这一过程称作循环反应。循环反应过程有三个阶段：集体磨合、集体兴奋和社会感染。第一阶段：一个群体性中的个体开始由不安到信谣、传谣；第二阶段：随着不安定感的增强，人与人之间相互感染并产生某种共同的愤怒情绪；第三阶段：随着人与人之间的感染力和愤怒感继续增强，循环反应就进入——爆发集体行为。特纳的突生规范理论（emergent norm theory）。继布鲁默之后，美国社会学家特纳提出了突生规范理论，特纳认为，集体行动的产生需要某种共同的心理，包括共同的意识形态和思想，或共同的愤恨。这种共同心理形成的关键，是聚众中某个共同规范的产生。特纳还认为，聚众中的共同规范产生于一个不确定的环境中，在规范产生过程中，一个符号性事件以及与之相伴的谣言往往会起到关键作用。不过并不是所有的符号性事件和谣言都会导致集体行为规范的产生，只有当一个符号性事件以及相伴的谣言能够引起大众的一致反感时，才会围绕着这一符号产生某个共同看法或规范，并引发一场针对那个符号的反感或仇恨以及相应的聚众行动。

格尔的相对剥夺理论(relative deprivation)。1970年,美国社会学家格尔在《人们为什么要造反》一书中提出了“相对剥夺感”的概念,他认为,每个人都有某种价值期望,而社会则有某种价值能力,当社会变迁导致社会的价值能力小于个人的价值期望时,人们就会产生相对剥夺感,相对剥夺感越大,人们造反的可能性就越大,破坏性就越强。他把这个过程称为“挫折—反抗机制”。斯梅尔塞的加值理论(value-added model)。美国社会学家斯梅尔塞提出了加值理论(价值累加理论),在他的理论中,社会结构因素占有很大比重,他认为集体行动的产生是由以下六个因素共同决定的:有利于集体行动产生的结构性诱因;由社会结构衍生出来的怨恨、剥夺感和压迫感;一般化信念的产生;触发集体行动的因素或事件;有效的行动动员;社会控制能力的下降。六个因素都是集体行动发生的必要条件(而非充分条件),随着上述因素自上而下形成,发生集体行动的可能性也在逐渐增加,一旦具备了全部六个因素,集体行动就必然发生。

其次,从理性取向角度的研究状况。有几种学说理论:康豪瑟的大众社会理论(mass society theory)。美国社会学家康豪瑟在对托克维尔理论进行改造的基础上,于1959年出版《大众社会政治》一书,提出了“大众社会理论”。康豪瑟提出,一个正常的社会结构应该是三层的:政治精英—中层组织—民众。他认为,中层组织的主要功能在于:保护民众免受政治精英的操纵和控制,防止政治精英的决策直接为大众压力所左右,对精英政治进行组织化和民主化控制,提供交往和讨论的平台从而使民众对现实的感知更为真切,中层组织的多样性导致利益和认同感的多样化,从而降低民众被大量动员到一个运动中去的可能。因此,在中层组织薄弱的社会,民众有可能受到精英的直接操纵,但也有可能通过民粹主义直接控制精英,这就是大众社会,大众社会容易出现政局动荡甚至极权主义运动。麦卡锡的资源动员理论(resource mobilization theory)。随着欧洲和美国社会学研究的交流和融合,美国学者重新发现了文化、认同感、话语和意识形态在社会运动中扮演的角色。20世纪90年代,美国和西方的社会运动研究在政治过程理论这个大框架下产生了四个在一定程度上相关的研究方向或领域,分别是:政治机会结构、运动动员结构、运动文化和运动话语的形成以及运动与媒体的关系。与此同时，研究者的兴趣也从早期对运动产生原因的研究逐渐转向对运动发展动态的研究，从宏观理论的建构转向对中观和微观机制的研究。奥尔森的搭便车理论（free rider theory）。奥尔森认为，在为争取公共物品而采取集体行动中，常存在“搭便车”困境，要通过强制和“选择性激励”的组织策略来加以克服。

最后，从社会冲突理论角度的研究状况。有几种观点：社会中充斥着各种资源分配不平等而产生的固有利益冲突，当被统治群体意识到并寻求减少这种不平等时，冲突就有可能爆发。韦伯认为，社会中权力、声望与财富的流动与分布，是产生不满与紧张进而造成人们倾向于冲突的重要变量；齐美尔认为，低暴力的、追求明确利益诉求的冲突，有可能通过冲突群体内组织化程度的提高和冲突群体间联系形式的变化，而采用竞争、讨价还价、折中或创造规范性协议的调和手段来解决，以使冲突的激烈程度变小并在一定程度上产生团结性、整合性效果；科塞认为，社会冲突是一种社会化的形式，采取宽容的态度，通过适当的途径使敌对情绪得以发泄，这样，冲突就有可能会缩短或取消暴力性，社会结构会得以维持并日益整合好；达伦多夫认为，冲突需要进行调控，冲突的解决有赖于强制性协调组合。美国学者罗伯特·希斯提出了4R（reduction、readiness、response、recovervy）管理模式，即缩减力、预备力、反应力和恢复力。罗伯特·希斯认为，分析危机或冲突的影响，制订应对计划，采取相应的行动策略，促进人的管理以及物和系统的恢复，是冲突处置的关键，需要将人际参与、有形活动以及相应的心理感觉进行综合考虑。

上述集体行动的理论成果，对于研究中国群体性事件的犯罪参与具有借鉴意义。但是，鉴于中国复杂而又迥异于西方国家社会的政体下，并不能完全适用，只能有的放矢选择适合我国国情的理论作为借鉴与支撑，特别是在犯罪参与者的心理活动方面具有典型的借鉴意义。

（三）研究现状评述

通过文献综述可以发现，群体性事件的研究在社会学、政治学、心理学方面都有了丰硕的研究成果，而从刑法视角研究成果还比较少，研究成果加深了笔者对该领域的认识和理解。而前期研究存在不足之处主要表现在：

第一，在理论层面，现有的研究对群体性事件的类型、诱因以及定性分析较多，对群体性事件中犯罪参与者刑事责任的理论构建上欠缺，尚未有相关的文章来具体分析犯罪参与者分类及其分类的依据。尤其是犯罪参与者在参与犯罪行为之后，刑事责任的分配机制一直处于缺乏全面深入把握的状态。

第二，在研究方法方面，由于群体性事件的敏感性和不公开性，目前基于个案进行研究的较多，结论多为个案描述或者思辨性的论断，缺乏基于多个案例的系统性分析，因而无法对群体性事件的整体现象进行普遍性的诠释。

第三，在研究视角方面，现有的研究大部分从宏观方面去阐释群体性事件中的犯罪参与者的刑事责任，如从整个刑法规制来诠释群体性事件，或者从立法上来完善群体性事件的处理。要想解决群体性事件中参与者的刑事责任，需要从微观的视角来解决犯罪参与者的刑事责任，这也是司法实践之所需。

第四，从研究的系统性方面，目前并未形成系统的理论研究，也没有达成理论与实践的共识。因为立法上的欠缺和学界没有达成理论上的共识，因此，目前还没有一套系统、完整的词语系统来称呼这一犯罪类型。[①] 导致于学者之间百花齐放百家争鸣的状态，有的学者仅仅从共同犯罪理论单一的视角对犯罪人之间的地位、作用予以分析，没有结合群体性事件的特殊性来予以认识；有的学者突破了共同犯罪单一的理论，开创出公然犯罪的理论新体系；[②]还有的学者从聚众犯罪的角度作出了类型化的分析；[③]也还有学者从“涉众型犯罪”作出了的较多分析。[④] 这

---

① 据笔者收集的资料统计，目前在刑事法领域，专门研究群体性事件而引发的系统性共同犯罪论著非常少，只有寥寥几部，如李宇先先生的《聚众犯罪研究》（人民法院出版社 2019 年版）、刘德法教授的《聚众犯罪理论与实务研究》（中国法制出版社 2011 年版）、莫晓宇教授的《涉众型犯罪》（中国人民公安大学出版社 2015 年版），另外，大部分的著述都是从公安部门处置群体性事件角度展开的警务指导性研究。

② 参见屈学武著：《公然犯罪研究》，中国政法大学出版社 1998 年版。

③ 参见李宇先著：《聚众犯罪研究》，湖南人民出版社 2004 年版。

④ 参见莫晓宇著：《涉众型犯罪研究》，中国人民公安大学出版社 2015 年版。

些犯罪类型的研究已经初具有系统性，但是，从犯罪参与者刑事责任的承担还没有作出体系性的研究，而只是在文章中略为涉及。在司法实践中，群体性事件中的犯罪参与者必然要承担相应的刑事责任，但由于理论缺乏系统性，实践中会出现同案不同定罪量刑的情况，需要对群体性事件中犯罪参与者刑事责任作出系统性的分析，结合聚众犯罪和共同犯罪的理论，合理运用到司法实践中，以解决群体性事件中犯罪参与者的责任问题。

总体而言，目前的研究对于解决我国群体性事件中犯罪参与者的刑事责任不相适应，需要基于现有的研究成果，针对其研究的缺陷，进行更为系统、综合和细致的考察，以期在理论上有新的实践，对后续相关研究形成更为系统的铺垫。

三、研究意义

当前我国正处于社会转型时期，社会矛盾日益增多，群体性事件的发生在所难免。各种群体性事件不同程度地直接损害了国家、社会和个人的利益。通过对群体性事件中犯罪参与者刑事责任的研究，为解决群体性事件对国家、社会、他人个人权益造成损害时，提供可借鉴的法律理论作铺垫。深入研究社会转型时期群体性事件中犯罪参与者刑事责任问题，辨析出群体性事件中参与者的罪与非罪问题，分辨出群体性事件中参与行为是一般危害行为还是刑法中的危害行为问题，为准确判断群体性事件中犯罪参与者的刑事责任，具有重大的理论意义和实践意义。

（一）理论意义

群体性事件是一个复杂的社会现象，涉及犯罪参与者多元化和犯罪参与行为的多样性。通过对群体性事件中犯罪参与者刑事责任的研究，有效地补充了群体性事件在刑法学科体系性研究的这一空白，有利于在解决群体性事件时，及时有效地提供相应的理论导向，从而实现一定程度上的理论创新。

（二）现实意义

在经济发展和社会转型的影响下，社会中矛盾日益增多，如环境污染纠纷、土地征收纠纷、医疗事故纠纷等,这些社会矛盾导致了群体性事件的爆发。其中具有暴力性质的群体性事件越来越多,对社会的危害性很大,但我国对群体性事件的规制并无明确依据。因此,本书的研究有助于解决司法实践中处理群体性事件案件能够做到"有法可依",确保人民生活秩序稳定和经济良性发展,也为构建法治社会环境作出了铺垫。群体性事件已经是一种现实存在的社会现象,在提倡法律制裁性作用的同时,也要限制其法律的适用。刑法具有严酷性和刚性,需要谨慎介入和理性甄别,在对群体性事件提倡刑事惩罚的同时,限制其参与主体的刑事责任的承担,为公正、合理妥善处置群体性事件提供了有效的刑法支持和刑法制度保障。

四、书稿的研究思路和研究方法

(一)研究思路

本研究立足于对群体性事件的初步界定,将刑法中犯罪参与相关理论作为分析视点。首先,考察群体性事件的现实状况,通过考察其现状发现群体性事件趋于愈演愈烈的趋势,对参与群体性事件中的民众严重危害社会的行为,需要由刑法来规制。在刑法规制的过程中,从理论层面来说,一般适用的是聚众犯罪和共同犯罪的理论,但其存在一定的局限性;从司法实践层面来说,同样存在司法人员在适用现行刑法时存在量刑不当等问题。其次,针对这些问题,适应刑法理论时,应该遵守刑法的犯罪构成要件要素,符合主客观相一致的原则,判断哪些参与者构成犯罪,哪些参与者不构成犯罪。再次,根据聚众犯罪和共同犯罪的责任主体作为依据,对首要分子、积极参与者、一般参与者做出刑事责任的判断和承担。最后,群体性事件具有主体复合性,行为复杂化等特征,探讨其特殊的问题,如网络群体性事件中犯罪参与者的刑事责任问题、现实中群体性事件中犯罪参与者实行过限或者共犯脱离问题。

其研究的技术路线如图 0－1 所示。

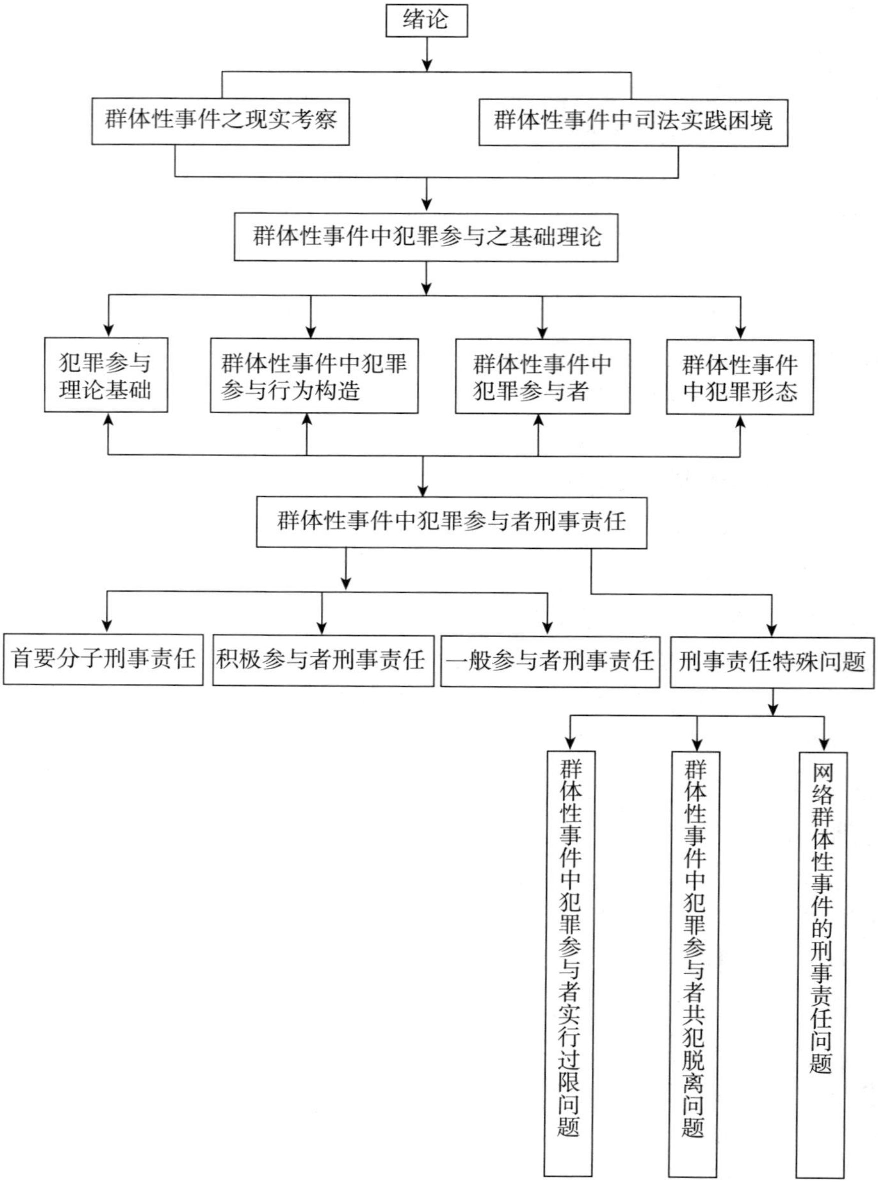

图 0－1　群体性事件中犯罪参与者刑事责任研究路线

（二）研究方法

1. 规范分析方法。法由规范构成，规范分析是最体现法学特点和规律的研究方法，被视为法学研究的基本方法。规范分析包括应然上的价值分析和实然上的文本分析。在价值分析层面上，本书以群体性事件的可罚性作为立足点，结合现行刑法的规定，从理论层面来讨论群体性事件的具体犯罪参与者的刑事责任。在文本分析层面，本书对群体性事件涉及的刑法法规进行梳理和分析，以体现在司法实践中的实用效果及缺陷。

2. 文献研究方法。这是本书最主要的研究方法，从群体性事件的概念界定、群体性事件涉及刑法领域相关内容都运用了文献研究方法，以大量的文献研读和探索作为整篇文章的支撑。

3. 案例实证研究和数据实证调查研究。本书注重具体个案的实证研究，从司法实践的案例判决中发现问题，并带着问题回到理论中研究讨论，以此避免研究的泛化与空洞，实现研究的务实性和可需性。本书的案例大多来自于网络信息，其中也有来自于人民法院刑事审判案例。另外，在研究中还引用了大量的数据，这些数据来源于年鉴及其调查，此方法主要运用于群体性事件的现状和司法实例调查分析。

五、书稿的主要创新之处与不足

（一）创新之处

1. 研究方法创新。学者们对群体性事件的研究方法、研究手段和研究内容在社会学、政治学领域中运用非常丰富，反观刑法学领域，对群体性事件研究不够深入，大多流于对现象的描述和司法实际的空泛归纳，缺乏系统的理论和论证。在分析群体性事件概括时，借鉴了其他学科的研究方法和手段，通过收集网络、报刊、年鉴、文献中群体性事件数据来论证群体事件增长趋势，采用了统计数据分析方法总结群体性事件发生的诱因。同时，进入中国司法裁判文书网搜索跟群体性事件有关的案例，通过案例的分析总结司法实践中存在的问题，从而为理论分析提供了充分的论证材料。

2. 研究内容创新。本研究突破了群体性事件在刑法领域中宏观环境中研究的局限性,理清了群体性事件中犯罪参与者和犯罪参与行为,首次系统论述群体性事件中犯罪参与者的刑事责任问题,为群体性事件在司法实践中的实施提供了理论依据。具体包括几个方面:一是结合犯罪参与的内容来解决群体性事件中犯罪参与者的刑事责任;二是理清了群体性事件中犯罪参与者与参与者的界定,使得刑事责任具体化;三是区分了群体性事件中犯罪参与者和犯罪参与行为。

(二)不足之处

本书的缺憾首先在于缺乏系统的素材,如群体性事件只能从报纸、网络、期刊的收集来进行整理和分析,难免缺乏全面性。同时,司法机关和行政部门对群体性事件处理措施的资料欠缺,在做案例分析时缺乏系统性。其次,鉴于“群体性事件”这一词没有正式入刑,在分析其犯罪时法律依据不够充分,只能探讨前行。

第一章　群体性事件之现实考察

第一节　群体性事件概况

社会处于转型时期，经济的发展和科技的进步影响着社会矛盾的产生，特别是民众生活的权益受到侵害时，势必会引起群众为了维护自己的合法权益而产生集体活动。最早的群体性活动称之为"群众闹事"，之后称之为"治安事件""突发事件""群体性事件"。从其内涵来看，在不同的学科存在不同的解释，其中从刑法角度来看，群体性事件是指因某种社会矛盾所引起，由三人以上人员聚众共同实施违反国家法律规范，扰乱社会秩序，危害公共安全，侵犯公民人身安全和公私财产安全，给社会带来重大危害性的集群行为。2013 年 9 月 6 日最高人民法院、最高人民检察院发布的《关于办理利用信息网络实施诽谤等刑事案件的司法解释》中首次提到"群体性事件"一词，为"群体性事件"在刑法中奠定了法理基础。纵观近十年群体性事件的发展趋势，日益增长的群体性事件活动已经影响到了国家、社会、个人的合法权益，深究其引发的诱因，不难发现，既有宏观方面的因素，也有微观方面的因素。宏观方面的因素包括政策和制度的不合理性导致了贫富差距加大，经济决定上层建筑，也是社会稳定的必然基础因素；微观方面的因素既有执法人员不当执法所导致，也有民族信仰不同所致。这些事实表明，群体性事件对社会的危害性极大，要想避免其危害性，追究犯罪参与者的刑事责任，有必要从宏观上了解群体性事件的内涵、现状以及诱因，从而为研究群体性事件中的犯罪参与者刑事责任奠定现实基础。

一、群体性事件内涵解析

（一）"群体性事件"内涵在各个学科中的争议

概念作为理性认识的产物，它是用来描述现实中某些相关的方面，并进一步构成所研究事物的定义性或规定性之工具。[①] 近些年来，受国际金融危机和各国社会政治环境变化的影响，无论是发展中国家还是发达国家，都出现了一系列游行、示威、抗争等维权、骚乱甚至恐怖袭击活动，对于这样类似的群体性活动，西方社会学一般称为"集体行动"。在国外，没有"群体性事件"的提法，通常使用"collective action"、"collective behavior"、"riot"、"crowd behavior"、"contentious politics"、"collective resistance"、"social unrest"等词汇来表示群体性事件。在中国，群体性事件名称有一个演变过程，在20世纪50年代中期到70年代末期，称之为"群众闹事"或者"少数人闹事"；[②]20世纪80年代初期到80年代后期，称之为"治安事件"或者"群众性治安事件"；[③]20世纪80年代末到20世纪90年代中期，称之为"突发事件"、"治安突发事件"、"治安紧急事件"、"突发性治安事件"、"紧急治安事件"；[④]20世纪90年代后期到至今，称之为"群体事件"或者"群体性事件"；[⑤]2005年7月，时任中组部副部长的李景田在国务院新闻办组织的新闻发布会上正式提出"群体性事件"这一概念。究其脉络，各个学科领域的学者对群体性事件都赋予了内涵。

1.从社会学角度来看，最早将"群体性事件"定义为"集群行为"的是美国社会学家帕克和帕吉斯，他们二人在1921年合著的《社会学导论》论著中将"集群行为"界定为"集体在冲动的情绪下或者集体共同推

---

① See Robert K. Mcrtonm, *Social Theory and Social Structure*, *Glencoe*, I11. The Free Press, 1949, p. 87.

② 参见王伟光:《构建社会主义和谐社会的理论指南——重读〈关于正确处理人民内部矛盾的问题〉》,载《中共中央党校学报》2007年第1期。

③ 参见郭纯平著:《新世纪国内群体性事件研究——以构建和谐社会为视角的考察》,新华出版社2013年版,第11页。

④ 参见郭纯平著:《新世纪国内群体性事件研究——以构建和谐社会为视角的考察》,新华出版社2013年版,第11页。

⑤ 参见郭纯平著:《新世纪国内群体性事件研究——以构建和谐社会为视角的考察》,新华出版社2013年版,第11页。

动下出现情绪冲动的个人行为，也即共同推动的个人行为。民众在最开始的行为并没有一种共同的态度和目标，而是在临时交往中产生的同质性倾向”。[①] 美国社会学家斯米尔塞认为“集群行为”其实是社会成员在受到威胁或紧张等压力之情景下，为改变其所处环境而进行尝试性的努力或抗争。[②] 根据中国的语境环境，以群体性事件来表达国外的“集体行动”，集体行动是指一大群人出于一个共同的目的聚在一起，反对一项政策或者劳动路线，其共同目的的表现形式有政治性聚会，为反对一项政策的颁布，如种族歧视原则；劳工冲突，为了获得自己的合法权益而聚集在一起；大型体育赛事或社会事件等。[③] 我国台湾地区学界称群体性事件为“聚众活动”或者“群众事件”，我国台湾学者吕世明认为群众事件分为广义和狭义之说，广义群众事件是指某些个别的人在高涨情绪的刺激下，基于特定或者不特定目的纠集不特定的人请愿、游行或者示威活动。狭义的群众事件是指在个别不法分子的纠集和组织下，因不特定的目的或事由盲从聚集不特定的人闹事，甚至打砸抢的激情群体行为。[④] 我国学者于建嵘教授认为，群体性事件是指有一定人数参加的、通过没有法定依据的行为对社会秩序产生一定影响的事件；[⑤]应星教授认为，群体性事件是指由人民内部矛盾引发的、10 人以上群众自发参加的、主要针对政府或企业事业管理者的群体聚集事件，其间发生了较明显的暴力冲突，或者比较严重的违法行为，对社会秩序造成了较大的消极影响；[⑥] 赵鼎新教授认为，所谓集体行动就是有许多个体参加的、具有很大自发性的制度外政治行为；[⑦]肖唐镖教授认为，群体性事件是在民众与民众之

---

① 参见曾海若：《群体性事件：从政治概念到法律概念》，载《中国人民公安大学学报》(社会科学版)2010 年第 6 期。

② 参见郑杭生著：《社会学概论新修》，中国人民大学出版社 2003 年版，第 140 页。

③ See Tony Narr, Jessica Toliver, Jerry Murphy, Malcolm Mc Farland, Joshua Ederheimer, Police Management of Mass Demonstrations: I-dentifying Issues and Successful Approaches, Police Executive Research Forum, Washington, D. C. ,2006.

④ 参见吕世明：《警察对群众事件的应有认识》，载《世界警察参考资料》1989 年第 6 期。

⑤ 参见于建嵘：《当前我国群体性事件的主要类型及其基本特征》，载《中国政法大学学报》2009 年第 6 期。

⑥ 参见应星：《“气场”与群体性事件的发生机制》，载《社会学研究》2009 年第 6 期。

⑦ 参见赵鼎新著：《社会与政治运动讲义》，清华大学出版社 2006 年版，第 2 ~ 3 页。

间发生的群体性冲突，尤其是民众与政府以及官员之间的抗争性互动，甚至是一些骚乱事件。[①]

2. 从政治学角度来看，最早是时任中共中央总书记胡锦涛在2003年使用“群体性事件”这个词，该讲话指出“由人民内部矛盾而引发的群体性事件已成为当前影响我国社会稳定的一个重要突出问题；各级党委、政府都要按照党中央的要求，努力减少矛盾、缓解矛盾以及有效解决矛盾，积极预防人民内部矛盾引起群体性事件的发生，积极稳妥处置群体性事件，扎扎实实做好正确处理人民内部矛盾及其引发的群体性事件的工作；最低限度地减少群体性事件给社会稳定带来的危害和冲击。”[②] 2009年《党的建设词典》中提出：群体性事件是指由某些社会矛盾引发，特定群体或不特定多数人聚合临时形成的偶合群体，以人民内部矛盾的形式，通过没有合法依据的规模性聚集、对社会造成负面影响的群体活动、发生多数人语言行为或肢体行为上的冲突等群体行为的方式，或表达诉求和主张，或直接争取和维护自身利益，或发泄不满、制造影响，因而对社会秩序和社会稳定造成重大负面影响的各种事件。[③]

3. 从行政法角度来看，2000年公安部制定的《公安机关处置群体性治安事件规定》明确提出了“群体性治安事件”是指“聚众共同实施的违反国家法律、法规、规章，扰乱社会秩序，危害公共安全，侵犯公民人身安全和公私财产安全的行为”。[④] 主要强调了群体性事件的“群体性”、“违

---

① 参见肖唐镖：《当代中国的“群体性事件”：概念、类型与性质辨析》，载《人文杂志》2012年第4期。

② 2003年11月22日时任中共中央总书记胡锦涛在全国公安第二十次会议上的讲话。

③ http://baike.baidu.com/link?url=hCPFksgaoWRKevbXsBHZqpGI6mgSEz1ERT8XY_f5IG_i9pxETU2KdP3IPyH1GxyEpvGoFYdZWUTWkvuq3x_Zea，2015年9月13日访问。

④ 参见2000年公安部制定的《公安机关处置群体性治安事件规定》文件。主要包括：人数较多的非法集会、游行、示威；集会、游行、示威和集体上访活动中出现的严重扰乱社会秩序或者危害公共安全的行为；严重影响社会稳定的罢工、罢课、罢市；非法组织和邪教等组织的较大规模聚集活动；聚众围堵、冲击党政机关、司法机关、军事机关、重要警卫目标、广播电台、电视台、通讯枢纽、外国驻华使馆、领馆以及其他要害部位或者单位；聚众堵塞公共交通枢纽、交通干线、破坏公共交通秩序或者非法占据公共场所；在大型体育比赛、文娱、商贸、庆典等活动中出现的聚众滋事或者骚乱；聚众哄抢国家仓库、重点工程物资以及其他公私财产；较大规模的聚众械斗；严重危害公共安全、社会秩序的其他群体性行为。

法性”、“社会危害性”三个特征。中共中央办公厅2004年的《关于积极预防和妥善处置群体性事件的工作意见》中指出：群体性事件是指由人民内部矛盾引发、群众认为自身权益受到侵害，通过非法聚集、围堵等方式，向有关机关或者单位表达意愿、提出要求等事件及其酝酿、形成过程中串联、聚集等活动。[①] 这一概念强化了引发群体性事件的诱因和非法性，淡化了“社会危害性”。根据这个概念的特征，有学者给群体性事件下了一个定义，“群体性事件是指聚众共同实施违反国家法律、法规、规章，扰乱社会，危害公共安全，侵犯公民人身权利和损害公私财产安全的社会事件”。[②]

4. 从犯罪学角度来看，有学者认为，群体性事件并不是一个单纯的治安问题，它是社会现代化进程中利益分配格局带来的多种综合社会矛盾的集中反映，是我社会犯罪的重要基础，是探讨犯罪学前沿问题时应当密切关注的一个社会问题；[③]有学者认为，群体性事件是受特定的社会事项刺激所引发，以寻求某些共同利益为主，采取自发或有组织的聚众方式，与公共秩序和安全发生矛盾、对抗之行为或者活动；[④]有学者认为，群体性事件是由具有相对一致的动机或目的特定或不特定的多数人参与，参与过程中出现严重违法行为，破坏社会治安秩序、公共安全或危害他人，在处置过程中当事人容易与警方形成对立的危害行为；[⑤]有学者认为，群体性事件是指因为人民内部矛盾所引起，由一定数量的人参与并且形成一定组织和目的的集体静坐请愿、群集上访、阻塞交通、围堵党政机关甚至是聚众滋事等，并给政府管理和社会秩序造成一定影响的群体行为，[⑥]甚至有学

---

① 转引自朱力：《中国社会风险解析——群体性事件的社会冲突性质》，载《学海》2009年第1期。

② 林维业、刘汉民著：《公安机关应对群体性事件实务和策略》，中国人民公安出版社2008年版，第1页。

③ 参见康均心、马力：《群体性事件：一个犯罪学应该关注的前沿问题》，载《法学评论》2002年第2期。

④ 参见陈月生著：《群体性突发事件与舆情》，天津社会科学出版社2005年版，第12页。

⑤ 参见范明：《“中外群体性事件”问题比较研究》，载《中国人民公安大学学报》2003年第1期。

⑥ 参见陈晋胜、张涛：《群体性事件经济成因分析》，载《山西大学学报》（哲学社会科学版）2004年第1期。

者用“社会敌意事件”[①]来指代群体性事件。例如,现实生活中发生过的冲突事件就有相当一部分只是对违反规则或法律,大多也并不是必然诉诸于暴力;当一群民众基于维权的诉求渠道不畅通或者正当利益得不到实现甚至遭到无理拒绝后,他们在未得到相关部门合法批准情境下,而采取违法的静坐、请愿甚至是游行、集会等方式,就很有可能会违反诸如国务院《信访条例》或《集会游行示威法》等相关法律规范。

5. 从刑法角度来看,广义上的群体性事件泛指一切打破社会常规的群体性越轨行为,既包括群体性非暴力事件也包括群体性暴力事件。狭义上的群体性事件仅指属于社会系统内部矛盾的某些个体成员基于某种利益诉求未能畅通表达或某种利益未达其预期目的,采取由多人参与实施的打破常规秩序的非正常表达方式,给社会秩序的稳定带来一定影响的群体性社会现象。[②] 其中代表性学说有危害结果说、行为方式说、规范违反说几种学说。危害结果说认为群体性事件是指聚众共同实施的违犯国家法律、法规、规章,扰乱社会秩序,危害公共安全,侵犯公民人身安全和公私财产安全的行为。[③] 这一学说未考虑群体性事件的行为因素,未免有失偏颇。行为方式说认为群体性事件是指某些利益要求相同或相近的群众或个别团体、组织,在其利益受到损害或不能得到满足时,受到策动,经过酝酿,最终采取非法的集会、游行,集体上访、集体罢课、罢市、罢工,集体围攻冲击党政机关、重点建设工程和其他要害部门,集体阻断交通,集体械斗甚至集体打、砸、烧、杀、抢等方式,以求解决问题,并造成甚至引发某种治安后果的非法集体活动。[④] 这一学说的行为并不能包括所有群体性事件中的犯罪行为,抽象化犯罪行为更加妥当。规范违反说认为群体性事件是指由社会群体性矛盾引发的,不受既定社会规

---

① 参见卢建平:《社会敌意(社会冲突)的制度调控——兼论刑法的面孔》,载《山东警察学院学报》2010 年第 5 期。认为在个人与他人、国家、社会和自然环境发生关系的过程中,作为单个的个人心理状态的敌意常常表现为社会冲突,而今中国社会最典型表现的社会冲突是群体性事件,因此用社会敌意事件来替代群体性事件。

② 参见李海良:《群体性事件刑法规制研究》,西南政法大学 2014 年博士学位论文。

③ 参见周忠伟:《群体性事件及其评价》,载《江西社会科学》2001 年第 3 期。

④ 参见胡宝珍、谢天长、陈茂华等:《和谐社会构建与群体性事件法律对策研究》,载《中国人民公安大学学报》(社会科学版)2006 年第 4 期。

范约束，具有一定的规模，造成一定的影响，干扰社会政策秩序的事件。[①]这一学说侧重于违反社会规范，不能将群体性事件与普通纠纷区别开来。李海良博士认为，群体性事件是指因某种社会矛盾和某些虚假信息而引发的，由三人以上的部分人员聚众共同实施的违反国家法律法规的串联、聚集、游行、围堵、冲击、哄抢、聚众滋事或械斗的骚乱等严重扰乱社会秩序、危害公共安全，甚至是“打、砸、抢”等严重侵犯公民人身安全和公私财产安全的集群行为；[②]卢建平教授认为，群体性事件是指由某些社会矛盾引发，特定群体或不特定多数人聚合临时形成的偶合群体，以人民内部矛盾的形式，通过没有合法依据的规模性聚集、对社会造成负面影响的群体活动、发生多数人间语言或肢体行为上的冲突等方式，或表达诉求和主张，或直接争取和维护自身利益，或发泄不满、制造影响，因而对社会秩序和社会稳定造成较大负面影响的各种事件；[③]康均心、马力教授认为，群体性事件是现代社会生活中具有挫折感的个体，由于在某种情境中获得暗示而结成群体，公开进行的扰乱和破坏社会秩序，造成严重社会影响和后果，应当受到法律制裁的行为。[④] 群体性事件的概念不仅仅在理论界引起重视，在立法方面，也得到相应的重视，2013 年 9 月 6 日《关于办理利用信息网络实施诽谤等刑事案件适用法律若干问题的解释》第 3 条[⑤]首次把群体性事件放在刑法领域规范其行为，对于群体性事件的定罪量刑有重大的意义，该解释直接使用“群体性事件”一词意味着其真正运用到司法实践中。

---

① 参见向德平、陈琦：《社会转型时期群体性事件研究》，载《社会科学研究》2003 年第 4 期。

② 参见李海良：《群体性事件刑法规制研究》，西南政法大学 2013 年博士学位论文。

③ 参见卢建平：《社会敌意（社会冲突）的制度调控——兼论刑法的面孔》，载《山东警察学院学报》2010 年第 9 期。

④ 参见康均心、马力：《群体性事件：一个犯罪学应该关注的前沿问题》，载《法学评论》2002 年第 2 期。

⑤ 参见 2013 年 9 月 6 日《关于办理利用信息网络实施诽谤等刑事案件适用法律若干问题的解释》规定，利用信息网络诽谤他人，具有下列情形之一的，应当认定为刑法第二百四十六条第二款规定的严重危害社会秩序和国家利益：引发群体性事件的；引发公共秩序混乱的；引发民族、宗教冲突的；诽谤多人，造成恶劣社会影响的；损害国家形象，严重危害国家利益的；造成恶劣国际影响的；其他严重危害社会秩序和国家利益的情形。

（二）“群体性事件”观点争议评析

群体性事件的概念界定实际上就是回答了群体性事件是什么的问题，前面介绍的各个领域的概念界定，归纳起来，主要有两种定义模式：一种是形式定义模式；另一种是实质定义模式。形式定义模式概念界定包括了行为主体、行为原因、行为目的、行为方式、行为特征、行为后果等要素，如卢建平教授、蔡一军教授、曾粤兴教授等对群体性事件都作了一个形式上的概念界定。然而，卢建平教授对群体性事件的概念界定包括了前面介绍的六大要素，过于繁杂，对群体性事件的诉求类型的列举有其局限性，必然会出现超越这些情形之外的诉求类型。因此，如果用一个具有高度盖然性的词语来表示，会更加妥帖一些。几位学者的观点都尽量体现了群体性事件的主要要素，共性比较明显：都认为爆发的原因是社会问题；行为主体概括为不特定多数人；行为方式都没有合法依据、非法或者违法的方式；行为后果都对社会造成了较大负面影响的冲突；行为性质为违反了现行法律法规。但是，这些定义都没有突出社会危害性，实质化的内容欠缺。实质定义模式主要突出社会危害性，力图从刑法领域中作出一个缩小界定，再结合规范的违反性来界定刑法的概念。如有学者认为，群体性事件是指聚众共同实施的违反国家法律、法规、规章，扰乱社会秩序，危害公共安全，侵害公民人民安全和公私财产安全的行为；①也有学者认为，要加入原因和主观心理态度，使概念与刑法规制的对象能够接近，群体性事件是指具有共同利益群体的群体为维权、泄愤或基于从众心理，违反国家法律或者行政法规规定，故意或者过失的心理采取妨害国家机关的社会管理活动的行为，造成广泛的社会影响，破坏了社会秩序的事。②

从这两类定义模式来看，形式上的定义类型中的群体性事件概念界定在政治学和社会学中是否属于规范的学术概念还处于争议状态，以犯罪或者类犯罪特征来描述群体性事件难以界定群体性事件的内涵与外延，毕竟群体性事件是一种社会现象的总称，还没有是特指的犯罪现象，

---

① 参见孙道萃：《美国仇恨犯罪介评与我国刑法理论的应对——兼及群体性事件的刑事治理观》，载《四川警察学院学报》2012 年第 5 期。

② 参见姚伟：《新型群体性事件：一项基于风险冲突的分析》，载《学术界》2012 年第 4 期。

刑法只能规制在群体性事件中可能衍生出来的具体犯罪行为，而群体性事件整体并不是刑法规制的对象，不能将群体性事件整体犯罪化，这会扩大了犯罪圈的适用。只能说，群体性事件的违法性为刑法的规制提供了可能性，是否被刑法规制，还得看具体实质性的因素。因此，笔者结合形式模式与实质模式，根据社会学、政治学、犯罪学上的“群体性事件”概念，结合刑法犯罪构成中的社会危害性、刑事违法性以及应受刑罚惩罚性三大基本特征，认为群体性事件是指因某种社会矛盾所引起，由三人以上人员聚众共同实施违反国家法律规范，扰乱社会秩序，危害公共安全，侵犯公民人身安全和公私财产安全，给社会带来重大危害性的集群行为。此概念的外延包括：一是严重扰乱社会秩序的集群行为；二是危害公共安全的非法集会、游行、示威或者集体上访的集群行为；三是聚众冲击、围堵国家机关、司法机关、医院、学校等事业企业单位，致使该机关或者单位工作、教学、生产、医疗、科研秩序中断的集群行为；四是编造、故意传播虚假信息或者诽谤他人引发的集群行为，造成在公共区域范围的居民生活秩序严重混乱的集群行为；五是其他扰乱社会秩序的集群行为。

综上所述，群体性事件的概念界定无论是在国家正式文件中，还是在学术理论界，都是一个动态的过程。不能否认的是群体性事件有一部分是群众提出的合法要求，并没有构成犯罪。而是把群体性事件看做利益博弈的形式之一或者是不合法的体制外的维权路径。[①] 但是，在一部分群体性事件上确实存在过激行为，如冲击政府进行“打砸烧”的行为，这需要刑法进行规制。

（三）群体性事件与相关概念

概念乃是解决法律问题所必需的和必不可少的工具。[②] 如果没有明确的概念，我们就不能清楚地和理性地去思考出现的问题。同样，概念是辨识和区分社会现实中所特有的现象的工具。所以，明确概念在本文当中具有至关重要的作用，特别是与群体性事件具有共性刑法领域概

① 参见戚建刚：《我国群体性事件应急机制的法律问题研究》，法律出版社2014年版，第23页。

② 参见[美]E. 博登海默著：《法律哲学与法律方法》，邓正来译，中国政法大学出版社2010年版，第504页。

念,如聚众犯罪、有组织犯罪、黑社会性质犯罪、恐怖主义犯罪。

1. 群体性事件与聚众犯罪概念的共性与个性。聚众犯罪是我国特有的法律概念,在外国刑法的规定中没有聚众犯罪这一说法,即使在有些国家的刑法中存在具体的聚众犯罪的罪刑条款,但并没有将聚众罪作为特定的法律概念在刑法总则中专门规定。如日本的骚乱的犯罪,又称之为沸腾犯,是由众多集合、通过实施暴力或者胁迫来侵害公共平稳的犯罪。分为骚乱罪和多众不解散罪。[①] 我国刑法中对聚众犯罪有很多规定,如 1979 年《刑法典》第 86 条规定:"本法所说的首要分子是指在犯罪集团或者聚众犯罪中起组织、策划、指挥作用的犯罪分子。"同时在我国分则中规定了多个具体的聚众犯罪的罪名。而聚众犯罪的确定性的概念,具有代表性的观点主要有以下四种:第一种,聚众犯罪是聚集特定或者不特定的多人实施犯罪,这些众多的人之所以能够聚集在一起实施犯罪,是由于其中的首要分子组织、策划、指挥的结果。[②] 第二种,聚众犯罪是一种共同犯罪。[③] 第三种,聚众犯罪是我国刑法明文规定的以聚众的行为方式实施犯罪。[④] 第四种,指刑法分则明文规定的,在首要分子的作用下以聚众的行为方式实施的一种犯罪类型。[⑤] 第一种观点没有明确特定或者不特定的多人具体是多少人,模棱两可,而且没有明确是否所有的参与人都要承担责任。第二种观点把聚众犯罪限定在共同犯罪的范畴内,有些聚众犯罪并不构成共同犯罪,而构成独立的犯罪形式。第三种观点符合法律规定以聚众行为方式实施犯罪,虽然遵循了罪刑法定原则,但太过于抽象化,不利于司法实践施行。笔者赞同第四种观点,聚众犯罪明文规定在刑法分则当中,并且明确了是一种犯罪类型。

首先,两者之间的共性。两者都是以聚众的形式出现,群体性事件必须满足聚众这一行为,而聚众犯罪典型特征就是聚众行为。两者都是三人以上的参与人数,如果只是两人则不构成聚众犯罪,也不构成群体

---

① 参见[日]大塚仁著:《刑法概说》(各论),冯军译,中国人民大学出版社 2003 年版,第 397 页。

② 参见高铭暄主编:《中国刑法学》,中国人民大学出版社 1989 年版,第 196 页。

③ 参见何秉松著:《刑法教科书》,中国法制出版社 1995 年版,第 302 页。

④ 参见张正新、金泽刚:《论我国刑法中的聚众犯罪》,载《法商研究》1997 年第 5 期。

⑤ 参见刘德法著:《聚众犯罪理论与实务研究》,中国法制出版社 2011 年版,第 33 页。

性事件。

其次，两者之间的个性。聚众犯罪是在首要分子作用下的行为，群体性事件可能存在组织者和首要分子，也有可能是临时聚集而成的群体。同时，聚众犯罪一定是一种犯罪类型，而群体性事件不一定是犯罪类型，既可能是合法的行为，也有可能是一般违法行为，也有可能是犯罪类型。各个学者对群体性事件概念没有达成一致，可谓是众说纷纭。

2. 群体性事件与有组织犯罪概念共性与个性。在刑法中，有组织犯罪的概念有广义和狭义的说法，广义的有组织犯罪包括黑社会性质犯罪、恐怖组织犯罪，会道门、邪教组织犯罪，以及其他一切三人以上有组织的共同犯罪或集团犯罪活动。狭义的有组织犯罪只包括组织、领导、参加黑社会性质组织罪。根据 2011 年 5 月 1 日施行的《刑法修正案（八）》对第 294 条的修改，黑社会性质的组织应该具备以下特征：(1)形成较稳定的犯罪组织，人数较多，有明确的组织者、领导者，骨干成员基本固定；(2)有组织地通过违法犯罪活动或者其他手段获取经济利益，具有一定的经济实力，以支持该组织的活动；(3)以暴力、威胁或者其他手段，有组织地多次进行违法犯罪活动，为非作恶，欺压、残害群众；(4)通过实施违法犯罪活动，或者利用国家工作人员的包庇或者纵容，称霸一方，在一定区域或者行业内，形成非法控制或者重大影响，严重破坏经济、社会生活秩序。黑社会性质组织犯罪必须同时具备以上四个特征，从整体而言，是可取的。

有组织犯罪的概念在学界有各种观点，具有代表性的有以下三种：第一种，共同犯罪说。该说认为，有组织犯罪是指两个以上的人为了某种具体的犯罪目的，组织起来共同实施的犯罪活动。[①] 第二种，概括说。该说认为，根据我国刑法的规定与实际情况，借鉴外国的立法实例与理论主张，我国的有组织犯罪是指三人或三人以上，以非法牟利为主要目的，为了共同实施犯罪而结成犯罪组织，或虽然未明确成立犯罪组织，但经常共同实施犯罪。[②] 第三种，从犯罪学的角度切入，有组织犯罪应界定

---

① 参见陈显容著：《犯罪与社会对策——当代犯罪社会学》，群众出版社 1992 年版，第 190 页。

② 参见邓又天、李永升：《试论有组织犯罪的概念和类型》，载《法学研究》1997 年第 6 期。

为三人以上故意实施的一切有组织的共同犯罪活动。[①] 笔者赞同第二种说法，即概括说。明确了组织犯是三人或者以上人员构成，也明确了是共同犯罪而实施的行为。首先，两者之间的共性。都是三人以上参与人，都有聚众的意思行为，都共同实施了犯罪行为。其次，两者事件的个性。有组织犯罪一般是以非法牟利为主要目的，群体性事件一般是为了维护自己的合法权益。

3. 群体性事件与恐怖主义犯罪概念。我国《反恐怖主义法》规定，本法所称恐怖主义，是指通过暴力、破坏、恐吓等手段，制造社会恐慌、危害公共安全、侵犯人身财产，或者胁迫国家机关、国际组织，以实现其政治、意识形态等目的的主张和行为。

综上所述，群体性事件与刑法中的聚众犯罪、有组织犯罪、恐怖主义犯罪都存在一定的关系，也有其区别。它们之间既相容又相斥，群体性事件中涉及聚众犯罪，有组织犯罪，甚至有恐怖主义犯罪涉入其中，但其本质又具有相异性。其危害社会的程度不一样，所侵犯的法益也不同。因此，区分这些概念对于群体性事件犯罪的界定具有重大的意义。

二、群体性事件现状考量

（一）群体性事件数量

贫富差距的加大、失业人口的增多、农民利益被侵害等社会问题，激发了社会矛盾的发生，同时引起群体性事件急剧增多。社会矛盾不仅有负面的效应，同时也推动社会的进步和发展，但是，从某种意义来说，"冲突是社会的生命之所在，是社会赖以存在并不断发展的本源之动力，进步产生于个人、阶级或群体为不断寻求实现自己美好理想而进行的斗争之中"。[②] 德国社会学家马克斯·韦伯认为，"冲突不可能被排除在社会生活之外，'和平'无非是冲突的一种形式，一种对立或冲突对象的一种变化，或结果最终是一种选择机遇的变化"。[③] 据中央社会治安综合治理办公室和公安

① 参见卢建平：《有组织犯罪比较研究》，法律出版社 2004 年版，第 22 页。

② Charles H. Cooley, *Social Organization* (New York: Scribner's Sons, 1990), p. 199.

③ Max Weber, *The Methodology of the Social Science*, trans, and ed. Edward A. Shils and Henry A. Finch, Glencoe, The Free Press, 1949, pp. 26 – 27.

部披露的数据显示,群体性事件的数量从1997年的1万多起上升到2004年的7.4万起,7年时间增加了6倍,参与人数以4倍趋势在增加。[①] 2005年达到约8.7万起。[②] 2006年达到约9万起。[③] 2007年达到8万余起。[④] 2008年达到9万余起。2009年达到10万余起。[⑤] 2011年达到13.9万余起。[⑥] 2012年上半年达到7.4万余起。[⑦] 2013年上半年达到8.4万余起。[⑧]

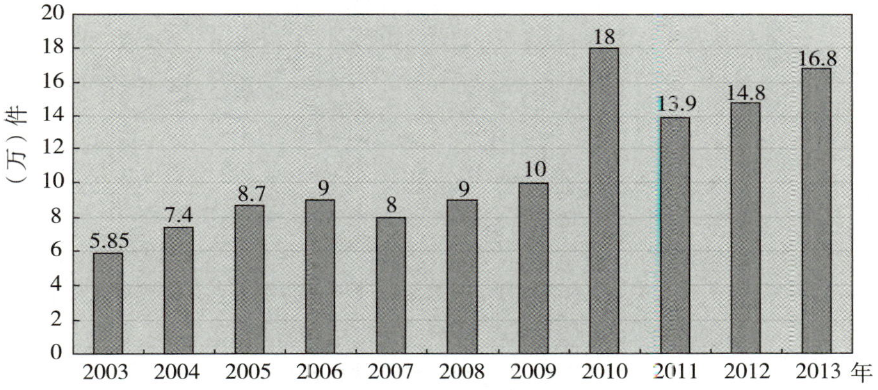

图1-1 全国群体性事件数量

从图1-1可知,群体性事件在2003年至2013年呈现上升趋势。

---

① 参见冯书泉:《构建和谐社会必须关注社会弱势群体》,载《人民论坛》2005年第2期。

② 参见熊易寒:《问题化背后:对当代中国社会冲突的反思》,载张立升:《社会学家茶座》(第19辑),山东人民出版社2007年版,第35页。

③ 参见朱力:《中国社会风险解析——群体性事件的社会冲突性质》,载《学海》2009年第1期。

④ 参见李培林、陈光金:《力挽狂澜:中国社会发展迎接新挑战——2008—2009年中国社会形势分析与预测总报告》,载《2009年中国社会形势分析与预测》,社会科学文献出版社2008年版,第8页。

⑤ 参见于建嵘:《守住社会稳定的底线》,载博客中国网,http://www.blogchina.com/20100424927734.html,2015年10月20日访问。

⑥ 参见张明军、陈朋:《2011年中国社会典型群体性事件分析报告》,载《中国社会公共安全研究报告》2012年第1期。

⑦ 参见张明军、陈朋:《2012年上半年群体性事件分析报告》,载《中国社会公共安全研究报告》2013年第1期。

⑧ 参见张明军、陈朋:《2013年上半年群体性事件分析报告》,载《中国社会公共安全研究报告》2013年第2期。

根据社会科学院法治研究所的研究项目显示，以目前群体性事件的规模实际情况出发，参与者达100人以上的群体性事件具有高度代表性，且一些地方将100人作为评价群体性事件严重程度的分界线。[①] 从2000年1月1日至2013年9月30日，中国境内发生871起100人以上的群体性事件中，参与者规模在100人至1000人的有590起，占66.7%；参与者规模在1001人至10,000人有271起，占31.1%；参加者规模在10,001人及以上的有10起，占1.1%，如图1－2所示。

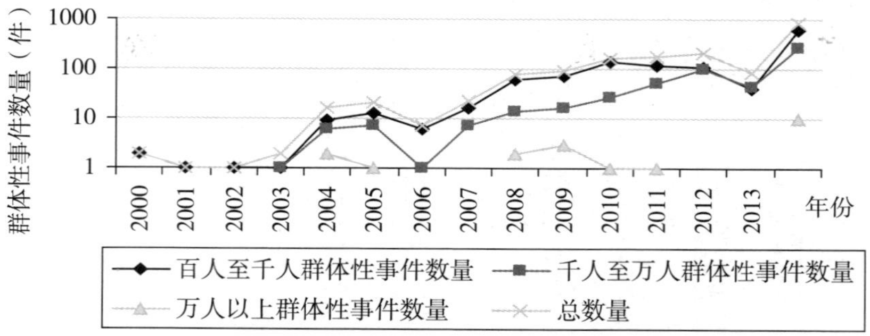

图1－2　2000年～2013年中国境内群体性事件的时间分布[②]

（二）群体性事件发展新特征

1. 随着科学技术的发展，网络已经成为民众生活的重要组成部分，使得群体性事件由“现实虚拟性”到“虚拟现实性”的转变。中国互联网信息中心CNNIC 2015年2月第35次调查报告显示，截至2014年12月，我国网民规模有6.49亿人，其中手机网民有5.57亿人，比较2013年底增加5672万人，网民中使用手机上网人群占比由2013年的81.0%提升至85.8%。[③] 我们生活在网络高速发展的时代，网民越来越多，民众参与网络评论越来越频繁。同时，网络的隐蔽性同样也使民众自由评论与日俱增，这些网络民众的虚拟聚集形式不容忽视，很多现实中的群体性事件都是由虚拟网络聚集形式转化而成，特别是官民之间的冲突，社会不公现象等的产生，成为民众的舆论中心，导致部分网民采取人肉

① 参见李林、田禾著：《中国法治发展报告》，社会科学文献出版社2014年版，第271页。

② 数据来源于2014年中国法治发展报告。

③ http://tech.sina.com.cn/z/CNNIC35/?qq-pf-to=pcqq.group，2015年11月1日访问。

搜索的方式发帖,进行网络谩骂和评论,再由网络评论转化为网下聚集,促使群体性事件的产生。互联网改变了民众参与群体性事件的方式,是一个冲突扩散的重要影响因素。① 网络的发展衍生出网络群体性事件,打破了传统群体性事件形式。所谓网络群体性事件,是网民基于共同的利益和兴趣,利用网络空间为平台,诱发、推动或转化具有一定规模、一定影响和一定威胁的非制度化参与事件,它包括在网络空间发生的如网络动员、网络恶搞、人肉搜索、网络抗争、网络暴力、网络结社、网络签名、网络祭祀等,也包括网络诱发型事件,网络与现实相互交织型事件以及网络转化现实型事件。② 网络群体性事件传播快,载体多样化,具有典型的隐蔽性,这些特征导致政府对网络群体性事件的疏导和处理异常困难。

2. 人民的文化水平日益提高,组织化和集体化意识越来越重,致使群体性事件组织化倾向趋势增加。如一些群体性事件主体是相对固定的,由一些有领导经验的人主导事情的进展,以语言能力较强的人作为谈判代表,老人、未成年人、妇女以及社会闲散人员是群体性事件的具体行动者。尤其是那些大型的群体性事件,一般都是经过了周密的策划,甚至有一部分人是专业的维权人士,通晓法律、政治、经济制度等。根据中国社会科学院法学研究所统计的数据显示,有组织的群体性事件占大多数,占 81.6% 。根据组织化程度分为三个级别:一级为事先有谋划,确定分工和行动目标;二级为在第一级的基础上印发传单或标语,意图极力扩大事件影响;三级为有固定领导人和行动纲领,诉求表达高度系统化。从 2000 年到 2013 年百人以上的群体性事件的组织化程度分布看,一级有组织的群体性事件有 428 件,占 49.1% ;二级有组织群体性事件 213 件,占 24.5% ;三级有组织群体性事件 70 件,占 8% 。③ 具有典型性

---

① See Jennifer Earl, Andrew Martin, John D. McCarthy and Sarah A. Soule, The use of newspaper data in the study of collective action, *annu. Rev. sociol*. 2004. pp. 65 – 80.

② 参见郭小安:《网络群体性事件的概念辨析及指标设定》,载《情报杂志》第 31 卷 2012 年第 2 期。

③ 参见中国社会科学院法学研究所法治指数创新工程项目组:《法治国情调研报告》,载《法治蓝皮书》,社会科学文献出版社 2014 年版,第 275 页。

的例子就是从维权到职业医闹的过程，职业医闹一般只有2～3人，其他的人都是花钱雇请过来的临时工，大部分以无业游民、老人为主。单从流程来看，就经历收集情报、制造谣言、使用武力、收尾谈判四个阶段，其中医闹一天可以得到报酬350元，组织者可以提成医疗赔偿的8%。[①]

3. 群体性事件地域性强。我国的群体性事件大部分是地区性、行业性、偶发性和零星性的。但近几年来，出现了由地方性向多个地区性蔓延的动向，各个利益群有结合的趋势。发生暴乱不是独立的事件，暴乱事件之间应该有关联，城市之间的不同暴乱事件互相响应。[②] 从图1－3得知，群体性事件分布具有极强地域性，华南地区是群体性事件的高发区，占整个群体性事件的36%，包括广东、广西、海南三个省，其中在223件群体性事件中，广东省占189件；华东地区居第二位，包括上海、山东、江苏、浙江、安徽、江西、福建七个省市，占所有群体性事件的22%，其中以江苏省的群体性事件居首；西南地区居第三位，包括四川、贵州、云南、重庆四个省市，占所有群体性事件的14%，其中以云南省居首；华中地区居第四位，包括河南、河北、湖南三个省，占所有群体性事件的10%，其中以河北省的群体性事件为首；华北地区居第五位，包括北京、天津、内蒙古、河北、山西五个省市，占所有群体性事件的9%，其中以北京市的群体性事件为首；西北地区居第六位，包括甘肃、宁夏、青海、陕西、新疆五个省和自治区，占所有群体性事件的6%，其中陕西省的群体性事件居首；东北地区居第七位，包括黑龙江、吉林、辽宁三个省，占所有群体性事件的3%，其中黑龙江省的群体性事件居首。[③] 这些群体性事件居首的城市，都有其自身的特征，如华南地区中的广东省，具有经济飞速领先地位，劳资纠纷偏多，而在引发群体性事件的原

---

① 参见《长沙职业医闹大起底：闹一天350元赚死人钱提8%》，载 http://hunan.sina.com.cn/news/b/2014－07－01/0840104211.html，2015年12月2日访问。

② 转引自郑风田：《政府态度、网络媒体与我国群体性事件的扩散效应——一个中观角度的实证研究》，载《江苏社会科学》2012年第2期。

③ 参见李林、田禾主编：《中国法治发展报告（2014年）》，社会科学文献出版社2014年版，第273～274页。

因分布中,其中劳资纠纷居首。

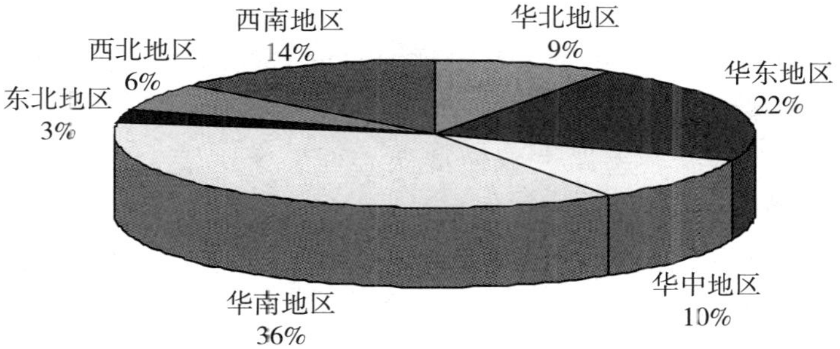

图 1－3　2000 年 1 月 1 日至 2013 年 9 月 30 日中国境内群体性事件的地域分布(百人以上群体性事件数量)

综上所述,群体性事件的发展越来越迅猛,导致群体性事件的因素多样化。也对社会危害性很大,导致民众人身权和财产权受到损害的群体性事件中的参与者则需要承担相应的刑事责任。

三、群体性事件发生的诱因追溯

(一)群体性事件中诱因表现

1. 社会结构张力与政府治理内在缺陷的相互强化。社会的快速转型过程中利益分化与失衡形成的社会结构性紧张,给我国群体性事件的发生提供了社会基础。社会结构紧张是指社会文化所塑造的人们渴望成功期望值与社会结构所能提供获得成功手段之间产生严重失衡状态。[①] 我国改革开放以来,社会利益的分化、社会结构的失调以及社会快速流动等因素造成社会心态严重失衡,使社会陷入严重的社会结构紧张状态。经济与社会发展以致民众的期望值与社会提供的空间不成正比,民众因被剥夺感增强而产生不满情绪较为普遍,因而社会矛盾在此刺激下矛盾极易激化,使群体性事件处于高发状态。同时,政府的决策机制与执行机制的封闭性,以至于民众表达利益的渠道堵塞,不同群体之间也没有形成透明的博弈机制,民众容易寻找制度外发泄的方式。而在政

① See Robert K. Merton, *Social Theory and Social Structure*, Free Press, 1968, p. 78.

府执行相关制度和政策时，因为时间、空间、社会群体之间的不一致，会造成政策不公平和不到位的情况。[①] 如在西部某省1300余例城乡居民上访事件分析显示，上访者主要想解决的是个人、家庭或者家族的问题，这些问题主要是因为地方政策执行不公而导致。[②]

2. 社会群体贫富差距大致使群众心理失衡比较大。根据统计得知2003年至2013年发布的国民总收入，由最初的135,718.9亿元增加到588,018.8亿元，十年时间国民总收入增长了4倍。目前我国的经济增长率同比增长7.7%。[③] 但是，随着国民总收入的提高，并没有使收入分配机制合理化，财富依然掌握在少数人的手里。社会资源分配不公或者一些非法的致富行为依然伤害民众的心理底线，尤其是现在有很多的"富二代""官二代""房二代"的炫富行为，使民众内心的公平感增加，产生仇富、仇官的心态。时间长久后就堆积了很多负面的情绪，导致泄愤型群体性事件发生。

3. 互联网的飞速发展，助推了群体性事件发展。近年来，互联网得到飞速发展。中国统计年鉴显示，互联网上网人数从2003年的7950万人上升到2013年的61,758万人，上升了大概有10倍。[④] 互联网作为获取信息首选渠道，超越了地域、阶层、文化层次的现实性。互联网具有隐蔽性和自我保护性，使网络成为一个自由开放的发言之地，促使很多网民自由发表自己的意见和看法。当互联网成为一种主要的传播媒介之后，人们在碰到问题的时候，很自然地想到利用网络的力量来反映问题、解决问题、从而实现自身的需求。如医患关系冲突出现时，患者家属往往利用网络舆论和压力给医院和政府施压，迫使医院或者政府同意自己的要求。互联网正在影响着群体性事件发展的趋势和规模，对群体性事件起着助推作用。"互联网是迄今为止人类历史上最快捷、最方便的集

---

① 参见朱德米：《政策缝隙、风险源与社会稳定风险评估》，载《经济社会体制比较》2012年第2期。

② 参见肖唐彪：《抗争政治的到来》，载《领导者》2013年第5期。

③ 数据来源于《中国统计年鉴》。

④ 参见陈晋胜：《群体性事件的文化成因分析》，载《长江论坛》2005年第6期。

中个体并形成心理群体的媒介。”①网络传播具有及时性与广泛性特征，一件群体性事件发生后，通过网络能够使更多的民众了解到群体性事件的发生过程及其处理情况，这会使得具有相同价值观念的人群站出来，聚集在一起，引发新一轮群体性事件，同时，也会使对群体性事件毫无概念的人群，开始关注这一事件并形成自己的观点逐渐参与到群体性事件中来。②

4. 民生生活被广泛侵权。在民生生活方面，民众的权利被侵犯导致群体性事件的发生，主要表现为执法不当、环境污染、拆迁征地、信访维权、暴力抗法、劳资纠纷等因素，如图 1－4 所示。其中以 100 人以上的规模调研所得，劳资纠纷 267 起，占 30.65%；执法不当 188 起，占 19.98%；拆迁征地 97 起，占 11.14%。③

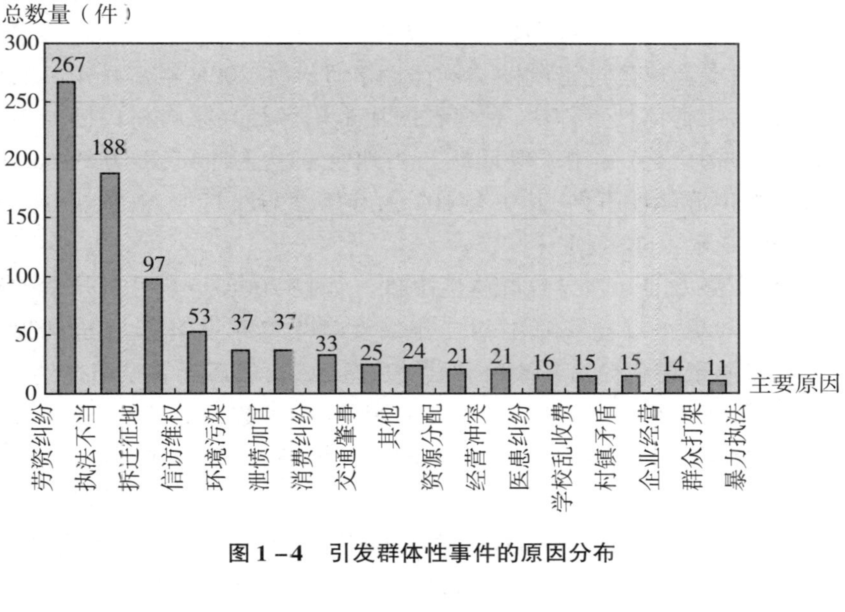

图 1－4　引发群体性事件的原因分布

---

① 参见王雪：《网络舆论、集体行为与社会控制》，载《探求》2007 年第 1 期。

② 参见杨畅、朱琳、兰月新等：《基于案例分析的群体性事件网络舆情传播规律及对策研究》，载《现代情报》2014 年第 10 期。

③ 参见中国社会科学院法学研究所法治指数创新工程项目组：《法治国情调研报告》，载《法治蓝皮书》，社会科学文献出版社 2014 年版，第 279 页。

从图1－4分析得知,劳资纠纷最严重,特别是在发达地区更能引发群体性事件的产生;拆迁征地引起的群体性事件在群体性事件的原因中排名第三位,仅次于执法不当所引起的群体性事件;从群体性事件中的原因排名可以看出,环境污染纠纷严重居第五位;近几年,由于受到滴滴出行、快的等网络软件的影响,出租车行业受到极大的冲击,以至于出租车经营权的矛盾进一步激化,出租车经营权的矛盾激化而导致群体性事件的发生。

5. 民族因素激化群体性事件。近年来,民族因素导致群体性事件的发生趋多,少数民族地区因为历史、地理、经济结构中的弱势地位为释放和爆发民族群体性事件的提供了土壤。这些冲突大部分是人民内部的冲突,也有敌我矛盾的冲突,还有一些由人民内部冲突发展成为敌我性质的冲突。如2008年在西藏发生的"3·14事件"、2008年11月甘肃"陇南事件"、2009年新疆乌鲁木齐"7·5事件"等。

6. 企业或者单位过错激发了群体性事件。如2008年8月4日云南丽江水源污染群体性事件中,云南省丽江市华坪县兴泉村村民因与金达公司的水源污染、劳务用工等问题与当地企业发生冲突,双方约300余人参与,发生群体性事件,其中有107人涉嫌参与殴打他人,造成6名村民受伤和13辆汽车受损。①

7. 黑恶势力的介入导致群体性事件。如在2008年6月贵州翁安事件中,由于对贵州省瓮安三中初二年级女学生李树芬死因鉴定结果不满,死者家属聚集到瓮安县政府和县公安局上访,然后死者亲属邀约300人在瓮安县城游行,之后来到县公安局聚集,在少数人的煽动下,部分不法分子开始用矿泉水瓶袭击民警,打砸办公设备,烧毁车辆,围攻公安民警及其消防人员,之后,不法分子对瓮安县委和县政府大楼实施"打"、"砸"、"抢"、"烧"行为,造成人员受伤和财产损失。从其社会危害性、参与程度以及造成的影响来看,成为群体性事件中的标志性事件。该事件的处理结果就是免去政府部门负责人的职务,公安部对组织、策划、指挥和参与瓮安事件的主谋发出了A级通缉令,追究在此次群体性事件中严

① http://www.caijing.com.cn/2008－08－06/110002842.html,2015年10月15日访问。

重失职渎职的行为。[①] 对参与群体性事件中涉及聚众冲击国家机关罪、放火罪的张光静、莫光付，涉及聚众扰乱社会秩序罪的肖春平，涉及聚众冲击国家机关罪的李秀龙、李庆安、柴吉方等6名犯罪分子进行一审宣判。[②] 其中瓮安的黑恶势力相当严重，在此事件中起到了主要的作用。

8. 行政部门执法不当所导致的群体性事件。群体性事件中的行政部门一般是指群体性事件中的处置者，所谓群体性事件中的处置者，是指负责在群体性事件中控制局势事态的发展，安全疏散群众，负责恢复和维持社会秩序责任的人，他们是被动参与到群体性事件中，而不是主动积极参与到群体性事件中。这种处置者主体包括警察、政府人员以及其他人员，这里的其他人员有可能包括了学者、医生以及专家等人。主要介绍被参与主体警察和政府人员。群体性事件对社会冲击力和破坏力比较大，公安机关是维护社会治安秩序和打击违法犯罪最主要的国家机关，然而，在处理群体性事件时，却处于"为"或者"不为"的两难境地，"为"，担心激化群体性事件的发展；"不为"则担忧社会秩序的稳定性。警察是指为维护社会公共秩序以及预防和解决犯罪问题，能够综合运用暴力的、行政的及法律的手段，巩固现行社会制度、保障国家安全与维护社会治安秩序官方组织中的成员。[③] 警察在行使其警察权时，应该科学合理地运用其公权力。国家机关工作人员是指在国家机关中从事公务的人员，包括在各级国家权力机关、行政机关、司法机关和军事机关中从事公务的人员。然而，这些处置者在群体性事件爆发过程中，会出现执法不当的行为，如2010年1月7日江苏邳州征地血案中，由于江苏邳州市河湾村村民由于被强行征用耕地，与征用方的200多名男子发生冲突所引发的群体性事件，致使村民一死一伤。[④] 此时，应该追究相关行政部门人员的责任。再如2010年7月5日江西九江事件，因为江西省九江市修水县港口镇洞下村村民对当地政府的强制搬迁不满意，因而集体到北京上访，遭遇政府部分的拦截、威胁、殴打之后，用石头和砖块砸毁政

---

① http://baike.baidu.com/view/14549116.htm#6，2015年10月15日访问。

② http://news.sina.com.cn/c/2008-11-14/195616655999.shtml，2015年10月18日访问。

③ 参见李宁：《警察概念论析》，载《北京人民警察学院学报》2003年第4期。

④ http://news.qq.com/a/20100122/000102.htm，2015年10月15日访问。

府办公室所有玻璃窗,砸烂 18 辆警车。为了阻止村民的上访,拦截上访人员,威胁司机,驱赶民众,两名女村民被殴打致昏迷,20 多位村民被打伤。①

9. 大部分民众都是为了维护自身的合法权益。从群体性事件的发生原因得知,大部分民众都是为了维护自身合法权益而聚集在一起。从群体性事件发生的相关诱因,涉及民生生活的权利被侵权主要表现在环境受到企业的污染,农村土地被征用和征收,部分居民被拆迁,以及劳资纠纷等。一般而言,民众的合法权益在经过合法的途径得不到解决时,民众会采取非正常的手段来解决问题,以期望达到自己的目的。当然,也有少部分民众为了获得更多的利益而聚众闹事,如所谓的"钉子户"。在此情形中,既存在合法合理利益没有得到实现的状况,又有以此来要挟政府或者企业的情形,以期望得到更多的利益。再如现行"医闹"的行为,既有合法行为,又有违法行为,甚至有犯罪行为,在不少医疗纠纷处置过程中,群聚和暴力发挥了很重要的影响力,相关医疗机构在取得和平解决医疗纠纷过程中,不少处理结果是支付了超过法律规定应当支付的赔偿金。② 总而言之,大部分的民众都是为了维护自己的合法权益能够得到实现,只有极少数民众是为了利益而聚集,因此,在量刑环节应该考虑该因素是特殊情节,由合法行为变为违法行为的情形。

(二)群体性事件增长与诱因相关性证明

笔者运用 Stata 软件对群体性事件增长与诱因进行了分析。

首先,数据来源。因为群体性事件的敏感性,本书所采用的有关群体性事件方面的数据主要来自于报纸、网络或者文献。此外,文中所采用的互联网上网人数、城镇居民人均收入差距、城镇登记失业率、国民总收入、当期受理劳动者申诉案件数、集体劳动争议案件数据来自于《国家统计年鉴》数据库,经过整理收集后,2003 年 ~ 2013 年的数据收集的都已经齐全。除了这些可以量化的群体性事件影响因素以外,还有其他一些不能量化的

---

① http://blog. renren. com/share/227609508/13854067163,2015 年 10 月 15 日访问。

② Benjamin Liebman, Malpractice Mobs, Medical Dispute Re&olution in China. forthcoming Columbia Law Review,2013. 转引自陈柏峰:《群体性涉法闹访及其法治》,载《法制与社会发展》2013 年第 4 期。

因素,如污染导致的群体性事件,民众多元化思想导致诉求的增加等,因为其不能量化,只能挑选其中几项来量化分析。分别是群体性事件跟互联网上网人数、城镇居民人均收入差距、城镇登记失业率、国民总收入、当期受理劳动者申诉案件数、集体劳动争议案件数之间的关系。群体性事件、互联网上网人数、城镇居民人均收入差距、城镇登记失业率、国民总收入、当期受理劳动者申诉案件数、集体劳动争议案件数都是逐年增长,其中群体性事件十年增长了3倍,互联网上网人数增长了9倍,城镇居民人均收入差距增长了3倍,城镇登记失业率增长不到1倍,国民总收入增长4倍,当期受理劳动者申诉案件数增长3倍,集体劳动争议案件数增长10倍。①

其次,分析指标。影响群体性事件的增长的因素,大致可以分为两类:一类是外部因素,包括经济因素和劳动争议因素;另一类是内部因素,包括互联网的上网人数、城镇失业率。外部指标包括:(1)经济指标。城镇居民人均收入的差距、国民总收入、集体劳动争议、当期受理劳动者申诉案件数。本文选取城镇居民人均收入的差距代表了贫富之间的经济差距,选取国民总收入代表了国家经济的普遍增长趋势。(2)劳动争议指标。由于群体性事件有一部分维权行为都是劳动争议所引起,因此,用集体劳动争议案件数和受理劳动者申诉案件数作为衡量劳动争议因素的指标。它分别反映了劳动纠纷引起的群体性事件的趋势。群体性事件上升趋势的内部指标是将2003年~2013年的互联网上网人数和失业率进行统计分析,分析出互联网人数的飙升和失业率的增长与群体性事件上升趋势的关系,如表1-1所示。

表1-1　群体性事件及其诱因数据

年　份	中国群体性事件(万件)	互联网上网人数(万人)	城镇居民人均收入差距(元)	城镇登记失业率(万人)	国　民总收入(亿元)	当期受理劳动者申诉案件数(件)	集体劳动争议案件(件)
2003	5.85	7950	14,176.4	800	135,718.9	215,512	10,823
2004	7.4	9400	16,459.3	827	160,289.7	249,335	19,241

① 数据来源于《国家统计年鉴》分析而得。

续表

年 份	中国群体性事件（万件）	互联网上网人数（万人）	城镇居民人均收入差距（元）	城镇登记失业率（万人）	国 民总收入（亿元）	当期受理劳动者申诉案件数（件）	集体劳动争议案件（件）
2005	8.7	11,100	18,885.0	839	184,575.8	293,710	16,217
2006	9	13,700	20,843.8	847	217,246.6	301,233	13,977
2007	8	21,000	24,114.6	830	268,631.0	325,590	12,784
2008	9	29,800	28,592.9	886	318,736.7	650,077	21,880
2009	10	38,400	30,708.6	921	345,046.4	627,530	299,601
2010	18	45,730	33,552.8	908	407,137.8	558,853	211,755
2011	13.9	51,310	38,232.1	922	479,576.1	568,768	174,785
2012	14.8	56,400	41,102.6	917	532,872.1	620,849	231,894
2013	16.8	61,758	44,955.8	926	588,018.8	641,932	218,521

再次，研究方法：STATA 面板数据模型。在群体性事件上升趋势的因素分析过程中，主要采用 STATA 面板数据模型。这种数据模型可以清楚明确地展现每个自变量对因变量的作用方向和程度，注重整体分析。选取2003 年～2013 年的群体性事件、互联网上网人数、城镇居民人均收入差距、城镇登记失业率、国民总收入、当期受理劳动者申诉案件数、集体劳动争议案件数 7 个指标放在一起作为样本。以互联网上网人数、城镇居民人均收入差距、城镇登记失业率、国民总收入、当期受理劳动者申诉案件数、集体劳动争议案件数作为因变量，群体性事件数量作为自变量，利用 STATA 统计软件进行面板数据进行分析。其中，Y 表示群体性事件数量；X1、X2、X3、X4、X5、X6 分别代表互联网上网人数、城镇居民人均收入差距、城镇登记失业率、国民总收入、当期受理劳动者申诉案件数、集体劳动争议案件数变量。

将代表互联网上网人数、城镇居民人均收入差距、城镇登记失业率、国民总收入、当期受理劳动者申诉案件数、集体劳动争议案件数以及群体性事件进行 STATA 面板数据回归。结果显示，互联网上网人数、城镇居民人均收入差距、城镇登记失业率、国民总收入、当期受理劳动者申诉案件数、集体劳动争议案件数对群体性事件有不同程度的影响，如表 1－2 所示。

表 1－2　群体性事件与诱因相关性分析

	Y(1)	Y(2)	Y(3)	Y(4)	Y(5)	Y(6)
X1	0.00018 ***					
	(0.00003)					
X2		0.00035 ***				
		(0.00006)				
X3			0.07238 ***			
			(0.01644)			
X4				0.00002 ***		
				(0.00000)		
X5					0.00002 **	
					(0.00001)	
X6						0.00003 ***
						(0.00001)
_cons	5.32031 ***	1.22840	－52.28143 ***	3.33736 *	3.50433	8.02275 ***
	(1.12718)	(1.91214)	(14.39710)	(1.51184)	(2.61797)	(1.23562)
N	11	11	11	11	11	11
R^2	0.797	0.766	0.683	0.776	0.512	0.563
Log lik	－21.83745	－22.61001	－24.29022	－22.38422	－26.66777	－26.05277

Standard errors in parentheses, * p < 0.1, ** p < 0.05, *** p < 0.01.

最后，群体性事件的增长与相关诱因的关联性分析结论。(1) 城镇登记的失业率对群体性事件影响最大。X3 所对应的 Y3 通过 1% 的显著检验性,线性方程符合拟合优度。从其变量系数来看,系数为0.07238,显著性为正态分布。说明X3变量对群体性事件有显著的促进作用,同时表明当X3增加1个单位时,群体性事件增加0.07238件。失业率的增加对群体性事件的增多存在着必然的联系,特别是发达地区的私营企业,企业的倒闭,没有妥善安置好企业员工,导致失业率升高,失业率的升高直接导致群体性事件的产生。(2)城镇居民人均高、低收入差距对群体性事件影响较大。X2所对应的Y2通过1%的显著检验性,线性方程符合拟合优度。从其变量系数来看,系数为0.00035,显著性为正态分布。说明X2变量对群体性事件有显著的促进作用,同时表明当X2增加1个单位时,群体性事件增加0.00035件。贫富差距、收入的差距使民众心理不平衡,富人更富,穷人更穷的状态,会使更加穷的人有仇富心理,对社会产生不公平感。因此,容易引起泄愤性质的群体性事件。(3)互联网上网人数对群体性事件影响显著。X1所对应的Y1通过1%的显著检验性,线性方程符合拟合优度。从其变量系数来看,系数为0.00018,显著性为正态分布。说明X1变量对群体性事件有显著的促进作用,同时表明当X1增加1个单位时,群体性事件增加0.00018件。互联网的发达,网民的增多,更好地扩散群体性事件的负面作用。(4)集体劳动争议案件数对群体性事件影响显著。X6所对应的Y6通过1%的显著检验性,线性方程符合拟合优度。从其变量系数来看,系数为0.00003,显著性为正态分布。说明X6变量对群体性事件有显著的促进作用,同时表明当X6增加1个单位时,群体性事件增加0.00003件。(5)当期受理劳动者申诉案件数对群体性事件的影响。X5所对应的Y5通过5%的显著检验性,线性方程符合拟合优度。从其变量系数来看,系数为0.00002,显著性为正态分布。说明X5变量对群体性事件有显著的促进作用,同时表明当X5增加1个单位时,群体性事件增加0.00002件。(6)当期受理劳动者申诉案件数对群体性事件的影响。X4所对应的Y4通过1%的显著检验性,线性方程符合拟合优度。从其变量系数来看,系数为0.00002,显著性为正态分布。说明X4变量对群体性事件有显著的促进作用,同时表明当X4增加1个单位时,群体性事件增加0.00002件。

综上,引起群体性事件的原因非常多,但是根据目前社会形势而言,主要是因为经济差距和民生权利受到侵害而导致的,又因为社会严重缺乏信任感,社会中的信任可以缓冲公民之间的关系,减少群体性事件的发生。①所以群体性事件的发生越来越频繁。

第二节　群体性事件案例及反思

一、典型群体性事件典型案例

群体性事件有各种各样的形态出现,但是群体性事件对社会危害程度各有轻重。有些群体性事件对社会只有轻微的危害作用,有些对社会造成重大的危害作用,本部分主要介绍对社会造成严重危害具有典型性的群体性案件。案件的梳理根据引发群体性事件的原因情况归纳总结,从社会形态来看,引发群体性事件的原因有17种,分别是:交通肇事导致群众义愤、经营冲突、群众打架斗殴、劳资纠纷、医患纠纷、消费纠纷、资源分配纠纷、学校乱收费、食堂问题、村镇矛盾、企业经营冲突、执法不当、拆迁征地、环境污染、信访维权、暴力抗法、泄愤及其官民矛盾激化及其他原因。以目前社会矛盾的新形势、新特征,挑选对社会有重大影响的案例分析和总结。在以上17种引发群体性事件的原因中,具有社会新形态化,反应社会主要矛盾的原因有环境污染问题,拆迁征地问题,执法不当问题,信访维权问题,劳资纠纷问题,泄愤及其官民矛盾问题六个方面。

(一)环境污染或者环境保护引发的群体性事件

1. 2012年7月28日的启东事件

参与群体行为:启东市民由于担心日本王子纸业集团准备在当地修建的排污设施会对当时民众生活产生影响,于是,数千名启东市民在2012年7月28日在市政府门前广场及附近道路集结,散发传单,并冲击政府机关,砸毁政府机关办公设备。

---

① Takagi, Daisuke1, Ikeda, Ken'ichi2, Kobayashi, Tetsuro3 and so on: The Impact of Crime on Social Ties and Civic Participation, *Journal of Community & Applied Social Psychology*, 2016, Vol. 26, No. 2, pp. 164 – 178.

2. 2012 年 7 月 2 日四川什邡事件

参与群众行为：四川省什邡市民因担心四川省什邡市宏达钼铜多金属资源深加工综合利用项目引发环境污染问题，于是市民陆续到什邡市委、市政府门口聚集，少数市民因为情绪激动强行冲破警戒线，进入市委机关，砸毁一楼大厅 8 扇橱窗玻璃、3 个宣传栏、4 个宣传展板。

政府处理措施：为及时平息事态，公安机关依法对 27 名涉嫌违法犯罪人员予以强制带离。依据《中华人民共和国刑法》《中华人民共和国治安管理处罚法》有关规定，公安机关对在什邡宏达广场打砸、推翻警车的钟某、李某、刘某等三人予以刑事拘留；对强行冲击警戒线，向执勤民警投掷花盆、砖头、石块等杂物的洪某、周某、钟某等三人予以行政拘留；其余 21 人经批评教育，认清所犯错误，具结悔过后，于 7 月 3 日 23 时已全部释放。①

3. 2011 年 9 月 15 日浙江海宁群体性事件

参与群众行为：由于海宁市袁花镇红晓村村民担心浙江晶科能源公司引起环境污染问题，500 余名群众聚集在此公司门前，之后有部分村民冲入浙江晶科能源公司，将停放在公司内的 8 辆汽车掀翻，部分办公用品及财物受损。

政府处理措施：群体性事件发生之后，政府部门工作人员首先是劝散群众，在第二天早晨，因劝说无效，有部分群众有暴力毁坏财物行为，市公安局抓获部分该事件中涉嫌盗窃、故意毁坏财物、实施打砸的违法犯罪行为嫌疑人。并且拘留了 31 名人员，100 名群众情节轻微的人员接受法制教育。②

4. 2008 年 8 月 4 日云南丽江水源污染群体性事件

参与群众行为：云南省丽江市华坪县兴泉村村民因与金达公司的水源污染、劳务用工等问题与当地企业发生冲突，双方约 300 余人参与，发生群体性事件。其中有 107 人涉嫌参与殴打他人，造成六名村民受伤和 13 辆汽车受损。③

政府处理措施：对 107 名涉嫌参与殴打他人的人员，依照法律规定作出

---

① http://baike.baidu.com/link?url = k5ig0XpHjzZZGG9TBmp6hrXs4G - 8JwKjX_DzNFfww8f6rGtorvWkz2mmEboJOR36d7QzD_3hHd0wuHD_7VWIE_,2015 年 10 月 15 日访问。

② http://baike.baidu.com/link?url = c1EFWPm-TAeGGDDrPOiddf7cXdhcgHSfMmJZG0jpp4czhFkGOebHJP-Wz9n,2015 年 10 月 15 日访问。

③ http://www.caijing.com.cn/2008 - 08 - 06/110002842.html,2015 年 10 月 15 日访问。

了进一步的处理。

5. 2006年2月贵州省铜仁市群体性事件

参与群众行为：贵州省铜仁市龙田村村民因为当地重污染企业铜仁市振兴铁合金厂的环境问题发生冲突，其中有100多名村民聚集参与决堤放工厂的生产用水，导致工厂被迫停产。

政府处理措施：铜仁市环北办事处的干部也拒绝到场协调，在参与放水的村民杨光华、杨国平、罗来富、杨光均4人先后被市公安局以“涉嫌聚众扰乱社会秩序罪”刑事拘留，4人均被判处有期徒刑1年，缓期2年执行。①

（二）农村维权群体性事件

1. 2011年9月21日广东乌坎村事件

参与群众行为：广东乌坎村的400多名村民在组织者的领导下，因土地问题、财务问题、选举问题到陆丰市政府非正常上访，部分村民对周边企业聚集、打砸、毁坏他人公共财物和冲击围困村委会、公安边防派出所。其中，有6辆警车被砸坏。②

政府处理措施：首先是赶赴现场协调，然后回应村民诉求，维持了基本秩序。对打砸为首的首要分子庄烈宏、曾昭亮、薛锦波等人予以抓获。

2. 2010年7月5日江西九江事件

参与群众行为：因为江西省九江市修水县港口镇洞卜村村民对当地政府的强制搬迁不满意，因而集体到北京上访，遭遇政府部分的拦截、威胁、殴打之后，用石头和砖块砸毁政府办公室所有玻璃窗，砸烂18辆警车。

政府处理措施：为了阻止村民的上访，拦截上访人员，威胁司机，驱赶民众，两名女村民被殴打致昏迷，20多位村民被打伤。③

（三）执法不当引发的典型群体性事件

1. 2010年1月7日江苏邳州征地血案

参与群众行为：江苏邳州市河湾村村民由于被强行征用耕地，与征用

---

① http://news.qq.com/a/20060822/001110.htm，2015年10月15日访问。

② http://baike.baidu.com/link?url=O5A8Xrr1MTyE0uyZ5SnR9bjxA7Xr8eTi7n7pBR3TaTfQKpU0UImBtGkhsmM9T3PE8mhZvILyMzqL3Rd1fdq4yKdRwFpWvDF7CJ2RhQu4qvjCmRqmOyI_ZiZUPmzv3vfmJAerrm-o1vyPYtCsJntx_，2015年10月15日访问。

③ http://blog.renren.com/share/227609508/13854067163，2015年10月15日访问。

方的200多名男子发生冲突所引发的群体性事件，致使村民一死一伤。

政府处理措施：对邳州市原运河镇河湾村支书违规强行占用土地及其有关的责任人严肃查处，对直接领导责任的党委书记等3人予以免除职务。同时，经过公安机关调查取证，共参与斗殴的人员有75人，警方抓获61名现场参与嫌疑人，14名涉案人员，其中有8名主要犯罪嫌疑人。并且对上述人员以涉嫌聚众斗殴罪，分别采取了刑事拘留、取保候审等刑事强制措施。①

2. 2010年7月苏州通安事件

参与群众行为：苏州市虎丘区通安镇村民由于索要拆迁补偿款遭拒绝，村民于是怒砸政府，挟持镇委书记，封堵通安镇华金路至312国道。

政府处理措施：出动防爆警察，在冲突时部分群众被打伤，抓获起哄的4名安徽籍青年农民工。之后再次发生冲突，导致数人受伤，随后驱散聚集的村民。②

3. 2010年3月昆明城管事件

群众参与行为：由于昆明市五华区城管部门在执法中与违法占道经营者发生，引发群众围观并发生冲突，现场部分围观人员围攻城管队员、派出所民警，掀翻城管部门的9辆汽车，其中有3辆被点燃（无重大损失），4辆先期增援警车车窗被砸坏，1辆警车被掀翻，有9名城管工作人员受伤，4名公安民警被砸伤。

政府处理措施：为迅速恢复现场秩序，及时救治现场受伤人员，公安机关依法强行处置，对现场涉嫌“打、砸、烧”的40人依法带离现场进行盘问。③

4. 2011年6月湖北利川事件

参与群众行为：由于湖北省利川市前反贪局局长冉建新在巴东县人民检察院异地受审期间的突然死亡，因此遭到群众的围观。其中，有1500名示威群众与警察发生冲突，朝办公楼投瓶子和鸡蛋等杂物，冲入市政府。

---

① http://news. qq. com/a/20100122/000102. htm，2015年10月15日访问。

② https://www. baidu. com/s? wd = % E8% 8B% 8F% E5% B7% 9E% E9% 80% 9A% E5% AE% 89% E6% 9D% 80% E4% BA% BA% E4，2015年10月15日访问。

③ http://baike. baidu. com/link? url = xml2ZGJZI7F2Ej7DfDz5bvU6vMqQ27gGcL95nJN5ha2O3T0N5I596 - x_9NAiTdOGcnD90IJTRP8BvJK4DFWt7a，2015年10月15日访问。

政府处理措施：动用武力驱散示威人员，后于2012年1月经过鹤峰县法院公开审理，在冉建新涉嫌受贿一案中，巴东县检察院反贪局教导员任中海和法警大队教导员谭发明实施了刑讯逼供行为，根据刑法的规定，构成刑讯逼供罪，两人分别被判处有期徒刑3年和1年。

（四）由泄愤及其官民矛盾激发引发的典型群体性事件

1. 2010年6月马鞍山事件

参与群众行为：由于马鞍山市一名中学生不小心剐蹭到马鞍山市花山区旅游局局长汪国庆的车，中学生被打耳光一事，引起群众的公愤，以至于有三四千人围观并参与群体性事件。其中，部分群众实施了围堵行为，并且有捡砖头砸向警车和局长车的行为，也有抱起西瓜砸车的行为。

政府处理措施：防爆警察来到现场，当场免除局长的职务，并且实施拘留。

2. 2009年6月湖北石首群体性事件

参与群众行为：由于湖北省荆州市石首市永隆大酒店厨师涂高远的非正常死亡引起数万人的群体性事件。部分参与群众与警察发生冲突，设置交通要道路障，阻碍交通并且围观起哄。其中有少数不法分子借机闹事，实施了纵火焚烧酒店的滋事行为，煽动围观群众，袭击消防战士和公安民警，导致多名警察受伤，多部消防车辆和警车被砸坏。

政府处理措施：因为处置“6·17事件”不力，免除石首市委书记钟明和市委常委唐敦武的职务。同时，当地警方追究了一批涉嫌策划、煽动、组织围观群众闹事，参与“打砸烧”行为的首要分子的法律责任，并且督促涉案人间主动投案自首。死者家属有十几名被警方带走，其中的5人被追究刑事责任，所涉及的罪名是聚众扰乱公共场所罪、交通秩序罪。除了死者家属之外，另外还有十几名涉案人员被警方带走，公安机关一共刑事拘留31名涉案人员，其中有14人被检察机关以涉嫌聚众扰乱社会秩序罪批准逮捕，其中有死者的哥哥涂远华和堂姐涂晓玉2名亲属。另外，对于投案自首的、情节轻微的涉案人员，公安机关依照“宽严相济”的原则治安处罚51人，教育释放23人。[①]

---

① http://baike. baidu. com/link? url = rwdU2Sp7WtuQpUf9ZNPu61uxaj-ri7YhtqnOHMa93IK1ZXkw8ul5 - nKZ8nkFpJwJnh47_Pasf2FrbY9r6ycu5K，2015年10月15日访问。

3. 2008年6月贵州翁安事件

参与群众行为:由于对贵州省瓮安三中初二年级女学生李树芬死因鉴定结果不满,死者家属聚集到瓮安县政府和县公安局上访,死者亲属邀约300人在瓮安县城游行,之后来到县公安局聚集,在少数人的煽动下,部分不法分子开始用矿泉水瓶袭击民警,打砸办公设备,烧毁车辆,围攻公安民警及其消防人员。之后,不法分子对瓮安县委和县政府大楼实施“打”“砸”“抢”“烧”行为,甚至冲击临近的看守所。据有关部门统计,现场围观的群众有2万人以上,直接参与“打”“砸”“烧”的人员超过300人。瓮安县县委、县政府、县公安局、县民政局、县财政局被烧毁办公室160多间,被烧毁的警车等交通工具42辆,不同程度受伤的人有150余人,造成直接经济损失1600多万元。从其社会危害性、参与程度、造成的影响来看,成为群体性事件的标志性事件。

政府处理措施:免去政府部门负责人的职务,公安部对组织、策划、指挥和参与瓮安事件的主谋发出了A级通缉令,追究在此次群体性事件中严重失职渎职的行为。[①] 对参与群体性事件中的犯聚众冲击国家机关罪、放火罪的张光静、莫光付,犯聚众扰乱社会秩序罪的肖春平,犯聚众冲击国家机关罪的李秀龙、李庆安、柴吉方等6名犯罪分子进行一审宣判。[②]

4. 2008年云南孟连事件

参与群众行为:云南省普洱市孟连傣族拉祜族佤族自治县的700多名群众由于与企业的经济利益纠纷得不到解决,因此,围攻、殴打正在执行任务的百余名公安民警。在冲突的过程中,警察使用防暴枪自卫,造成两名群众中弹身亡。

政府处理措施:在对空鸣枪示警无效的情况下,警察使用防暴枪自卫,致使橡皮子弹导致两名村民身亡。此次群体性事件中,17名村民、41名警察和3名干部在冲突中受伤,9辆执行任务的汽车被砸,102件警械被损毁和丢失。公安机关对勐马镇涉嫌聚众扰乱社会秩序罪、故意伤害罪的5名

① http://baike.baidu.com/view/14549116.htm#6,2015年10月15日访问。

② http://news.sina.com.cn/c/2008-11-14/195616655999.shtml,2015年10月18日访问。

犯罪嫌疑人采取强制传唤措施。[①]

（五）医疗纠纷引起的群体性事件

1. 2014 年 8 月 20 日岳阳医闹事件

参与群众行为：由于病人患者抢救无效被宣布死亡，死者家属不服，因此打伤主治医生，打砸医院办公室。因此，200 名岳阳市的各大医院的医护人员向政府讨要说法。

政府处理措施：卫生局介入调查，公安机关成立专案组调查此事。[②]

2. 2015 年 1 月 27 日湖南长沙市长沙县医闹事件

参与群众行为：由于一新生儿童的死亡引起的医闹纠纷，死者家属及其同乡共 16 人到湖南长沙某医院门诊楼门口拉横幅、放鞭炮、烧纸钱，阻碍病人和医务人员出入。

政府处理措施：民警到现场做工作，未果，之后将刘某等 16 人以扰乱单位秩序依法行政拘留。[③]

3. 2006 年 11 月 7 日四川广安市医闹事件

群众参与行为：由于一个 3 岁男童误食农药与医院抢救引发的纠纷。死者家属向医院讨要说法，摆放花圈在政府大门口，因大量群众围观，交通一度堵塞。之后，随着围观的人越来越多，有人向警察投掷石头，冲击警戒线，砸开医院的卷帘门，200 多人冲进医院，进行打砸烧抢。造成医院设施及仪器被砸坏，被子被烧光，有人企图点火烧楼。同时，交警的 1 辆警车被砸坏并被当众烧毁，2 辆警车由于烧毁而发生爆炸。约有 50 名警察不同程度受伤，其中两人重伤。

政府处理措施：警方拘留了 31 名从事打砸抢烧的骨干分子。经察，这些参与人均为无固定工作和固定收入的人员。[④]

---

① http://www.shenyang.gov.cn/zwgk/system/2010/12/10/000029850.shtml，2015 年 10 月 18 日访问。

② http://baike.baidu.com/link?url=XssLy59NRVD4h-UZUWrJUo5nfJn7nqVHlpAdp9UMLv_I207ec79AW2jT5pgefv03E_AT28ZHF_oLTRR1QHH51q，2015 年 10 月 18 日访问。

③ http://hn.rednet.cn/c/2015/06/05/3700250.htm，2015 年 10 月 18 日访问。

④ 参见龚维斌、马福云等：《社会群体与群体性事件研究》，国家行政学院出版社 2011 年版，第 359～362 页。

(六)金融问题引发的群体性事件

金融问题主要涉及的有非法集资与金融风波危害到部分群众利益而引发的群体性事件。

1. 2012 年 1 月安阳非法集资引发的群体性事件

群众参与行为:由于安阳居民被一些企业宣传的高额回报吸引而上演“全民借贷”的集资热潮。后因为讨不回本息因此而发生群体性事件。其中,数千名市民聚集于安阳市火车站等地,造成道路堵塞。

政府处理措施:有 13 名安阳市民因“挑头堵路、冲击铁路”被公安局依法刑事拘留,其外的 8 名违法人员因“恶意煽动、串联”被行政拘留。

2. 2008 年 9 月湖南吉首事件

群众参与行为:由于公司不能按照承诺兑现支付利息,部分集资者到政府上访引发群体性事件。其中,出现围堵政府大门,堵塞市内交通,掀翻车辆,冲击火车站等群体性行为。

政府处理措施:疏散上访者及其围观的群众。

二、典型群体性事件典型案例反思

从群体性事件典型案例可知,反思和重新认识当前我国社会的时代特征与利益矛盾。改革开放以来,我国社会发展出现了三大转变:第一个转变,20 世纪 80 年代初到 90 年代初,资源配置方式从扩散向重新聚集转变。这一转变带来的后果就是一些人迅速暴富,而改革初期得到一些利益的边缘和弱势群体却成为改革代价的承担者,因此,在城乡之间、地区之间、不同社会阶层之间的财富差距越来越大。第二个转变,社会阶层结构从简单化向复杂化转变。在 1978 年以来,原来的“两个阶级一个阶层(工人阶级、农民阶层和知识分子阶层)”变为多元化阶层和社会经济地位等级。如有学者认为现在的社会阶层结构可以划分为十大阶层(国家与社会管理者阶层、经理人员阶层、私营企业主阶层、专业技术人员阶层、办事人员阶层、个体工商户阶层、商业服务业员工阶层、产业工人阶层、农业劳动者阶层和城乡无业失业半失业阶层)与五种社会经济地位等级(社会上层、中上层、中中层、中下层、底层。)①第三

① 参见陆学艺著:《当代中国社会结构》,社会科学文献出版社 2010 年版,第 378 ~ 410 页。

个转变,资源的配置重新聚集,导致社会问题从生存性到公平性转变。公正成为了人们日益关注的问题,而大部分人认为因权力造成的不公平属于我国最不公平的现象。这些转变说明了中国社会形势的复杂多样性,在经济繁荣的背后,实际上也暗含了社会的不稳定性,因此,国家在进行现代化改革的过程同样潜存高风险的背负。

同时,从以上具有典型性的案例看出,群体性事件参与主体的复杂性,参与主体行为的不可控性,以及处理群体性事件的方式多样性。以下评析典型案例中参与主体、参与主体行为以及政府处理方式。

从参与主体角度来看,参与主体包括两个方面的人员:一是政府人员;二是群体性事件中的参与者。两者之间在群体性事件中是相互对立的关系,也是管理与被管理的关系。

一方面,群体性事件中的参与者。以对群体性事件发生原因认识理解为界点,可分为群体性事件的发起者、肇事者、积极者、发泄者、旁观者。发起者一般都是利益直接受到损害的人,是直接引起群体性事件的起因者,如石首事件中的发起者是死者家属,贵州瓮安事件中的发起者是死者家属。肇事者有利益直接受到损害的人,也有非利益关系者,或者是因为泄愤,或者是因为心情的郁闷,会直接导致群体性事件的激化。如在“3・29”奉节群体性事件中,有 20 多名围观者就采取辱骂或者起哄的方式,致使群体性事件进一步激化。积极者是一种集群行为,看到别人做什么,自己主动参与。发泄者在群体性事件中占了很大一部分人群,大型的群体性事件参与人达到几万甚至几十万人,其中社会青年占了一部分。如武汉 2015 年钟家村的士事件,其中参与行为的人员有一部分学生,还有未成年人参与打、砸政府人员车辆,这是发泄行为的表现。旁观者静观事物的发展,既不参与任何行为,也不阻止行为的发生。他们并不了解群体性事件的起因以及进展实际情况,有些是抱着好奇的心态,有些是看热闹的心态,在群体性事件中,这一类人占了群体性事件的大部分。

另一方面,群体性事件中的政府人员。群体性事件中参与主体中的政府人员包括了警察、行政部门负责人、行政部门工作人员、谈判专家以及其他人员。以湖北石首事件为例,参与主体中代表了政府和公权力的主体有石首警方,石首市政府人员。在处理群体性事件的过程中,警察和政府人员起到主要的作用,从参与人的行为来看,在群体性事件中不同阶段有不同的行为,在群体性事件的萌芽状态一般会有聚集行为;之后在爆发持续阶段会产生过激行为,如打砸抢烧的暴力性行为。所谓暴力性群体性事件中的暴力行为,是指事件的参与者采取爆炸绑架、杀人抢劫、打砸抢烧等对抗形式的行为。[①] 从政府处理措施来看,基本上是劝说、疏散、抓捕犯罪分子,司法机关依法处理。

第三节　群体性事件之司法实践困境

群体性事件在司法实践中存在很多困境,通过搜索整理中国裁判文书网的案例得知,司法机关在处理群体性事件时,对构成共同犯罪中的主犯和从犯的划分模糊不清,对群体性事件中犯罪参与者和参与行为界定模糊,致使犯罪圈扩大化,从而导致量刑过重的现象。因此,对群体性事件中的司法现状存在的困境阐述,是群体性事件犯罪参与者的刑事责任研究的问题来源。

一、群体性事件中的司法实践现状

笔者通过搜索中国裁判文书网,挑选了部分案例进行整理。涉及群体性事件的案件的罪名主要有三大类,分别是聚众冲击国家罪,聚众扰乱公共秩序、交通秩序罪,聚众扰乱社会秩序罪。所涉规范法条主要有《刑法》第 290 条、第 25 条、第 26 条、第 27 条等。从司法判例来看,群体性事件主要涉及的是聚众犯罪,其犯罪样态大部分为共同犯罪。从表 1－3、表 1－4、表 1－5 可知,群体性事件中参与者的行为都涉及犯罪行为,如冲击国家办公场所,堵塞交通通道,围攻工作人员等行为。其中有起到指挥、组织、策划作用的首要分子,也有主动参与其中的积极参与者,部分犯罪参与者构成主犯,部分犯罪参与者构成从犯。然而,对教唆犯的认定却不明确,如在(2014)温泰刑初字第 147 号案件的聚众冲击国家罪中,蔡某甲和蔡某乙积

① 参见中国行政管理学会课题组编:《中国群体性突发事件成因及对策》,国家行政学院出版社 2009 年版,第 10 页。

极鼓动村民参与到冲击国家的行为中,是否可以构成教唆犯呢？在判决书中没有明确蔡某甲和蔡某乙的教唆行为所导致的刑事责任。

表1-3　群体性事件中犯罪立法分配

所属类罪名	分则中的条款	责任主体	法定刑配置
第一章　危害国家安全罪	1. 分裂国家罪(第103条第1款)	首要分子、罪行重大的、积极参加者、其他参加者	罪名同一,刑罚档次不同
	2. 煽动分裂国家罪(第103条第2款)	煽动者、首要分子、罪行重大的	罪名同一,刑罚档次不同
	3. 武装叛乱、暴乱罪(第104条)	首要分子、罪行重大、积极参加的、其他参加的	罪名同一,刑罚档次不同
	4. 颠覆国家政权罪(第105条第1款)	首要分子、罪行重大的、积极参加的、其他参加的	罪名同一,刑罚档次不同
	5. 煽动颠覆国家政权罪(第105条第2款)	煽动者、首要分子、罪行重大的	罪名同一,刑罚档次不同
	6. 组织、领导参加恐怖组织罪(第120条)	组织者和领导者、积极参加者、其他参加者	罪名同一,刑罚档次不同
第二章　危害公共安全罪	1. 放火、决水、爆炸、投放危险物质罪(第114条、115条)	无明确责任主体(可用于单独犯罪)	罪名同一,刑罚档次不同
	2. 破坏交通、电力、易燃易爆设施罪(第116条、117条、118条、119条)	无明确责任主体(可用于单独犯罪)	罪名同一,刑罚档次不同
	3. 非法携带枪支、弹药、管制刀具、危险物品、危害公共安全罪(第130条)	无明确责任主体(可用于单独犯罪)	罪名同一,刑罚档次不同
	4. 大型群体性活动重大安全事故罪(第135条)	直接负责的主管人员、其他直接责任人员	罪名同一,刑罚档次不同

续表

所属类罪名	分则中的条款	责任主体	法定刑配置
第四章　侵犯公民人身权利、民主权利罪	1. 故意杀人、伤害罪（第232条、234条）	未明确责任主体	罪名同一，刑罚档次不同
	2. 过失致人死亡、重伤罪（第233条、235条）	未明确责任主体	罪名同一，刑罚档次不同
	3. 聚众阻碍解救被收买的妇女、儿童罪（第242条第2款）	首要分子、其他参加者	罪名同一，刑罚档次不同
	4. 侮辱罪、诽谤罪（第246条）	诽谤者和侮辱者	罪名同一，刑罚档次相同
	5. 煽动民族仇恨、民族歧视罪（第249条）	煽动者	罪名同一，加重情节刑罚档次不同
	6. 对聚众"打砸抢"行为的处理规定（第289条）	未明确责任主体首要分子	依照第234条和第232条定罪处罚依照第263条定罪处罚
第五章　侵犯财产罪	1. 聚众哄抢罪（第268条）	首要分子、积极参加的	罪名同一，加重情节有加重处罚
	2. 故意毁坏财物罪（第275条）	未明确责任主体	罪名同一，加重情节加重处罚
第六章　妨害社会管理秩序罪	1. 妨害公务罪（第277条）	未明确责任主体	罪名同一，刑罚档次相同
	2. 煽动暴力抗拒法律实施罪（第278条）	未明确责任主体	罪名同一，刑罚档次相同
	3. 聚众扰乱社会秩序罪（第290条第1款）	首要分子、其他积极参加的	罪名同一，刑罚档次不同
	4. 聚众冲击国家机关罪（第290条第2款）	首要分子、其他积极参加的	罪名同一，刑罚档次不同

续表

所属类罪名	分则中的条款	责任主体	法定刑配置
第六章　妨害社会管理秩序罪	5. 聚众冲击国家机关罪(第290条第3款)	无责任主体	罪名同一,刑罚档次相同
	6. 聚众冲击国家机关罪(第290条第4款)	组织者、资助者	罪名同一,刑罚档次相同
	7. 聚众扰乱公共场所秩序、交通秩序罪(第291条第1款)	首要分子	罪名同一,刑罚档次不同
	8. 编造、故意传播虚假恐怖信息罪(第291条第2款)	传播者	罪名同一,刑罚档次不同
	9. 聚众斗殴罪(第292条第1款)	首要分子、其他积极参加的	罪名同一,刑罚档次不同
	10. 寻衅滋事罪(第293条)	责任主体不明确	罪名同一,刑罚档次不同
	11. 非法集会、游行示威罪(第296条)	负责人、直接负责人	罪名同一,刑罚档次不同
	12. 非法携带武器、管制刀具、爆炸物参加集会、游行、示威罪(第297条)	责任主体不明确	罪名同一,刑罚档次不同
	13. 破坏集会、游行、示威罪(第298条)	责任主体不明确	罪名同一,刑罚档次不同
	14. 扰乱法庭秩序罪(第309条)	责任主体不明确	罪名同一,刑罚档次不同
	15. 破坏监管秩序罪(第315条)	责任主体不明确	罪名同一,刑罚档次不同
	16. 组织越狱罪(第317条第1款)	首要分子、积极参加者、其他参加的	罪名同一,刑罚档次不同
	17. 暴动越狱罪;聚众持械劫狱罪(第317条第2款)	首要分子、积极参加者、其他参加的	罪名同一,刑罚档次不同

续表

所属类罪名	分则中的条款	责任主体	法定刑配置
第七章　危害国防利益罪	1. 聚众冲击军事禁区罪(第371条第1款)	首要分子、其他积极参加的	罪名同一,刑罚档次不同
	2. 聚众扰乱军事管理区秩序罪(第371条第2款)	首要分子、其他积极参加的	罪名同一,刑罚档次不同
第九章　渎职罪与玩忽职守罪	1. 滥用职权罪(第397条)	国家机关工作人员	单独犯罪中的罪名同一,刑罚档次不同
	2. 徇私舞弊罪(第410条)	国家机关工作人员	单独犯罪中的罪名同一,刑罚档次不同

表1-4　聚众冲击国家罪①(均构成共同犯罪)

序号	案件号	事由	被告人	参与程度	主、从犯	适用法条	刑罚
1	(2014)阿刑初字第308号	冲击政府办公大楼	陈明明、李雪	积极参与者	都是主犯	第二百九十条、第二十五条、第二十六条、第七十二条之规定	均被判处有期徒刑一年,缓刑二年
2	(2014)温泰刑初字第147号	静坐、拉横幅、喊口号、围堵大门、堵塞通道、围攻工作人员等方式	蔡某甲、蔡某乙	积极鼓动村民	判决无明确说明是否主犯	第二百九十条第二款,第六十七条第一款,第七十二条第一款,第七十三条第二款、第三款之规定	均被判处有期徒刑八个月,缓刑一年

① 案件均来源于中国裁判文书网。

续表

序号	案件号	事由	被告人	参与程度	主、从犯	适用法条	刑罚
3	（2014）南刑初字第00203号		谢某甲、吕某甲、潘某、郎某甲、王某甲	谢某甲在共同犯罪中起组织、指挥作用，是首要分子；吕某甲、潘某、郎某甲、王某甲积极参与，是积极参与者	判决书无明确说明	第二百九十条第二款，第二十五条第一款，第六十七条第一款，第七十二条第一款，第七十三条第二款、第三款的规定	同罪不同罚（谢某被判有期徒刑一年六个月，吕某甲、潘某、郎某甲、王某甲被判有期徒刑六个月，缓刑一年）
4	（2014）凤刑初字第108号	围堵冲击派出所	岳某甲、岳某乙、李某某	岳某甲系首要分子，岳某乙、李某某系积极参与者	判决书无明确说明	第二百九十条第二款，第二十五条第一款，第六十七条第一款、第三款，第七十二条第一款，第七十三条第二款、第三款之规定	同罪不同罚
5	（2014）韶中法刑一终字第86号	用砖头打砸镇政府大院内人力资源和社会保障服务所等行为	吴定堤、吴某某	吴定堤起组织、指挥作用，系首要分子；吴某某积极参加，系积极参加者	无	第二百九十条第二款、第二十五条第一款、第六十七条笥三款之规定，（二审法律依据）第二百二十五条笥一款第（一）项的规定	同罪不同罚

续表

序号	案件号	事由	被告人	参与程度	主、从犯	适用法条	刑罚
6	(2013)杞刑初字第210号	村民刘某某煽动田某某、李某某、刘某某等群众去杞县城建局闹事	田某某、李某某、刘某某	田某某、李某某、刘某某积极参与者	注：该处没有惩罚煽动者刘某某	第二百九十条第二款、第二十五条、第六十七条、第七十二条之规定	同罪同罚
7(可研究的案例)	(2015)南刑初字第00030号		参与主体多	谢吕某甲在共同犯罪中起指挥作用，是首要分子	被告人吕某甲及谢凯的亲属谢某甲(另案处理)	第二百九十条第二款、第二十五条第一款、第六十七条第一款的规定	不同罪不同罚
8	(2014)杞刑初字第29号	对杞县城建局监察大队工作人员及物品进行打砸	被告人刘某某、刘某甲	两者是积极参与者	村民刘某乙煽动无处罚	第二百九十条第二款、第二十五条、第六十七条、第七十二条之规定	均判处有期徒刑六个月，缓刑一年
9	(2015)越刑初字第06号	聚集多人停尸闹事，围堵、冲击国家机关	被告人吉力某某某、海来某某、马某甲、马某某甲、马某乙	无	本案中，不宜区分主从犯	第二百九十条第二款、第二十五条、第六十七条第三款、第四十二条、第四十四条之规定	同罪同罚

表1－5　聚众扰乱公共秩序、交通秩序罪①(均构成共同犯罪)

序号	案件号	事由	被告人	参与程度	主、从犯	适用法条	刑罚
1	(2015)颍刑初字第00224号	堵塞公路	任某甲、任某乙、任某丙	三者都是首要分子	都是首要分子	任某甲依照第二百九十一条、第二十五条第一款、第三十八条、第四十一条的规定;被告人任某丙、任某乙依照第二百九十一条、第二十五条第一款的规定	量刑不同
2	(2014)奉刑初字第128号	聚众堵塞交通	彭某某、黄某某	两者都是首要分子		第二百九十一条、第二十五条第一款、第六十七条第三款之规定	刑罚同一
3	(2012)嘉平刑初字第209号	聚众堵塞交通	梅某甲、梅某乙	无	梅某甲主犯;梅某乙从犯	第二百九十一条、第二十五条第一款,第二十六条第一款、第四款,第二十七条,第六十七条第三款,第七十二条第一款之规定	量刑不同
4	(2014)成郫刑初字第396号	聚众堵塞交通	李杨、李兰	无	无	第二百九十一条、第二十五条第一款、第六十七条第一款、第七十二条第一款、第七十三条第二款、第三款之规定	刑罚同一
5	(2014)乌中刑初字第63号	组织、煽动村民,聚众堵塞交通	侯某甲、赵某甲、闫某某、王某某	无	无	第二百九十一条、第二十五条第一款、第六十七条第三款之规定	量刑不同

① 案件来源于中国法律裁判文书网。

续表

序号	案件号	事由	被告人	参与程度	主、从犯	适用法条	刑罚
6	(2014)靖刑初字第66号	覃某甲与同伙聚众堵塞交通	被告人覃某甲与同伙		都是主犯	第二百九十一条,第二十五条第一款,第二十六条第一款、第四款的规定	指判决了覃某,其他同伙另案处理。是否因为只有覃某构成共同犯罪的原因
7	(2014)岚刑初字第263号	组织、指挥他人聚众扰乱公共场所秩序	林某甲、陈某甲	均是首要分子		判决中发法条适用不清楚	刑罚同一
8	(2015)城刑初字第682号	聚众堵塞交通	陈某甲、陈某乙、贾某、杨某甲、赵某甲			第二百九十一条第一款、第二十五条第一款、第六十七条第三款、第六十四条的规定	刑罚同一
9	(2014)响刑初字第00223号	聚众堵塞交通	汪某某、任某某、高某某	无	无	第二百九十一条,第二十五条第一款,第六十七条第三款,第七十二条第一款,第七十三条第一款、第三款之规定	刑罚同一

二、群体性事件中存在的司法困境

从表1－3、表1－4、表1－5可知，群体性事件在司法实践中存在一些问题，如主从犯模糊化问题、煽动者并没有承担相应的刑事责任问题。有观点认为，强调让以自己的身体动静实施犯罪的人负正犯的责任，而忽视那些以某种方式使犯罪成为可能的人的作用，只是将他们视为协助煽动者不足以反映出他们应负的刑事责任。①

1. 主从犯模糊化问题。我国《刑法》第26条第1款规定，组织、领导犯罪集团进行犯罪活动的或者在共同犯罪中起主要作用的，是主犯；我国《刑法》第27条第1款规定，在共同犯罪中起次要或辅助作用的，是从犯。然而，在司法实践中，起主要作用和起次要作用并没有一个判断标准，导致主犯、从犯的界限模糊化问题。其中，主要作用界定的意义就在于区分开主犯和从犯，更重要的作用在于如何区分主要实行行为人和次要实行犯。在我国现行刑法中，实施犯罪基本构成要件的实行行为人可能是主犯，也可能成为从犯。在处理群体性事件的司法实践中，主要作用和次要作用无法明确。

2. 犯罪圈的扩大化处置。在司法实践中，对群体性事件的犯罪入罪标准比较松散，致使一些普通的群体性治安事件被犯罪化处置。以我国刑法涉及群体性事件犯罪相关规定，群体性事件所涉及罪名都要求有具体行为达到"情节严重"、"造成严重损失"、"严重破坏社会秩序"的字样出现，即该类犯罪属于情节犯。从前文群体性事件中的现状可知，群体性事件中会出现聚众封堵机关、企业、医院、学校等单位出入通道的行为，或者在车站、码头、马路上、公园等公共场所聚集的行为，这些行为并非一律要按照犯罪来处理。因为，在许多的群体性事件中，部分参与人员是直接的利害关系人，其参与的人员和规模比较小，不属于上面说的三种情节之一。如在《刑法修正案（九）》中增加的医闹也已经入刑，其中"医闹"如何鉴定呢？什么程度达到医闹的程度，是否几个医患纠纷的直接利害关系人在医院聚集就构成医闹，可以入刑呢？还是需要"医闹"致使医院的正常工作秩序被严重

---

① Prosecutor v. Tadic(Appeals Chamber Judgment) ICTY－94－1－A(15 July 1999), p. 192.

破坏,导致医院不能正常营业就构成"医闹"？据现行刑法规定并没有作出相应的司法解释。这在司法实践中会无形中扩大犯罪圈的确立。同时,即使群体性事件中的参与人员具有哄闹、纠缠或者其他不妥当的行为,但是如果他们从始至终并未采取"打砸抢"、"毁损"、"殴打"等具有破坏性的行为,并未实质上侵犯公私财物,也没有侵犯到他人的人身权,则不能进行犯罪化的处置。或者还有一种情形,参与人员扰乱或者冲击相关公共场所时间并不长,经过相关部门的规劝主动停止了行为或者自行离去的,都不能作为刑法中的犯罪处理,这些情形只是属于治安管理处罚,不应该由刑法进行规制。然而,在现实生活中,不少地方政府出于对"维稳"或者其他利益的思考,对部分民众采取非常规维权形式表现出过度的反应,把未构成犯罪的群体性集体行为犯罪化处置。

3. 对群体性事件中犯罪行为人身份及其行为认定过宽。在对群体性事件犯罪中的行为人的身份认定上,把握的尺度较松,以致参与人员的打击面过于宽泛。我国现行刑法对群体型犯罪的行为人划定了较为严格刑罚处罚圈。主要有首要分子、积极参与者、一般参与者的部分转化犯。例如,《刑法》中第290条规定的聚众扰乱社会秩序罪和聚众冲击国家机关罪的犯罪主体仅仅为首要分子和积极参加者,一般参与者不构成犯罪主体;聚众扰乱公共场所秩序罪、交通秩序罪的犯罪主体仅仅为首要分子;非法集会、游行、示威罪的主体仅仅为负责人和直接责任人员。从对群体型犯罪的立法来看,适用刑罚的主体仅为对群体性事件起到主要作用的人,而不是对所有具有过激行为的人都处以刑罚。然而,在司法实践中,有些群体性事件并未有预谋,也没有主要作用人,而是一时兴起形成的群体性事件,此时的主要作用人并不明显,但是,个别地方在处置此类事件时,会将积极参与者视为首要分子进行刑事处罚;或者还存在把一般参与者视为积极参与者来进行处罚。依照现行刑法的规定,对一般参与者不以刑事犯罪处理,除非出现转化的情形。因此,一般参与者被视为积极参与者,实际上是扩大了群体性事件中犯罪参与人身份认定,不利于群体性事件的处置,更甚者,会更加恶化群体性事件势态。

在群体性事件的参与人存在各种各样的行为,有些参与者仅仅有"聚集"行为,而无其他行为;有些参与者不仅有"聚集"行为,还有打砸抢的违法行为；有些参与者有起哄行为、围观行为，只能算是形式上的聚集行为，而无实质上的聚集行为。在处理群体性事件的时候，处置部门会出现只要是聚集者，一律抓捕的决定和行为，而不管参与者是否是围观还是仅仅聚集，并未真正实施违法行为。因此，相关处理部门对群体性事件中的参与者的行为认定过于宽泛，导致犯罪圈的无限放大，不能有效预防群体性事件的发生。

4. 司法部门取证困难，导致出现不公平的现象。从群体性事件参与主体复杂性来看，司法部门在定罪量刑之时，取证非常困难。因为群体性事件具有突发性和不可控性，参与人有可能是为了内心的泄愤而实施的违法行为，也有可能是临时起意进行犯罪行为的，也有可能是激情情形下实施的违法行为，此时，想要甄别出他们的主观犯罪意图存在非常大的困难。同时，在进行取证的时候，证人证言难以寻找，现场犯罪证据的采集存在难度。因此，在进行司法判决或者行政处罚时，存在不公正的现象。

5. 对群体性事件中的犯罪参与人存在量刑过重的情形。一是对群体性事件中的犯罪参与人量刑时所适用的刑种过重。有学者对全国部分人民法院审理涉众型犯罪的一审刑事判决进行整理和归纳：在判处聚众扰乱社会秩序罪中，适用有期徒刑的平均比例为 77.5%，适用拘役的平均比例为 18.6%，适用管制的平均比例仅仅为 3.9%，没有单处剥夺政治权利的。在判处聚众冲击国家机关罪中，适用有期徒刑的平均比例为 93.4%，适用拘役的平均比例为 5.7%，适用管制的平均比例为 0.9%，无单处剥夺政治权利的。[①] 二是群体性事件中的犯罪参与人量刑时所适用的刑期过长。如对群体性事件中构成聚众扰乱社会秩序罪中，首要分子判处有期徒刑常常集中在五年左右；对其他的积极参与者判处有期徒刑通常在六个月至三年区间；在判处群体性事件中构成聚众冲击国家机关罪中，首要分子判处的有期徒刑刑期通常是七年左右；其他积极参与者判处有期徒刑的刑期常常是三年至五年区间。[②] 三是群体性事件中轻刑犯过多适用实刑，较少适用

---

① 参见莫晓宇：《演进与检视：建国至今群体型犯罪的国家规制变迁与治理完善》，载赵秉志主编：《刑法论丛》（2014 年第 1 卷），法律出版社 2014 年版。

② 参见莫晓宇：《演进与检视：建国至今群体型犯罪的国家规制变迁与治理完善》，载赵秉志主编：《刑法论丛》（2014 年第 1 卷），法律出版社 2014 年版。

缓刑。在群体性事件中涉及的犯罪中,都有可以适应缓刑的区间,但是,在实践中适应缓刑的平均比例都非常低。四是量刑中没有充分考虑案件的起因和缘由。

诚然,群体性事件的发生不是偶然的,相当比例的群体性事件构成犯罪是由事件之前的民众为了保障自身的合法利益所致,合法行为转化为犯罪行为。从更深层次诱因看,一部分原因是由于官员的贪污腐败致使民众的利益受损,另一部分原因是黑恶势力的介入,这些因素从量刑的角度可以考虑从轻处罚。然而,司法实践中,司法机关一般只考虑具体罪名犯罪成立和犯罪构成要件,结合犯罪事实来认定其罪名成立,对案件起因并没有考虑到量刑环节中,相对于被告或者家属来说,缺乏了社会的公正性和公平性。虽然法不容情,但法是为社会服务的,为了更好地维护社会的发展,因此,在尊重刑法“刚性”特征时,也要提倡刑法的“柔性”面纱,更好地实现和谐社会的发展,保障民众的人身权和财产权的安全。

第二章　群体性事件中犯罪参与之基础理论

第一节　犯罪参与的理论基础

在现实生活中，由数人共同参与而实施犯罪的情况非常普遍，从实行犯罪的确定性、危险性来看，与单独犯罪相比，二人以上参与犯罪的情形具有更高的当罚性。其理由显而易见：首先，从客观上来看，相互之间可通过功能与作用的分担，而使犯罪更容易实现；其次，从主观上来看，参与者互为依托这种“群集心理”发挥作用，可强化犯意。另外，从相反的角度看，即便某一参与者想从共同犯罪中脱离，但其他同伙也不会答应，换言之，“群集心理”使得脱离、中止向难以实现的方向发挥作用。[①]正是由于犯罪参与现象比单独犯罪更有严加取缔的必要，因此，各国刑法典对犯罪参与现象均有明确的规定，但由于在数人共同参与完成法益侵害的过程中，每个人所参与、加攻之质、量均有不同，如何妥当地对各参与者进行评价则成为刑事立法的重心，因此，在刑事立法上发展出了两种不同的犯罪参与立法体系，即一元参与体系（单一正犯体系）与二元参与体系（共犯、正犯区分体系）。采取单一的正犯体系效果弊大于利，正犯与共犯区分体系依然值得提倡，二元参与体系依然占主导地位。然而，共犯与正犯的区别学说各家争鸣，有主观说、客观说、行为支配说，尤其是行为支配说受大部分学者的拥戴，正犯对共犯起到事实上的支配作用从而来决定是否构成共犯。共犯存在的依据有独立性说和从属性说，独立性说认为共犯独立符合犯罪构成要件，而从属性说认为共犯的犯罪

① 参见［日］西田典之著：《刑法总论》，弘文堂2006年版，第302页。

构成依附于正犯的成立。

一、犯罪参与体系之争

"'犯罪参与'并不是一个刑法概念,而是一个事实概念"。[①] 犯罪参与有广义和狭义的区分,广义的犯罪参与包括共同故意犯罪、共同过失犯罪、间接正犯等情形,狭义的犯罪参与仅仅指的是共同犯罪。[②] 以参与犯罪的行为人人数为基准,犯罪形态可以划分为单独犯罪和共同犯罪两种。多人参与的共同犯罪是以刑法分则中的单独犯为基础,结合刑法总则中共犯基础规定予以评价的犯罪结构。在数人联动、协作、共同作用同一犯罪的场合,作用于犯罪事实的行为各异,形态多样,既有直接实施构成要件行为的参与人,也有仅仅对犯罪的实行起诱发、协力、促进或者加工作用的参与人。共同犯罪参与的表现形态可能表现为组织、策划、指挥、共谋、教唆、帮助等复杂多样的行为参与类型。在现实生活中,由数人共同参与实施的犯罪非常普遍,如集团犯罪、有组织犯罪、恐怖主义犯罪、群体性事件中犯罪事件的增多,犯罪参与的危害性越来越大,因为参与人之间可以相互通过功能与作用的分担,更好地实现犯罪;犯罪参与的立法正是为了解决这些危害社会的现象而设立,从而出现了两种立法体系:一是所有参与人都是统一正犯的一元参与体系;二是区别开正犯与共犯(教唆犯和帮助犯)的二元参与体系。在我国刑法学界中,支持一元参与体系的代表学者有刘明祥、阮齐林、江溯、阎二鹏、刘洪等,支持二元参与体系的代表学者有马克昌、陈兴良、张明楷、陈家林、黎宏、周光权、钱叶六、叶良芳等,其中钱叶六教授从二元参与体系中提倡出新的立法模式——双层区分制,这种分类归属于二元参与体系中。

(一)一元犯罪参与体系(也可称为单一制)

采取单一制的国家主要有奥地利、[③]意大利、[④]丹麦[⑤]等国家,一元犯

① 参见黄荣坚著:《基础刑法学(下)》(第三版),中国人民大学出版社2009年版,第488页。

② 参见中国人民大学刑事法律科学研究中心编:《刑事法热点问题国际视野》,北京大学出版社2010年版,第149页。

③ 《奥地利刑法》第12条。

④ 《意大利刑法典》第110条。

⑤ 《丹麦刑法典》第23条第1款。

罪参与体系也即对同一犯罪事实的所有参与人，不论其是单独完成犯罪还是与他人共同完成犯罪或加功于他人的犯罪，均视为同等的参与者，称之为“正犯”。[①] 如有学者认为，我国刑法在犯罪参与问题上采取的是单一正犯体系。单一的正犯体系具有如下特征：为犯罪创造条件的都是正犯；不重视参与的行为在形态上的区别；对于犯罪的成立，要针对各个正犯的行为分别讨论；对各个正犯适用同一的法定刑；根据各个正犯参与的程度和性质来量刑。[②] 同时，有学者认为，在我国的刑法典中有关共同犯罪的规定完全符合以上五个特征：所有参与犯罪或者为犯罪创造条件构成犯罪的人，都是共同犯罪人，且所有共同犯罪人的条件都是完全相同的；只要其行为与侵害法益的结果之间有因果联系，就有可能与他人构成共同犯罪，使之成为共同犯罪人；对作用于同一犯罪事实的参与者，根据行为之间的关联性、侵害法益的结果发挥的作用、认识控制能力的大小、主观恶性程度等作出综合评价后认定其是否构成犯罪；对各个共同犯罪人适用相同的法定刑来量刑；在具体量刑环节，根据共同犯罪人的参与程度和性质分别认定，根据其在共同犯罪中的发挥作用的大小，分别认定主犯、从犯、胁从犯。[③] 还有学者认为，一元参与体系是指将所有共同参与犯罪实行的人均视为正犯，对于各参与者，根据其参与的程度和性质来量刑，或者形式上虽然承认犯罪形态的区别，但其区别作用仅限于量刑的体系。[④] 同时，在单一制的理论基础上，犯罪参与的二重性主要厘清了犯罪参与体系的基本构造，解决了数人共同参与实施的一个犯罪行为，根据奥地利学者的共同作用，认为犯罪参与法律规制存在构成要件的范围问题，也即从各种的参与者之中挑选出那些可以处罚的参与者，同时，根据这些可罚的参与者个人的不法和罪责来进行量刑，从而实现刑罚的个别化。首先，从构成要件层面来看，放弃了正犯与共犯的对置，所有的参与者均升为正犯。其次，从构成要件的结果而言，各犯

① 参见黄荣坚著：《基础刑法学（下）》（第三版），中国人民大学出版社 2009 年版，第 492 页。

② 参见刘明祥：《论中国特色的犯罪体系》，载《中国法学》2013 年第 6 期。

③ 参见刘明祥：《论中国特色的犯罪体系》，载《中国法学》2013 年第 6 期。

④ 参见江溯：《犯罪参与体系中的行为概念与行为人概念》，载《昆明理工大学学报》（社会科学版）2009 年第 9 卷第 7 期。

罪参与者在不法的价值上相等的。[1] 还有学者认为,一元参与体系是指全体参与犯罪并与构成要件的实现具有因果关系之人,都是正犯。[2] 一元参与体系的理论前提是扩展共犯概念,根据因果关系理论中的条件说认为所有通过对结果设定条件而共同分担结果发生的人,都对结果提供了原因,并且这些条件都是等价的,所有加工于犯罪事实,为结果提供原因的人在参与形态上就不应加以区分,即所有的起因者都是正犯。[3] 这表明其本质在于对构成要件中的亲自实施的人,利用他人为工具的人,教唆他人实施构成要件的人,帮助他人实施构成要件的人都是正犯。还有学者认为,我国刑法中并未提到正犯的概念,也很少有涉及我国犯罪参与体系性质的问题,因此,我国刑法对共犯的分类采用的是统一正犯体系。[4] 同时,为了解决单一制的量刑准据问题,提出了"主犯正犯化"的观点,认为对有必要将实施帮助行为者,除对犯罪的完成具有决定性作用的情形外,均认为是从犯;对实施实际行为的,除了有足够的证据证明是起次要作用的情形外,原则上认定为主犯。[5]

(二)二元参与体系(区分制)[6]

二元参与体系区别了正犯与共犯,并且对这两种犯罪参与者规定了不同的刑罚,正犯是犯罪的核心人物,共犯为犯罪的依附者。在二元参与体系下,正犯是实施了符合构成要件行为的人,共犯是实施了基本构成要件以外的行为。目前,以限制正犯概念作为理论根基来解释二元参与体系的立法是当今大陆法系刑法学界的通行观点。关于我国《刑法》第 29 条第 2 款的规定,如果教唆的人没有犯被教唆的罪,对于教唆犯,可以从轻或者减轻处罚,这一条款中,教唆者构成教唆未遂犯,没有正

① 参见江溯:《犯罪参与的二重性》,载《中国刑事法杂志》2011 年第 6 期。

② 参见阎二鹏:《犯罪参与类型再思考——兼议分工分类与作用分类的反思》,载《环球法律评论》2011 年第 5 期。

③ 参见[日]高桥则夫著:《共犯体系和共犯理论》,冯军、毛乃纯译,中国人民大学出版社 2010 年版,第 11 页。

④ 参见刘洪:《我国刑法共犯参与体系性质探讨——从统一正犯的视野》,载《政法学刊》2007 年第 24 卷第 4 期。

⑤ 参见刘明祥:《主犯正犯化质疑》,载《法学研究》2013 年第 5 期。

⑥ 采用区分制的主要有德国、日本、法国、瑞士等国家。

犯，只有共犯。有学者认为，我国《刑法》虽然没有明确规定使用正犯的概念，但在第27条帮助犯和第29条教唆犯明确规定了这两种狭义共犯，因此，正犯与共犯得以清晰出来。[①] 还有学者认为，《刑法》第29条教唆犯为区分正犯和共犯提供了依据，也可以理解为刑法分则规定的是正犯，在逻辑上不能包括教唆、帮助犯，对狭义的共犯行为只有按照总则规定在结果相关分则规定才能定罪，这是共犯对于正犯在定罪上的从属性。[②] 还有学者认为，我国刑法既然承认了教唆犯的存在，便意味着认同了分工分类法的价值，我国的共犯领域是倾向于正犯、共犯分离体系的。[③] 有学者认为，我国刑法虽然没有使用正犯与狭义的共犯概念，但是，从理论上研究正犯与狭义的共犯区别，对于解决共同犯罪的相关问题，具有意义。因为狭义共犯认定依赖于正犯认定，认定了正犯，才能进一步认定教唆犯与帮助犯。[④] 有论者认为，基于中国现行刑法关于共犯人种类规定既体现了分工分类类型性的要求，又体现了作用分类实质性规定，实质上共犯人规定采取了形式与实质相结合的立法模式，因此，刑法规定了正犯等于主犯、帮助犯等于从犯或者胁从犯、教唆犯三种共犯形态及共犯人类型。[⑤] 有学者认为应该是双层区分制，即对参与人类型与参与人程度进行层次操作的双层结构。第一层的划分，即刑法根据分工分类法将共犯人划为组织犯、实行犯、教唆犯和帮助犯，主要解决共犯人的定罪及其从属关系问题；第二层划分，在刑法分工分类的基础上，以作用的大小为标准做了主犯、从犯的划分并设立了相应的处罚原则，解决了共犯人的量刑问题。[⑥]

（三）犯罪参与体系评价及倾向

由于我国《刑法》中规定共同犯罪的独特性：法律规定了教唆犯，为

---

① 参见周光权：《"被教唆的人没有犯被教唆的罪"之理解》，载《法学研究》2013年第4期。

② 参见陈兴良：《共犯论：二元制与单一制的比较》，载中国人民大学刑事法律科学研究中心编：《刑事法热点问题的国际视野》，北京大学出版社2010年版，第155页。

③ 参见陈家林著：《共同正犯研究》，武汉大学出版社2004年版，第5页。

④ 参见张明楷著：《刑法学》（第四版），法律出版社2011年版，第354页。

⑤ 参见杨金彪：《分类分工与作用分类同一——重新划分共犯类型的尝试》，载《环球法律评论》2010年第4期。

⑥ 参见钱叶六著：《共犯论的基础及其展开》，中国政法大学出版社2014年版，第20页。

区分制找到了法律依据;没有明确规定正犯,为单一制提供了依据。因此,犯罪参与的一元体系和犯罪参与的二元体系者争论一直处于白热化阶段,都有自己的优势和缺陷。单一制克服了正犯与共犯的混乱弊病,正犯与共犯的区别经历了由客观理论、主观理论、综合理论、支配理论的发展过程,前面三种理论都存在一定的缺陷,直到德国学者罗克辛教授提出的支配理论,更好地解决了正犯与共犯区别的混乱性。但是,支配理论更加侧重于界分正犯为主,对共犯的认定仍旧相当模糊。[①] 单一制的犯罪参与体系为司法实践操作带来了方便,没有必要再去区分各种犯罪行为和主观方面是故意还是过失,只要危害后果与行为之间具有因果性,即构成犯罪。同时,有学者认为,单一制的处罚更加具有合理性,在量刑时考虑每个犯罪人参与程度和性质,给予轻重不同的处罚。[②] 笔者对这一点优势有不同的看法。虽然单一制克服了正犯与共犯的混乱,在定罪方面清晰明了,实施一刀切的操作,但是,在量刑阶段的量刑依据是犯罪人参与程度和性质,如何去确定参与程度呢?是根据其手段的残忍,还是情节的轻重来判断呢?如果要坚持单一制,这需要进一步探索的问题。根据单一正犯体系源于因果关系理论中条件说的思想渊源,所有对法益侵害结果都有贡献的人都是正犯,会导致处罚范围的扩大化。[③] 同时,我国的共犯人在处罚上采取主犯和从犯的区别对待政策,主犯实施较重的刑罚,从犯比照主犯从轻或者减轻处罚。而我国刑法规定,主犯是在共同犯罪中起主要作用的,从犯在共同犯罪中起次要作用和辅助作用的,但是,我国刑法没有对主要作用和次要作用有非常明确的规定,在司法实践中,司法人员在判断的时候难免出现判断失误或者不公正的现象。这一缺陷中,支持单一制的学者认为可以从完善立法和合理司法来实现,从立法上完善对一般共同犯罪中的组织或领导者有必要纳入主犯范围之内,将《刑法》第 26 条中的“组织、领导犯罪集团进行犯罪活动的”修改为“组织、领导共同犯罪活动的”,同时

---

① 参见柯耀程:《刑法发展论的发展与检讨》,载刘明祥等主编:《刑事法探究》(第四卷),中国人民公安大学出版社 2011 年版,第 412 页。

② 参见刘明祥:《论中国特色的犯罪体系》,载《中国法学》2013 年第 6 期。

③ 参见江溯:《关于单一正犯体系的若干辩驳》,载《当代法学》2011 年第 5 期。

在司法实践中，一律按照主犯处理的方案具有可取性。[①] 二元参与体系的区分制，批判了单一制缺少规范化的量刑准据，提倡共犯与正犯的区分体系。区分制以限制的正犯为基础，根据构成要件理论，来减缩单一制的正犯范围。根据区分制的观点，可以理解为刑法分则各条规定的构成要件是为处罚正犯的法律依据，没有亲自实施构成要件而实现构成要件结果者，不能成立正犯。[②] 对于教唆犯与帮助犯只能依照刑法总则的规定“扩张性处罚”，以处罚正犯为原则，处罚共犯为例外规定。主张区分制的理由有我国刑法中存在正犯以及正犯与共犯的区别，认为法律条文隐含了“正犯”。有学者认为，可以根据教唆犯来证明刑法承认了正犯，教唆犯是故意唆使他人实行犯罪的人，刑法既然规定了教唆犯，就应该承认正犯。[③]

鉴于群体性事件的多元化和复杂性，同时也是为了能够为后面的分析提供理论依据，笔者赞同二元参与体系，即区别了共犯和正犯，正犯是犯罪的核心人物，共犯为犯罪的依附者。在二元参与体系下，正犯是实施了符合构成要件行为的人，共犯是实施了基本构成要件以外的行为。在群体性事件中，实施了“打砸抢”的犯罪行为的参与者是正犯，而为实施犯罪行为提供帮助的参与者构成共犯。

二、正犯与共犯区分理论

大部分国家的国内刑法制度都有正犯或主犯与共犯或从犯的区别。[④] 之所以有这样的区别，主要原因在于参与犯罪行为形式的派生性。“共犯状态本身不是犯罪，它只是对他人犯罪的参与，是对应负责任行为路径的一种选择，因为在刑法里，共犯不是独立的负责任的行为形式，没有正犯就没有共犯。”[⑤]因此，对共犯或从犯的处罚是否与正犯相同，其刑

---

① 参见刘明祥：《论中国特色的犯罪体系》，载《中国法学》2013 年第 6 期。

② 参见兰迪：《我国大陆地区犯罪参与体系的归属研究》，载《江西警察学院学报》2014 年第 6 期。

③ 参见陈兴良：《教义刑法学》，中国人民大学出版社 2010 年版，第 533 页。

④ Olasolo H. , *The Criminal Responsibility of Senior Political and Military Leaders as Principal to International crimes*, Oxford and Portland：Oregon, 2009：15.

⑤ Gillies P. , Criminal Law. 4th ed. North Ryde：LBC Information Services, 1997：155.

事责任都依存于实施犯罪行为的正犯。在普通法系,这一原则体现在"派生责任理论"之中。[①] 一般而言,正犯通常负主犯刑事责任,参与犯罪的共犯通常负从犯刑事责任。引起主犯刑事责任的正犯行为与引起从犯刑事责任的参与犯罪的共犯行为不同,它们对犯罪的实施存在程度差异,而这体现为直接违反刑法的刑事责任人(正犯或主犯)与承担派生刑事责任的人(共犯或从犯)之间的不同。[②] 正犯或主犯,是指其责任独立于其他出力协助犯罪人的人;共犯或从犯,是指其责任由正犯的主要责任派生而来的人。[③]

除了共犯参与犯罪的派生性,还存在正犯与共犯的界分。有学者认为,在普通法系国家,界分正犯与共犯的必要性还表现在:(1)在严格责任犯罪中,正犯或主犯的成立无需罪过,而共犯必须有罪过;(2)在某些犯罪中,代理责任可施于代行正犯行为的他人,而不能施于共犯;(3)某些犯罪要求正犯或主犯归属于某一特定阶层或具有某种特定身份。[④] 在大陆法系国家,如德国、[⑤]西班牙,[⑥]或拉丁美洲的国家,[⑦]对从犯减轻处罚构成了界分正犯和共犯的另一重要原因。以德国为代表的德、日、韩等大陆法系国家刑法学界围绕如何界定正犯概念,如何区别正犯和共犯的问题长期以来争论不休,因此形成了典型的三种学说:主观说、客观说、行为支配说。

(一)主观说

又称之为平等原因。认为它是以因果关系论中的条件说为基础的,因此,正犯和共犯都作为发生犯罪结果的同等价值条件是无法区别的。所以说,必须按照行为者的意思、目的、动机、心情等主观的标准来区别正犯和共犯。在主观说中又分为意思说和利益说,意思说认为以持有实

① See Kadish S. H. , Complicity, Cause and Blame: A Study in the Interpretation of Doctrine. *California Law Review*, 1985, 73(2): 323 – 410.

② See Fletcher G. P. , Rethinking Criminal Law. 2nded. Oxford: Oxford University Press, 2000: 36.

③ See Smith J. C. , Hogan B. , Criminal Law. 11Th. ed. , London: Butterworths, 2005: 165.

④ See Smith J. C. , Hogan B. , Criminal Law. 11Th. ed. , London: Butterworths, 2005: 165 – 166.

⑤ 《德国刑法典》第 27 条第 2 款。

⑥ 《西班牙刑法典》第 28 条和第 63 条。

⑦ 《阿根廷刑法典》第 45 条和第 46 条;《哥伦比亚刑法典》第 29 条和第 30 条。

现自己的犯罪意思实施行为者就是正犯；以持有参加他人犯罪意思而实施行为者就是共犯。[①] 然而，虽然自己实施了符合构成要件的全部行为，但因为所持的是代为他人实施犯罪的意思，就只能构成共犯。实施了行为的人构成共犯，而未实施符合构成要件行为的人构成正犯，这显然是不合理的。利益说又称之为目的说，认为主张为自己的利益或者目的实施犯罪就是正犯，而为他人的利益或目的实施犯罪就是共犯。然而，利益说不具有超越意思说的独立的意义，它只是为了进一步明确参加犯罪的各行为者的意思而提出的观点而已。其核心点在于结果利益究竟属于谁，如果将实施犯罪行为视为自己的利益，则为正犯；反之，如果视为他人的利益，则为共犯。利益说理论前提就是作为从犯对行为引起的结果而言，不可能具有独自的利益或者目的。[②] 利益说不可能成为确定正犯意思的正确标准，一方面，是因为行为人出于为他人利益的理由而实施行为时，也有可能存在其正犯性；另一方面，刑法分则将一些为他人利益实施的犯罪行为规定为正犯，如《韩国刑法》第 252 条第 1 项规定的嘱托杀人。

（二）客观说

客观说是立足于客观主义刑法理论，不是以行为者的意思，而是以行为的客观意义为标准，划分正犯与共犯的学说。客观说分为形式的客观说和实质的客观说。形式的客观说是以犯罪构成要件为基础，将构成要件中记述的定型的犯罪概念为标准，判断正犯和共犯。认为直接实施符合构成要件的定型的实行行为者是正犯，除此之外的行为加工者都是共犯。形式客观说认为，正犯或主犯，是指那些实施了一项或多项犯罪客观行为要件的人；共犯或从犯，是指那些对犯罪的实施出力协助的人。[③] 形式的客观说不能解决以下几个问题：一是将实行行为简单地归结为构成要件的行为，而对实现构成要件事实所必要的其余的行为都排除在外，这种观点是比较片面的。二是很难解释共同正犯的正犯性问

① 转引［日］中山研一、浅田和茂、松宫孝明著：《刑法》（共犯论），成文堂 1997 年版，第 42 页。

② 转引［日］齐腾金著：《共犯理论的研究》，有斐阁 1954 年版，第 8 页。

③ Olasolo H.，*The Criminal Responsibility of Senior Political and Military Leaders as Principal to International crimes*，Oxford and Portland：Oregon，2009：31.

题。如共同正犯除了实施构成要件的部分行为之外，如果实施了不属于构成要件的行为，但是，又起了很主要的作用，按照形式客观说是很难认定为正犯的。三是如果按照客观说的正犯理论，把他人当做工具间接正犯和背后操纵犯罪活动犯罪集团头目因为不亲自实施实行行为，所以就很难认定为正犯。但从刑法典内容来看，立法者是将间接正犯规定为正犯的一个类型，因此，相互之间必将产生矛盾。实质客观说是根据因果关系论原因说区别因果关系中原因和条件，认为对结果来说相当于原因者为正犯，相当于条件者为共犯。根据实质客观说，正犯是指控制犯罪的人，即对犯罪的发生有最后决定权的人。[①] 运用实质客观说界定正犯以及界分负主犯刑事责任正犯和负从犯刑事责任或派生刑事责任的共犯，如同国际刑事法院第一预审庭一再重复的那样，根据这一概念，正犯或主犯是指那些控制犯罪即决定犯罪是否实施和如何实施的人。[②]

（三）犯罪事实支配理论

又称之为行为支配论，以行为支配作为关于正犯和共犯区别指导原理理论，称为行为支配论。所谓行为支配，是指“基于故意对符合构成要件之事件进行过程的把握”，即意味着“支配事态的核心事象”。[③] 简而言之，行为支配是指在一定事实状态发展和变化过程中，能够左右其发展和变化方向的地位。[④] 根据行为支配理论，对行为进行支配的就是正犯，没有支配事态，只是引起或者促进犯罪的就是共犯。[⑤] 该理论是当今德日刑法学界中罗克辛教授所倡导的，他认为正犯是具体行为事件中核心人物或者关键人物，对于此“核心人物”判断系各自依犯罪支配、特别义务违反以及是否以着本性而形成。犯罪实施支配主要由三部分组成，

---

① See Conde F. M. , Aran M. G. , Penal D. , Parte Gerneral[M], 5th ed. , Valencia: Tirant lo Blanch, 2002: 448 – 449.

② See Lubanga Case(Pre-Trial Chamber I Decision on Prosecution's Applicaiton for Warrantof Arrest ICC – 01/04 – 01/06 9910 Feb 2006), p. 330.

③ 转引[德]Johannes Wessels:《德国刑法总论》，[韩]许一泰译，世宗出版社 1998 年版，第 249 页。

④ See also Decisión on the confirmation of the charges in the Lubanga case, paragraphs 338 and 339. Roxin, C. , Täterschaft und Tatherrschaft, 7th ed. , 2000, p. 122 et seq.

⑤ See Olásolo, H. , Perez Cepeda, A. , The Notion of Control of the Crime in the Jurisprudence of the ICTY: The Stakic' Case, 4 International Criminal Law Review 474(2004), pp. 488 – 489.

一是行为支配，即任何犯罪行为的实现，必然有行为支配存在。二是意思支配，即参与者具有纵向的前后关系存在时，对于幕后者的参与形态，必须透过意思支配基准来认定。凡是事实状系借由强制、错误、利用优势知识及组织形态机制所为者，幕后之人即具有意思支配，从而成为间接正犯。三是功能性支配，认为共同正犯之犯罪事实支配之共同性，即多数参与者之间，具有对等的横向参与关系，如功能性支配确立，则所有参与者，皆为共同正犯。[①] 国内有学者支持行为支配论的看法，如张明楷教授认为对于其中的犯罪事实应当理解为构成要件事实。行为人自己直接支配构成要件事实构成直接正犯，通过支配他人的行为进而实现构成要件事实构成间接正犯，在共同实现构成要件事实过程中居于支配地位构成共同正犯，都是正犯。对于集团犯罪聚众共同犯罪中的首要分子，宜认定为正犯。[②] 如果按照张明楷教授的观点，在群体性事件中，组织者、策划者、指挥者构成间接正犯，而积极参与犯罪行为的人则构成直接正犯，因为组织者、策划者、指挥者是通过支配积极参与者的行为而实现构成要件事实的。反之，积极参与者是自己亲自实施构成要件事实。

三、共犯从属性理论

共犯从属性这一概念在产生和发展过程中发生着变化，如从实行从属、责任从属、共犯的犯罪性、共犯处罚性从属或者独立性。日本和德国的学者都相继进行了论证，如团藤重光认为，共犯从属性包括实行从属性和要素从属性两种；德国学者威尔采尔将共犯从属性分要素从属性和实行从属性；我国学者提出："共犯从属性理论即是指关于非基本构成要件行为的共犯行为是否从属于基本构成要件行为的正犯行为，而在刑法上考虑其犯罪性、可罚性，以及共犯如何从属于正犯而成立等问题的理论。"[③]从学说理论渊源出发，共犯从属性存否主要来自于大陆法系中旧派的客观主义和新派的主观主义。在此理论基础上产生了共犯从属性

① 参见柯耀程著：《变动中的刑法思想》，中国政法大学出版社 2003 年版，第 105 页。

② 参见张明楷著：《刑法学》（第四版），法律出版社 2011 年版，第 357 页。

③ 李洁、谭堃：《论共犯从属性理论的内涵》，载《国家检察官学院学报》2011 年第 1 期。

与共犯独立性学说的争端。共犯从属性说的内容涉及三个理论,一是为了成立共犯,是否以正犯的实行行为现实存在为必要,即是否具备实行从属性。二是作为共犯成立的基础之正犯行为必须具备何种犯罪成立要件或者要素,即要件从属性。三是共犯的罪名是否必须从属于正犯的罪名或者必须与其他共犯者的罪名相同。①

(一)共犯的从属性

共犯从属性解决的问题是共犯行为有无独立实行性。这一判断直接关系到共犯的犯罪未遂的形态问题,也即共犯的着手行为或者未遂到底是以教唆行为、帮助行为的开始实施为标准,还是以正犯着手实施犯罪为标志呢?以旧派的客观主义作为刑法基础理论支撑背景的共犯从属性认为,教唆行为、帮助行为没有直接侵害法益和现实危险性,故此不成立犯罪,只有被教唆者、被帮助者实行了犯罪的场合,才成立共犯既遂或者未遂。也即实行行为人实行了行为时,教唆者、帮助者才构成共犯,实行行为人没有实行行为,即使教唆者、帮助者有教唆或者帮助行为,也不构成共犯。共犯独立性说,以主观主义为支撑理论的新派主要是以犯罪表征说为基础的共犯独立性说。该说认为,教唆或者帮助行为本身是以犯罪的意欲的表现,因而共犯成立既遂或者未遂,一般以有教唆、帮助行为就可以了,至于被教唆者和被帮助者是否实行了犯罪行为,并不重要。

我国的具有通说地位观点是"二重性说",其中马克昌先生从共犯从属性有无来论证教唆犯"二重性说",他认为,共犯的成立既有从属性,又有独立性,以独立性为主要。如《刑法》中第29条第1款规定,教唆犯只有在被教唆人实施犯罪时才成立。这时教唆人与被教唆人构成共同犯罪的关系,被教唆人实施犯罪的行为犯罪预备、未遂或者既遂,教唆犯也是犯罪预备、未遂或者既遂,这就是教唆犯共犯从属性。但是,这一款规定教唆犯的刑事责任,则是依其在共同犯罪中的作用处罚,而不是依照实行犯的刑罚处罚,这体现了教唆犯的独立性。② 陈兴良教授、赵秉志教

---

① 参见钱叶六:《共犯与正犯关系论》,载《中外法学》2013年第4期。

② 参见马克昌主编:《犯罪通论》(第三版),武汉大学出版社2015年版,第556页。

授从共犯从属性的不同内涵论证教唆犯的二重性，他们认为，教唆行为是一种独立的犯罪行为，因为其教唆行为本身具有危害性，这与新派的主观主义的观点有雷同之处。教唆犯的从属性表现在被教唆的人实行犯罪且实现犯罪结果是教唆行为的结果，因此，只能依照被教唆人的行为性质对教唆犯定罪量刑。概言之，就是从属性是教唆犯对正犯罪名的从属性，独立性是教唆犯实行的独立性。钱叶六教授认为，在客观主义刑法观已经基本确立，刑罚权应予谨慎发动的当代中国，摒弃独立说，采用从属性说。[①]

（二）要素从属性

作为共犯成立的基础之正犯行为必须具备犯罪要素。这一点实际上介绍的是要素的从属性，也即共犯从属性的程度问题，或者说共犯必须从属于正犯的什么要件或者要素。国内外学者对此兼有说法，德国学者提出了四种从属形式：最小从属形式、限制从属形式、极端从属性形式、夸张从属性形式。其中，是否共犯的成立以正犯具有责任能力作为必要条件，主要有两种学说——极端从属形式以及限制从属形式受到争议。极端从属形式要求正犯必须具备构成要件的符合性、违法性和有责性作为前提；而限制从属性形式要求正犯只需要具备构成要件符合性和违法性即可，不需要具备有责性。我国刑法领域中的通说是极端从属性，也即正犯需要具备责任能力，如果一个未达到责任能力的人则不构成共同犯罪。如果一个有责任能力的人教唆或者帮助无责任能力的人实施危害行为的，教唆者或者帮助者以间接正犯论处。[②] 然而，由于极端从属性的缺陷，越来越多的学者赞同限制从属性说，如张明楷教授、黎宏教授、周光权教授、钱叶六教授等。如钱叶六教授认为，共同犯罪的本质是客观归责，只要二人以上共同惹起违法事实或者法益侵害的后果，不管有些参与人有没有参加实行，都要对此承担责任。然而，参与人的责任及其责任程度，要根据各个共同犯罪人的个人情况判断。第二个要素，是否要求正犯主观上具有故意的问题，限制从属性认为不以正犯实

---

① 参见钱叶六：《共犯与正犯关系论》，载《中外法学》2013 年第 4 期。

② 参见王作富主编：《刑法》（第五版），中国人民大学出版社 2011 年版，第 163 页。

施故意的违法行为作为必要条件。例如，我国《刑法》中的第25条规定了共同犯罪的概念："共同犯罪是指二人以上共同犯罪故意。"这一规定，可以看出，二人以上如果构成过失犯罪，或者二人中一人构成故意，一人构成过失，都不构成共同犯罪。这是具有通说地位的学说，最近，有学者提出异议，如张明楷教授认为共犯的成立不以正犯实施故意的违法行为为必要条件。[①] 同时，钱叶六教授认为，应该否定共犯对正犯故意的从属性。即共犯的成立，只需要正犯具备构成要件符合性和违法性就可以了，而责任能力和故意的要素，仅仅影响正犯责任的有无及其程度，不应该是共犯成立的必要条件。

(三)罪名从属性

罪名从属性学界有两种学说：一是罪名从属性说，也称罪名同一性说，可以理解为共犯的罪名是不是必须要从属于正犯的罪名，又或者共同正犯者之间的罪名是否相同，即"数人一罪"，主要有两种学说派别，完全犯罪共同说与部分犯罪共同说。二是行为共同说，也称为罪名独立性说，通过共同地实施行为来实现各自的犯罪，即"数人数罪"。该说主张犯罪参与人通过共同行为实现各自的犯罪意思，只要有自己的犯罪意思就构成共同犯罪，因此，共犯者相互之间的罪名同一性与犯罪意思的故意，就不是共犯成立的绝对要件。[②] 我国学者之派别之争，目前，我国的有力的学说是部分犯罪共同说，该说认为，共同犯罪的成立，不要求数人所实施的犯罪完全相同，而是只要求部分实施的犯罪相同即可。如在群体性事件中甲与乙共同施暴致丙死亡案中，按照部分犯罪共同说的逻辑来看，甲与乙有故意伤害的故意，但是，甲不具有杀害丙的故意，所以，甲与乙只能构成故意伤害罪的共同犯罪，不能构成故意杀人罪的共同犯罪，乙最终要承担故意杀人罪的责任。我国该说的主要代表有赵秉志、阮齐林、陈家林等教授。如陈家林教授认为，只要构成要件符合重合性，就可以在重合部分认定成立共同犯罪，同时，重合性的认定应该从规范意义上去考虑。[③] 而张明

---

① 参见张明楷：《行为无价值论与结果无价值论》，北京大学出版社2012年版，第241页。

② 参见[日]内藤谦：《刑法讲义总论》(下)(二)，有斐阁2002年版，第1362页。

③ 参见陈家林著：《共同正犯研究》(第一版)，武汉大学出版社2004年版，第78页。

楷教授则提倡部分犯罪共同说，他认为，两个条文存在法条竞合关系时，其条文所规定的犯罪一般存在重合性质；在不存在法条竞合关系时，严重犯罪包含了非严重犯罪，或者一个法益包含另一个法益时，在重合范围内都成立共同犯罪。[①] 然而，在张明楷教授2011年出版的刑法学著作中，笔者发现他的观点发生改变，由之前的部分犯罪共同说，改为行为共同说。张明楷教授认为，共同犯罪是违法形态，共同犯罪中的“犯罪”首先是指违法层面意义上的犯罪，而完全意义上的犯罪还包括责任层面。也即，共同犯罪是指数人共同实施了刑法上的违法行为，而不是共同实施特定的犯罪。张明楷教授对部分犯罪共同说仅仅回答了共同犯罪犯的是什么罪持否定的态度，同时认为共同犯罪是什么罪不具有实际意义。换言之，就是在行为方面，不要求共同实施特定的犯罪，只要行为有共同性就可以成立共同犯罪，在意思联络方面，不要求数人必须具有共同实现犯罪的意思联络，只要实施行为具有意思联络就可以成立共同犯罪。[②] 同时，坚持以客观主义立场行为共同说的学者钱叶六教授认为，共犯的罪名可以独立于正犯的罪名，但在共犯的认定时，仍然需要受到正犯实行行为的内容的制约。[③] 笔者赞同通说地位的部分犯罪共同说，而在我国司法实务机关中也是采用部分犯罪共同说。

四、共犯处罚根据论

在二元参与体系下，正犯是自己直接实施符合构成要件的行为人；相反，共犯则是间接实现构成要件之人。从法律根据上来说，正犯因为直接符合分则构成要件因而具有可罚性，但是共犯之所以受到处罚，乃是因为其符合修正的构成要件，也即原本共犯不具有可罚性，但由于刑法总则规定了对共犯的处罚，因此，这些规定属于“刑罚扩张事由”。但是，刑法扩张的正当性何在呢？共犯的处罚根据论就是要为共犯这种“刑罚扩张事由”寻找实质性的处罚根据。

---

① 参见张明楷著：《刑法的基本立场》，法律出版社2002年版，第273页。

② 参见张明楷著：《刑法学》（第四版），法律出版社2011年版，第944页。

③ 参见钱叶六著：《共犯论的基础及其展开》，中国政法大学出版社2014年版，第32页。

(一)责任共犯论

责任共犯论主要是从正犯与共犯的关系中寻求共犯的处罚根据,共犯的处罚根据并非在于共犯者之法益侵害,而是在于诱惑正犯者产生犯意,陷入刑罚和罪责的深渊,所以才受到处罚。简言之,“正犯是实行杀人者,教唆者则是制造杀人者”。相对于客观法益侵害相比,诱惑要素在原则上要重要得多。因此,教唆人的类型行为,即便和正犯行为不同,但是从诱惑的观点出发,与正犯具有同等程度的犯罪性。正犯是因为侵害了刑法所保护的法益而收到处罚,共犯则是因为侵害正犯而受到处罚。其基础理论在于正犯是侵害了刑法分则所规定的保护法益而受到处罚,而共犯(主要是教唆犯)则是由于具有“诱惑”正犯,使其“堕落”这种心情的、伦理评价要素才受到处罚。然而,这种过度强调伦理因素评价的学说存在极大的疑问,因为共犯是一种犯罪形态,则侵害的应当是法益而受到处罚,如果仅仅是侵害了伦理而受到处罚,则会扩大刑罚的处罚圈。同时,按照责任共犯论的观点,正犯不是共犯的成立前提,而仅仅是共犯的处罚条件。目前,该种学说已经很少有学者支持。

(二)违法共犯论

违法共犯论认为共犯处罚的根据在于共犯使正犯实施了符合构成要件且违法的行为。日本学者高桥则夫学者认为,正犯违反的是“不得杀人”这样的规范,共犯所违反的是“不得教唆他人杀人”这样的规范。[①]简言之,违法共犯论认为,共犯处罚的根据并不在于共犯通过正犯引起的法益侵害,而在于通过教唆或者帮助的方法参与到正犯的法益侵害之中这种行为本身。

(三)因果共犯论

关于共犯处罚根据的通说是因果共犯论,以因果关系为中心来把握共犯的处罚根据,认为共犯是通过介入他人的行为,也即通过介入正犯的行为而给犯罪的实现产生影响力,所以共犯行为与正犯行为之间具有因果关系,因此,能够处罚共犯。然而,因果关系中,存在纯粹引起说、修

① 转引[日]高桥则夫著:《共犯体系与共犯理论》,成文堂1988年版,第165页。

正引起说和折中引起说三种学说。纯粹引起说认为,共犯不法不是由正犯行为不法所导致的,共犯行为自身具有的不法;修正引起说认为,共犯的处罚根据在于共犯通过使正犯实施实行行为,参与引起了侵害法益结果;折中引起说主张共犯处罚根据在于共犯不实行构成要件的行为,而是透过正犯间接侵害构成要件上所保护的法益,也即从属性地侵害构成要件上所保护的法益。

第二节 群体性事件中所涉刑事政策及基本原则

最好的社会政策就是最好的刑事政策。[①] 刑事政策是刑事司法和刑事立法的依据,刑事政策是对刑事领域整个宏观状况的把握,起到引导作用。刑事政策把制止未然犯罪作为其重要任务及其目标,这种趋势符合群体性事件的实际情况。运用刑事政策调整群体性事件的走向和发展,起到预防作用。刑事政策之父费尔巴哈于1800年使用“刑事政策”一词,他认为,“刑事政策是国家据以与犯罪作斗争的惩罚措施的总和,是立法国家的智慧”。[②] 我国有论者认为刑事政策是指国家基于预防犯罪、控制犯罪以保障自由、维持秩序、实现正义的目的而制定、实施的准则、策略、方针、计划以及具体措施的总称。[③]

一、群体性事件所涉刑事政策

(一)刑事政策界定

从一般的意义上,政策是指政治国家或社会公共组织为管理公共事务而制定指导方针和行动方案。[④] 犯罪现象自古以来都存在于社会当中,当这些现象出现后,预防犯罪和控制犯罪的对策亦应运而生。刑事

---

① 参见[德]弗兰茨·冯·李斯特著:《德国刑法教科书》,徐久生译,法律出版社2006年版,第56页。

② [法]米海依尔·戴尔玛斯-马蒂著:《刑事政策的主要体系》,陆建平译,法律出版社2000年版,第1页。

③ 参见曲新久著:《刑事政策的权力分析》,中国政法大学出版社2002年版,第68页。

④ 参见梁根林著:《刑事政策——立场与范畴》,法律出版社2005年版,第1页。

政策从单纯的抗制犯罪的政策到预防犯罪的系统性政策在欧洲启蒙运动时期出现的。[①] 按照中外通行的说法，“刑事政策”这一概念最早出现在18世纪末19世纪初德国法学教授克兰斯洛德和费尔巴哈的1803年的著作《教科书》中，后得到德国刑法学家冯·李斯特的延续。

由于群体性犯罪特殊性和复杂性，在应对群体性事件时，注意刑事政策合理运用，应该区别于防止普通刑事犯罪的刑事政策。特别是群体性事件中犯罪形态异常复杂，如涉及一般违法行为、合法行为、单独犯罪、共同犯罪、聚众犯罪等形态。加之群体性事件突发性非常强，犯罪前征兆不明显，合法行为转为一般违法行为，或者转为犯罪行为异常迅速，所以在解决群体性事件纠纷时，需要合理运用刑事政策治理其行为。刑事政策的合理运用就要起到依法判案和追求社会各阶层利益的最大整合性上取得平衡。[②] 这也意味着在司法过程中应对避免“一刀切”的做法，既不能简单粗暴地将群体性事件理解为恐怖活动，一味地强调打击，也不能抱着息事宁人的态度，一味地妥协。[③] 因此，需要有合理的刑事政策调控群体性事件。

纵观中国30年来的刑事政策，顺应时代发展和社会潮流，我国刑事政策经历了三个阶段，最初的“惩办与宽大相结合”的政策——“严打”政策，“宽严相济”刑事政策。目前社会处于转型期，强调“宽严相济”的刑事政策。2004年12月22日，罗干同志在中央政法工作会议上指出：“正确运用‘宽严相济’的刑事政策，对严重危害社会治安犯罪活动严厉打击，绝不手软，同时要坚持惩办与宽大相结合，才能取得更好的法律和社会效果。”2006年10月11日党的十六届六中全会通过《中共中央关于构建社会主义和谐社会若干重大问题的决定》中，将宽严相济刑事政策定位为刑事司法政策。“该严则严，当宽则宽；严中有宽，宽中有严；宽严有度，宽严审时，立足于宽，审慎从严”。于2007年1月最高人民检察院颁布《关于在检察工作中贯彻宽严相济刑事司法政策的若干意见》中

① 参见[日]大谷实著：《刑事政策学》，黎宏译，法律出版社2000年版，第7页。

② 参见杨俊：《群体性事件中刑事政策的运用》，载《苏州大学学报》（哲学社会科学版）2014年第4期。

③ 参见蔡一军：《群体性事件的刑法立场与处置对策》，载《行政与法》2012年第1期。

第 14 条规定,正确处理群体性事件中的犯罪案件,处理群体性事件中的犯罪案件,应当坚持惩治少数,争取、团结、教育大多数的原则。对极少数插手群体性事件,策划、组织、指挥闹事的严重犯罪分子以及进行“打砸抢”等犯罪活动的首要分子或者骨干分子,要依法严厉打击。对一般参与者,要慎重适用强制措施和提起公诉;确需提起公诉的,可以依法向人民法院提出从宽处理的意见。之后,最高人民法院于 2010 年 2 月发布《关于贯彻宽严相济刑事政策的若干意见》第 30 条第 2 款中规定,对于群体性事件中发生的杀人、放火、抢劫、伤害等犯罪案件,要注意重点打击其中的组织、指挥、策划者和直接实施犯罪行为的积极参与者;对因被煽动、欺骗、裹胁而参加,情节较轻,经教育确有悔改表现的,应当依法从宽处理。最高司法机关都分别对群体性事件中刑事政策做出了相关的规定,适应宽严相济的刑事政策,最高人民检察院与最高人民法院的意见规定中对犯罪主体适应的刑事政策做出了规定,对起到主要作用的首要分子或骨干分子,要从严;对一般参与者,要从宽。

(二)“宽严相济”刑事政策三个基本向度体现

宽严相济的刑事政策已经成为我国基本刑事政策,如何把宽严相济刑事政策落实到群体性事件中,成为一个需要讨论的重要议题。从内容上分析,宽严相济刑事政策对严重刑事犯罪继续适用从严刑事政策,对主观恶性较小、犯罪情节轻微的未成年人初犯、偶犯和过失犯等轻罪适用从宽刑事政策。在群体性事件中,哪些犯罪应该适用从宽刑事政策,哪些犯罪有应该适用从严刑事政策,哪些犯罪适用宽严相济的刑事政策呢?

就目前我国涉刑群体性事件的处理而言,在司法实践中要准确把握“宽”“严”“相济”的准确含义,具体而言,对群体性事件中犯罪行为的从宽主要是指那些受人引诱、蛊惑、因自己利益受到重大损害而参加、社会危害性较小、主观恶性不强的犯罪人应当从宽处理,或者是初犯、偶犯、从犯、协从犯等也应该依法从宽处罚。根据陈兴良教授的观点:“宽严相济之‘宽’,当然来自惩办与宽大相结合的‘宽大’,其确切含义应当是轻缓。刑罚的轻缓,可以分为两种情形:一是该轻而轻,二是该重而轻。宽严相济中的‘严’,即该作为犯罪处理的一定要作为犯罪处理,该受到刑罚处罚的一定要受到刑罚处理,这也就是司法上的犯罪化与刑罚化。与此同时，宽严相济之严还含有严厉之意。宽严相济，最为重要的还是在于‘济’。这里的‘济’，是指救济、协调与结合之意。在宽严相济刑事政策的语境中，既能宽大无边或严厉过苛，也不能时宽时严，宽严失当。”①

对群体性事件的防治，不仅需要严厉的刑罚手段，也需要宏观抽象刑事政策指导。“宽严相济”刑事政策可以适用于群体性事件犯罪当中，其中主要从群体性事件性质、群体性事件参与主体分析从宽或者从严刑事政策的适用，贯彻宽严相济刑事政策，从总体上确定应当从严和从宽的适用对象。

（三）刑事政策“从严”及其体现

群体性突发事件中犯罪处理中“严”应包括两个方面：首先，对于群体性突发事件中的行为人，如果其行为具有严重社会危害、已经触犯了刑法、构成犯罪的一定要作为犯罪处理，应当受到刑罚处罚的一定要及时予以刑罚处罚，而不应将犯罪降格为一般行政违法，将刑罚处罚代之以行政处罚等措施而大事化小、小事化了。其次，对于那些造谣生事、激化矛盾、进而引发群体性突发事件并借机制造民族分裂、破坏民族团结、危害国家安全或者实施其他严重危害社会、威胁社会稳定的行为犯罪人应当依法从重处理，即对于严重犯罪应当从严处理，当严则严。唯有如此，方能发挥刑罚的威慑力，震慑那些心怀不轨、意图扰乱国家和社会安定局面的犯罪分子，实现国家和社会长治久安。

依据最高人民法院《关于贯彻宽严相济刑事政策的若干意见》和最高人民检察院《关于在检察工作中贯彻宽严相济刑事司法政策的若干意见》规定，从“严”的刑事政策主要表现在两个方面：一是指对于罪行十分严重、社会危害性极大，依法应当判处重刑或死刑的，要坚决地判处重刑或死刑；二是对于社会危害大或者具有法定、酌定从重处罚情节，以及主观恶性深、人身危险性大的被告人，要依法从严惩处。“两高”依法从严的适用对象，结合群体性事件所涉刑事犯罪，主要有以下七个方面：第一，要依法严厉惩罚各类危害国家安全犯罪、恐怖组织犯罪、黑恶势力犯罪、故意危害公共安全犯罪，对犯罪活动的组织者、领导者和骨干分子，

① 陈兴良：《宽严相济刑事政策研究》，载《法学杂志》2006年第1期。

依法该重判的要重判，依法该判处死刑的要坚决判处死刑，以震慑犯罪，维护国家安全和社会大局稳定。第二，要依法严厉惩处爆炸、杀人、抢劫、绑架等严重危害社会治安的暴力犯罪，保障社会安定。在审理这类共同犯罪案件时，当有不止一个主犯时，要区分罪行最严重和罪行更严重的，对提出犯意、组织和指挥犯罪的被告人要坚持从严惩处。不能因为罪责难以分清，而对几个被告人笼统地判处同样的刑罚。第三，要依法严惩渎职职务犯罪。第四，要依法严惩重大环境污染、非法采矿、盗伐林木、非法占用农用地等各种破坏环境资源保护犯罪，保护自然资源。第五，对于个别罪行严重、主观恶性深、人身危险性和社会危险性大的犯罪分子具有自首、立功等法定情节，要具体区分自首的情形和立功表现的大小，如果从宽处罚达不到刑罚目的，可依法不予从宽。第六，对黑社会性质组织犯罪和通常所说的"恶势力"团伙犯罪的首要分子和骨干分子，故意杀人、故意伤害、抢劫或者其他严重暴力性犯罪分子，以及具备累犯、再犯以及有前科劣迹等主观恶性较深的犯罪分子，适用减刑、假释要依法从严掌握。第七，对犯有较轻的罪行的被告人因为具有从重情节，在处罚时依法也应从严，体现刑罚威慑作用。

（四）刑事政策"从宽"及其体现

根据陈兴良教授的观点，"宽严相济"刑事政策的"宽"具体表现为以下几个方面：

首先，是非犯罪化，即对于某些构成犯罪的行为，可以不作为犯罪处理。它又可以分为立法上的非犯罪化和司法上的非犯罪化。前者是指通过刑事立法的方式将某些犯罪排除出去。后者则是指在司法过程中，将某些虽然法律规定为犯罪，但情节显著轻微，危害不大的行为不作为犯罪追究。具体到对群体性突发事件中犯罪行为处理时，"非犯罪化"就主要是指后者，即司法上的非犯罪化。这就要求在处理涉罪群体性突发事件时，不仅对于那些虽然其行为具有一定危害性但尚未触犯刑法的大部分参加者，绝对不能作为犯罪处理，而且对于那些虽然其行为已经触犯了刑律，构成了犯罪的行为人，如果其犯罪情节轻微、危害不大、对于事件的发生又不起主要作用的，也不宜作为犯罪处理。

其次，是非监禁化，即某一行为虽然构成犯罪，但根据犯罪情节和悔罪表现,判处非监禁刑或者采取缓刑、假释等非监禁化的刑事处遇措施。根据这一要求,在对群体性突发事件中的犯罪行为人判处刑罚时,对于那些罪名不太严重、犯罪情节较为轻微、不是必须判处徒刑以上刑罚的犯罪人,可以尽量判处管制、罚金和剥夺政治权利等非监禁刑。同时,对于那些依法应当判处三年以下有期徒刑或拘役的犯罪分子,如果其犯罪情节较轻且具有悔罪表现,符合缓刑条件的也可尽量判处缓刑。

最后,是非司法化,即在某些情况下,对于犯罪情节较轻的案件或者刑事自诉案件,可以经过刑事和解,不进入刑事诉讼程序案件便得以了结。这种方式对于处理群体性突发事件中的某些犯罪具有更为重要的意义,即对群体性突发事件中某些轻微犯罪和属于自诉案件范围的犯罪,适当运用刑事和解等非诉程序可以有效地避免因刑罚的适用而可能导致的矛盾激化和冲突升级,从而可以更好地、更妥善地解决人们之间的矛盾,维护社会的稳定和团结。

从宽的刑事政策主要表现在以下四个方面:第一,对于罪行较轻、主观恶性不深、人身危险性较小、有悔改表现、不致再危害社会的犯罪分子,要尽可能给其改过自新的机会,依法从轻、减轻处罚。具备条件的,要依法适用缓刑、管制和单处罚金刑非监禁刑,以促进罪犯顺利回归社会。对于犯罪情节显著轻微,可以不判处刑罚的,尽量不判处刑罚,予以训诫或者责令具结悔过、赔礼道歉、赔偿损失,或者建议由主管部门予以行政处罚或行政处分,发挥非刑罚处罚措施的教育惩戒作用。第二,具有从犯、犯罪预备、犯罪未遂、犯罪中止等法定从轻、减轻情节的,依法从宽处罚。第三,对因下岗失业、劳动争议、生活贫困、管理冲突引发的刑事案件,罪行不严重的,在处理上应与其他动机卑劣的犯罪有所区别,可酌情从宽,以消除社会怨恨和对抗情绪,促进和谐。第四,处理集团性、团伙性、群体性犯罪案件,要本着区别对待、分化瓦解犯罪分子的方针,坚持打击极少数,争取、教育、改造绝大多数的原则,对组织、策划、指挥和积极参加犯罪的首要分子、主犯,要依法从严处理,但对一般参与者和从犯,则要依法从宽处理,避免扩大打击面。

(五)刑事政策的“相济”及其体现

在群体性突发事件中的犯罪行为的处理中,“宽严相济”的“济”,主要体现为“宽中有严”和“严中有宽”。所谓“宽中有严”,是指在仅涉及一般轻微犯罪的群体性突发事件中,按照“宽严相济”刑事政策的要求,对于事件中的犯罪人一般要依法从宽处理,尽量适用较轻的刑种或者非刑罚措施。但这并不排除对于那些怀揣不可告人的目的,在群体性突发事件中起组织、策划、指挥作用并对发生的犯罪行为应负刑事责任的行为人依法从重处理,即使其自身并没有直接参加犯罪或者仅实施了轻微的犯罪行为。“严中有宽”,则是指在那些涉及制造民族分裂、破坏民族团结、危害国家主权等危害国家安全的犯罪以及其他严重犯罪的群体性突发事件中,对于那些罪刑极其严重应当受到刑罚严厉制裁的犯罪分子,原则上应当从严惩治,但这也并不意味着一概不加区别地适用重刑,如果这些犯罪人具有自首、立功或者坦白等法定或酌定量刑情节的,在从重处罚的同时还应做到严中有宽,使犯罪人在受到严厉惩处的同时感受到刑罚的体恤和法律的公正,从而甘愿认罪伏法。

(六)群体性事件在刑事诉讼中刑事政策体现

宽严相济刑事政策有利于最大限度地预防和减少犯罪、化解社会矛盾、维护社会和谐稳定,在突发事件的应对中具有重要意义。而刑事诉讼法的修改,进一步为我国司法实践中坚持的宽严相济刑事政策提供了有力程序保障。有学者形象地指出,宽严相济刑事政策的司法实践是“抓大放小”,“抓大”指的是应当严的必须严,体现为法网严密,有罪必罚;“放小”指的是可以宽的应当宽。[①] 而宽严相济刑事政策在针对已构成聚众型犯罪的突发群体性事件应对中,“宽”和“严”均在刑事程序法和实体法上得到体现。

宽严相济之“宽”是指刑事处理上的宽缓。一方面刑事程序法上的“宽”体现在新刑诉提出推进非羁押措施的适用(包括扩大取保候审适用范围,进一步明确逮捕条件,增设羁押必要性审查制度等),完善不起诉制度,扩大简易程序适用范围,提出建立刑事和解制度和建立未成年人犯罪从宽特别诉讼程序,增加社区矫正规定等规定上。另一方面刑事实体法上的“宽”体现在非犯罪化,刑罚的轻缓化,非监禁化等方面。即对

① 参见陈兴良:《宽严相济刑事政策研究》,载《法学杂志》2002 年第 3 期。

群体性事件的一般参与者慎用刑法,应不作犯罪处理;对于那些行为已触犯刑法,但根据其犯罪情节和悔罪表现,尽量处以较轻的刑罚;对于那些为维护自身合法利益而参与的积极参与者,甚至领导群体性事件的首要分子,可以根据自首、立功等法定或酌定情节予以从宽处理,鼓励相关犯罪嫌疑人、被告人悔过自新等,如最高人民法院《关于贯彻宽严相济刑事政策的若干意见》提出,对于所犯罪行不重、主观恶性不深、人身危险性较小、有悔改表现、不致再危害社会的犯罪分子,要依法从宽处理。对于其中具备条件的,应当依法适用缓刑或者管制、单处罚金等非监禁刑。同时配合做好社区矫正,加强教育、感化、帮教、挽救工作。

宽严相济之"严"是当重则重。一方面刑事程序法上的"严"体现在新刑诉提出严格刑事强制措施(包括适当延长拘传时间,完善监视居住,适当延长检察院自侦案件的拘留期限,新增三种"应当逮捕"的适用情形等),增设特殊侦查措施(包括技术侦查、秘密侦查和控制下交付),律师会见权的限制(危害国家安全犯罪、恐怖活动犯罪、特别重大贿赂犯罪案件三种案件的例外),犯罪嫌疑人、被告人逃匿、死亡案件违法所得的没收程序等规定上。[①] 另一方面刑事实体法上的"严"体现在实体审判活动中,累犯制度、死刑制度都是"严"的典型体现。在审判中,对于社会危害大或者具有法定、酌定从重处罚情节,以及主观恶性深、人身危险性大的被告人,要依法从严惩处。特别是对于那些发生在社会保障、征地拆迁、灾后重建、企业改制、医疗、教育、就业等领域严重损害群众利益、社会影响恶劣、群众反映强烈,甚至因此引发群体性事件的国家工作人员职务犯罪,要依法从严惩处。在群体性事件中对首要分子要严格依法审判,不可一味以罚代刑。

群体性事件中应轻重有别,区别对待。正如孟德斯鸠所指出的,刑罚的区别化有利于公共安全的维护,陈兴良教授指出因各国刑法对抢劫杀人刑罚的不同规定,如俄罗斯对抢劫行为和抢劫又杀人的行为刑罚是一样的,而我国对抢劫杀人的刑罚规定远远重于仅抢劫行为,故俄罗斯

---

① 参见张兆松:《论宽严相济刑事政策的程序保障——以2012年〈刑事诉讼法〉修订为视角》,载《山东警察学院学报》2013年第5期。

抢劫者经常杀人，而我国这种情况比例较低。[①] 由此可见，不同的刑罚对人们的行为具有引导作用。因此，应做到针对犯罪的具体情况，区别对待，当宽则宽，当严则严，宽中有严，严中有宽。在群体性事件中，所涉案人员具体情况复杂，区别对待有利于督促相关人员改过自新。

当宽则宽，当严则严。以群体性事件为例，对于群体性事件中为了维护自身合法利益而参与的被告人，因其本身没有犯罪的故意，多数受教唆、胁迫、煽动蛊惑而参与，故在刑事诉讼中应采用发布通知等方式督促其自首，尽量不适用或者适用非羁押的刑事强制措施，适用刑事和解，判处缓刑等方式在程序和实体上对被告人予以宽缓。针对有恶意煽动群众、以维权为名但行打砸抢烧之实且拒不悔过的被告人，应当逮捕的则应逮捕，也应依法从重处罚，在刑事程序法中，诸如保证人的条件规定，对违反取保候审规定的犯罪嫌疑人、被告人可以予以逮捕或先行拘留等规定体现了宽中有严。以附条件不起诉决定的撤销为例。修改后的《刑事诉讼法》第 273 条规定，被附条件不起诉的未成年犯罪嫌疑人，在考验期内有特殊情形的，包括实施新的犯罪或者发现决定附条件不起诉以前还有其他犯罪需要追诉的；以及违反治安管理规定或者考察机关有关附条件不起诉的监督管理规定，情节严重的，检察院应当撤销附条件不起诉的决定，提起公诉。在刑事实体法中，在把握宽的基础上，对于那些犯罪较轻，但在群体性事件中符合教唆未成年人犯罪，拒不坦白或隐瞒犯罪事实以及无犯罪悔罪表现等情况的被告人，则需要依法从重处罚，严中有宽。在刑事程序法中，许多规定体现了司法机关对犯罪嫌疑人、被告人的人性关怀。如修改后的《刑事诉讼法》第 72 条规定，可以对符合逮捕条件但符合五种特殊情形的犯罪嫌疑人、被告人适用监视居住。[②] 在刑事实体法中，对于一些参与恐怖活动犯罪，在群体性事件中杀

---

① 参见陈兴良：《宽严相济刑事政策研究》，载《法学杂志》2006 年第 1 期。

② 《刑事诉讼法》规定，人民法院、人民检察院和公安机关对符合逮捕条件，有下列情形之一的犯罪嫌疑人、被告人，可以监视居住：一患有严重疾病、生活不能自理的；二怀孕或者正在哺乳自己婴儿的妇女；三系生活不能自理的人的唯一扶养人；四因为案件的特殊情况或者办理案件的需要，采取监视居住措施更为适宜的；五羁押期限届满，案件尚未办结，需要采取监视居住措施的。对符合取保候审条件，但犯罪嫌疑人、被告人不能提出保证人，也不交纳保证金的，可以监视居住。监视居住由公安机关执行。

人的被告人,因其社会危险性较大,依法应予以严惩,但是,如果有自首、立功等影响量刑情节,则审判机关应在区别对待的基础上严之济宽。

总之,准确把握“宽严相济”中的“宽”、“严”、“济”的确切含义是我们在处理群体性突发事件中的犯罪行为时,正确贯彻“宽严相济”刑事政策的重要前提。当然,上文所提到的“宽”、“严”、“济”都是在法治框架下提出的,都是在现行刑事法律的规定范围内发挥作用的,是指该宽则宽,当严则严,重中有轻,轻中有重,唯有如此,才能用刑得当。而不能违反“罪刑法定”的要求宽严无度。“宽严相济”,宽不是法外施恩,严也不是无限加重,而是要严格依照刑法、刑事诉讼以及相关的刑事法律,根据具体的案件情况来惩罚犯罪,该严当严,该宽则宽,宽严相济,罚当其罪。妥善处理群体矛盾,事关社会稳定、经济发展和现代化建设事业顺利发展的大局,是摆在我们面前的一个重要课题。由于群体性突发事件本身具有相当的复杂性,这也就决定了群体性突发事件中的犯罪的处理和预防都是一项复杂的系统工程。宽严相济是刑事政策的新发展,是在创建和谐社会背景下进行的刑事政策的调整,是应对犯罪复杂化、有效节省司法资源及社会资源的重要举措,在群体性突发事件中的犯罪行为的处理中,正确地贯彻宽严相济政策。

二、群体性事件所涉刑法基本原则

群体性事件中部分人的行为合法,部分人的行为构成一般违法行为,还有一部分人的行为构成犯罪行为。已经构成犯罪的群体性事件中的部分人,根据《刑法》的规定,应当追究其刑事责任,在追究其刑事责任的同时,应当遵循刑法的一般原则。如罪刑法定原则、罪责刑相适应原则等。针对群体性事件的特殊性,应该同时遵循一些特殊的原则,如谦抑性原则、教育改善原则等。

(一)群体性事件所涉罪刑法定原则

对于罪刑法定主义,费尔巴哈在1801年的教科书中有三项原则:无法律则无刑罚;无犯罪则无刑罚;无法律规定的刑罚则无犯罪。[①] 刑罚是

① 参见马克昌主编:《近代西方刑法学说史》,中国人民公安大学出版社2008年版,第102页。

法律规定的，没有法律就没有刑罚，刑罚只有根据刑法规定才能执行。后来被世界各国普遍接受，并且成为具有普遍适应性的基本原则。罪刑法定正如其格言"法无明文规定不为罪，法无明文规定不处罚"所要求，是指什么行为构成犯罪，对犯罪行为处以何种刑罚，必须预先由法律明文加以规定。对于事先法无明文规定的行为，不得作为犯罪处罚。罪刑法定原则在中华人民共和国成立以来有些关联性的时代可以分为三个时代，无刑法时代、旧刑法时代（以 1979 年 7 月通过新中国第一部刑法典为分界点）、新刑法时代。① 在旧刑法时代，没有明文罪刑法定原则。罪刑法定原则最早确立于 1997 年 3 月通过的《中华人民共和国刑法》，该法第 3 条明文规定了罪刑法定原则，法律明文规定为犯罪行为的，依照法律定罪处罚；法律没有明文规定为犯罪行为的，不得定罪处刑。

诚然，在参与群体性事件中的大部分人都能够认识到有犯罪就有刑罚，只有极其少部分人因为认识能力欠缺形成犯罪认识意识。在民众意识当中，刑罚具有确定性，有犯罪行为必然受刑事追究，没有犯罪行为就不会受到刑法规制。然而，由于很多民众都有"法不责众"的思想，"法不责众"是指当某项行为具有一定群体性或者普遍性时，即使该行为含有某种不合法或不合理因素，法律或制度对其也不予惩罚。② 群体性事件中参与人会认为参与群体性行为是整体出现，责任落在所有参与人身上，个人不会承担因群体性行为造成的犯罪结果，于是抱着侥幸心理做出平时不敢做的行为。加之基于民众从众心理的影响，一般来说，群体性事件规模比较大、意见比较统一的情况下，都容易使人产生从众心理。同时会认为在进行群体性行为时，刑法不会针对一个人而实施的认识误区，导致群体性事件的频发。刑法施加于行为人，能够让人感受到痛苦，也能够感受到刑法确定的威慑力。罪刑法定原则实质侧面包括，刑罚法规明确性原则和刑罚法规内容适正原则。刑罚法规关于犯罪与刑罚规定必须是明确、具体、确定的。在对群体性事件有罪必

---

① 参见梁根林、[德]埃里克．希尔根多夫主编：《中德刑法学者的对话——罪行法定与刑法解释》，北京大学出版社 2013 年版，第 85 页。

② 参见胡丘陵：《论中国群体性事件的心理成因》，载《求索》2012 年第 8 期。

罚时，要避免忽视罪与非罪的界限，扩大入罪圈。

因此，坚持罪刑法定原则是刑法的理性体现，群体性事件涉及聚众犯罪和共同犯罪，要严格区分犯罪形式，按照法律的规定区别其界限，避免扩大犯罪圈及刑罚权的适用。

（二）群体性事件中所涉罪刑相适应原则

罪刑相适应原则最早是由贝卡里亚提出来的，他的二阶梯思想是罪刑相适应原则的基础。贝卡里亚认为："纷杂的犯罪可以区分为一系列有序的等级，区分标准就是行为对社会危害程度。危害程度有两级，最高一级就是那些直接毁灭社会的行为，最低一级就是对于作为社会成员个人所可能犯下的、最轻微的非正义行为。在最高一级行为和最低一级行为中，包括了称之为犯罪的行为，这些行为都是沿着无形的阶梯，从高到低顺序排列。犯罪阶梯的建立为人们对不同犯罪采取相应不同对策打下了基础。社会所关心的不仅是避免发生犯罪，而且还关心尽量少发生对社会造成较大危害的犯罪，因此，就应当建立一个相应由最强到最弱的刑罚阶梯。有了犯罪阶梯和刑罚阶梯，就可以对较重的犯罪处以较重的刑罚，对较轻的犯罪处以较轻的刑罚，实现"犯罪与刑罚的对称，称之为罪刑适应原则"。[①] 贝卡里亚的罪刑适应原则的核心是罪刑对称，主要包括了两个方面的含义，第一层就是刑罚的强度与犯罪危害程度对称；第二层就是特定的刑罚与特定犯罪对称。从贝卡里亚思想可以看出，与我国宽严相济政策有异曲同工之妙，对待犯罪危害性大的行为，应该重罚，对待危害性小的行为，从宽处罚。

（三）群体性事件中所涉谦抑原则

刑法谦抑思想源于贝卡里亚、边沁和卢梭等思想家的论述。贝卡里亚认为，刑法既应当保护个人的自由，又应当维护社会的必要秩序，既应当承认个人欲望是人自然本性的正常表现，又应当防止这种欲望的冲突使社会陷于混乱。意大利恩佐莫斯认为，立法者在日常生活的波浪中，听任各种行为在他脚下玩耍，他用懒洋洋的手将它们搜集起来，只是当

---

① ［意］切萨雷·贝卡里亚著：《论犯罪与刑罚》，黄风译，北京大学出版社 2008 年版，第 163 页。

他感到不可忍受时，才把它们提升为犯罪类型。① 刑法的谦抑性是指对刑罚的处罚范围和强度加以控制，防止刑罚的膨胀，它与刑罚轻缓化思想紧密联系。② 谦抑原则，是指对具有公共危害属性因而具有刑法干预必要性的行为，应当从刑法作为最后手段法、补充法、保障法、第二次法属性出发，进行是否予以实际干预的考量。③

现阶段的群体性事件有一部分是合法的群体行为，一部分是一般违法行为，一部分是违法犯罪行为。合法的群体行为一般是因为合法利益受到侵害，诉求得不到实现，具有合法性；一般违法行为的群体，虽有违法行为，但是，对社会没有构成重大的危害行为，罪不至刑法处罚。刑法具有最严厉惩罚性，一旦适用了刑法则不能再挽回，会带来无法弥补的影响。因此，在适用刑法的时候尤其注意谦抑原则，找准法律依据和适应的尺度，注重谦抑适用，研究规制限度适用。

运用在群体性事件中具体可以从三个方面阐述：一是界定群体性事件的性质，在前面已经论述了群体性事件的性质分为三种。有人认为，群体性事件是人民内部的矛盾，也有人认为，群体性事件是违法性行为，还有人认为，群体性事件部分违法部分合法。根据其性质来适应刑法的规定，量体裁衣，既不扩大犯罪圈，也不放纵犯罪分子。二是明确刑法规制的条件，厘清群体性事件中的合法行为、一般越轨行为、违法行为的区别，厘清聚众犯罪和群体性事件所涉犯罪形态。群体性事件中聚集行为在刑法范畴中并未得到许可，所以，如果发生的群体性事件具有违法性和危害后果，在司法实务中可以从主体的行为方式、危害结果、社会危害程度以及组织化程度来考量。三是群体性事件中涉刑主体的界限。群体性事件有其复杂性和特殊性，在认定主体时，由于人数众多，取证非常困难，所以涉刑主体的界限具有一定的困难。因此，合理划定犯罪圈极其重要，按照群体性事件中行为人的作用，将群体性事件中的涉刑主体分为首要分子、积极参加者、其他实施了附随性犯罪的行为者。在司法

① 转引自朱华荣主编：《各国刑法比较研究》，武汉出版社 1995 年版，第 134 页。

② 参见陈兴良著：《当代中国刑法理念》，法律出版社 2008 年版，第 7 页。

③ 参见梁根林著：《刑事政策：立场与范畴》，法律出版社 2005 年版，第 106 页。

实践中，主要考虑主观恶性的程度，一般来说，有直接利益诉求的人比无直接利益诉求的人主观恶性程度更深。之后再考虑行为方式，如行为手段、行为时机、行为结果等因素，最后考虑群体的影响力，以及涉刑犯罪之间的关联性等因素。

综上，群体性事件基于"宽严相济"刑事政策的三个向度，合理运用于群体性事件的处理当中，根据群体性事件性质、维度、适应刑事政策中的从宽、从严、以及宽严相济。在贯彻"宽严相济"刑事政策的同时，遵循刑法中的基本原则，发挥刑法的惩罚功能的同时发挥其预防作用，限制刑罚扩张，适应刑法的谦抑性，有效保护群体性事件中参与人的权利。

第三节 群体性事件中犯罪参与行为

"无行为则无犯罪亦无刑罚"。行为是产生刑罚的基础，然而，群体性事件中的犯罪参与行为既有合法的"聚众行为"，又涉及了直接的危害行为，如在群体性事件中的指挥行为、策划行为、组织行为、教唆行为、帮助行为等。参与行为不一定是犯罪参与行为，因此，探索群体性事件中的犯罪参与行为构造模式"聚众行为"与"直接危害行为"的结合。

一、犯罪参与行为模式

（一）"行为"的概念及评价

"无行为则无犯罪亦无刑罚"。行为是犯罪成立的前提条件，无行为则无刑罚产生，行为在现代刑法中处于基础性的地位。然而，纵观刑法学界对行为理论的研究，行为的概念存在很大的争议，其中具有代表性的有四种理论：因果行为论、目的行为论、社会行为论和人格行为论。因果行为论具有代表性的学者李斯特认为："所谓行为，是对外界的有意的举动，更正确的说，是由有意的举动使外界变更，即作为结果引起变更或者没有妨碍变更。"[①]根据该说，反射运动、睡眠中的身体动作、无意识的

① ［日］大冢仁著：《刑法概说》（总论）（第三版），冯军译，中国人民大学出版社2003年版，第96页。

动作等,由于并不具备有意性特点,因此,不能认为是具有刑法中的行为。目的行为论认为行为是受目的支配的身体运动。[①] 此说代表者威尔泽尔认为,刑法学上行为是“受目的确立意思所支配实在意义统一体”。[②] 目的行为论中“目的性”是以人的能力为基础,该能力是在一定程度上预见其因果行为后果,并使用手段有计划地操纵向既定目标前进的过程。由于因果行为论不能说明不作为的真谛,目的行为论难以解说过失行为的性质,有学者提出社会行为论的理论。社会行为论认为,行为是具有社会意义的人的身体动静。[③] 这种学说可以诠释为两种观点:一是行为是某种具有社会意义的人的态度;二是将行为看做是可以受意思支配的、具有某种社会意义的运动和禁止。人格行为论主张刑法上的行为是行为人人格主体性现实化的身体动静。然而,这四种理论分别有自己的特色,也存在不足之处,因果行为论不能说明不作为的本质,从而成为有缺陷的理论;目的行为论的难题在于无法解释过失行为性质而存在缺陷;社会行为论因无法解释社会意义而致使行为的准确性缺失;人格行为论以抽象意义的人格定性行为更加不好把握。因此,行为理论仍然存在争议。

我国刑法学界对于行为理论颇有争议,按照我国现行刑法的观点认为刑法中“行为”指的就是作为犯罪构成客观方面的“行为”,也即我国传统刑法理论中的危害行为。关于危害行为,概括起来有以下六种观点:第一种观点认为,危害行为或称为犯罪行为,即指行为人故意或过失实施的,为刑法所禁止的具有一定社会危害性的行为;[④]第二种观点认为,犯罪构成客观要件中的危害行为即指由行为人心理活动支配的危害社会的身体活动;[⑤]第三种观点认为,危害行为专指构成要件客观方面的“行为”,是指由行为人意识和意志支配的危害社会的身体动静;[⑥]第四

① 参见[日]大谷实著:《刑法总论》,黎宏译,法律出版社 2003 年版,第 75 页。

② 转引赵秉志主编:《外国刑法原理》,中国人民大学出版社 2000 年版,第 83 页。

③ 参见[日]大谷实著:《刑法总论》,黎宏译,法律出版社 2003 年版,第 76 页。

④ 参见肖中华:《论刑法中危害行为的概念》,载《法律科学》1996 年第 5 期。

⑤ 参见熊选国著:《刑法中行为论》,人民法院出版社 1992 年版,第 4 ~9 页。

⑥ 参见马克昌著:《犯罪通论》,武汉大学出版社 1997 年版,第 156 页。

种观点认为，刑法上的危害行为是指由行为人心理活动所支配危害社会的身体动静；[①]第五种观点认为，刑法上的危害行为是指由行为人意思决定所支配违反刑法命令或禁止规范的身体动静；[②]第六种观点认为，危害行为指的是由行为人意志自由所支配客观上违反刑法禁止规范或命令规范的身体动静。[③]

对于以上观点，笔者认为，第一种观点将犯罪构成客观要件中的行为等同于犯罪行为，这是不妥当的。因为危害行为与构成犯罪的犯罪行为相同，混淆了两者之间的成立范围。危害行为指凡是对社会有危害性的行为，而犯罪行为则需要具备刑法通说中的四要件才能是犯罪行为，两者有必然的区别，如盗窃罪中，如果没有达到盗窃的金额，则不能认定为犯罪行为，只能认定为危害行为。因此，危害行为的范畴远远大于犯罪行为的范畴。同时，在群体性事件中，很多参与的行为具有社会危害性，但未必一定是犯罪行为，这样，就扩大了刑罚的处罚圈。第二、三种观点，笔者认为，将危害行为称为犯罪构成客观要件中的行为，相比较第一种观点而言更为可取，危害行为的实质为犯罪行为的客观性质，属于犯罪行为客观方面考虑的内容，而非实体意义的行为。第四、五、六种观点，是目前刑法理论的通说，皆认为刑法中的危害行为是在人的意志支配下实施的危害社会的身体动静，行为概念必须具备心素、体素、有害性三个要素。然而，危害行为实质为犯罪行为的客观性质，那么，就与行为的三要素说产生了逻辑上的错误和混乱。“危害行为”仅仅是犯罪行为客观方面的要件之一，犯罪行为客观方面的要件除了危害行为以外，还应当包括危害结果、因果关系等要素。危害行为既然是犯罪行为客观要件要考察的一个要素，则不能包含主观要素的内容，反之，则存在重复评价的问题。

（二）聚众行为

笔者归纳总结了群体性事件所涉及的刑事法规中罪名，构成的犯罪

① 参见陈兴良著：《刑法全书》，中国人民公安大学出版社 1997 年版，第 66 页。

② 参见赵秉志、吴振兴主编：《刑法学通论》，高等教育出版社 1993 年版，第 147 页。

③ 参见高铭暄主编：《中国刑法词典》，学林出版社 1988 年版，第 143 页。

基本上在现行刑法的涵摄范围之内。群体性事件所涉及的犯罪罪名主要有两种表现形式：一是罪名都以“聚众”二字作为表现形式的聚众型犯罪；二是包括了侵害国家安全、人身权、财产权犯罪在内的非聚众犯罪。聚众犯罪一共有 11 个条文，14 个聚众犯罪，其中以“聚众”二字作为群体性事件犯罪表现形式的有 12 个。① 而非聚众犯罪在群体性事件中的表现为 17 个。② 仅仅从字面上去理解有“聚众”和“非聚众”行为的区别，然而，从群体性事件的特征来看，三人以上的参与人才构成刑法中的群体性事件中的“群体”，因此，群体性事件中犯罪行为无论何种形式都表现为“聚众”的行为方式。除了具有“聚众”的行为模式，还表现为直接危害行为。因此，群体性事件中的犯罪行为构造模式为“聚众行为”+“直接危害行为”组成。

群体性事件中的“聚众行为”。聚众性是群体性事件中在客观方面的一个显著的特征。然而，对“聚众”的界定学者有各自的观点，有观点认为聚众是指首要分子纠集众人，在同一时间、同一地点相聚集。③ 也有观点认为聚众就是首要分子组织、策划、指挥或者纠集、纠合特定或不特定的众人在同一时间内聚集于同一地点，准备实施同一种具体危害行为的行为群体。④ 在此，是否必须是在同一时间内聚集于同一地点才构成聚众行为呢？在群体性事件中聚众行为发生的时间有事先召集或者临时聚集，不一定是客观上的同一时间内聚集而成。事先召集的群体性事

---

① 聚众阻碍解救被收买的妇女、儿童罪（第 242 条第 2 款），对聚众“打砸抢”行为的处理规定（第 289 条），聚众哄抢罪（第 268 条），聚众扰乱社会秩序罪（第 290 条第 1 款），聚众冲击国家机关罪（第 290 条第 2 款），聚众冲击国家机关罪（第 290 条第 3 款），聚众冲击国家机关罪（第 290 条第 4 款），聚众扰乱公共场所秩序、交通秩序罪（第 291 条），聚众斗殴罪（第 292 条第 1 款），扰乱法庭秩序罪（第 309 条），组织越狱罪（第 317 条第 1 款），暴动越狱罪、聚众持械劫狱罪（第 317 条第 2 款），聚众冲击军事禁区罪（第 371 条第 1 款），聚众扰乱军事管理区秩序罪（第 371 条第 2 款）。

② 为分裂国家罪（第 103 条第 1 款），煽动分裂国家罪（第 103 条第 2 款），武装叛乱、暴乱罪（第 104 条），颠覆国家政权罪（第 105 条第 1 款），煽动颠覆国家政权罪（第 105 条第 2 款），组织、领导参加恐怖组织罪（第 120 条），侮辱罪、诽谤罪（第 246 条），煽动民族仇恨、民族歧视罪（第 249 条），故意毁坏财物罪（第 275 条），妨害公务罪（第 277 条），煽动暴力抗拒法律实施罪（第 278 条），寻衅滋事罪（第 293 条），非法集会、游行示威罪（第 296 条），非法携带武器、管制刀具、爆炸物参加集会、游行、示威罪（第 297 条），破坏集会、游行、示威罪（第 298 条），破坏监管秩序罪（第 315 条）。

③ 参见高铭暄、马克昌主编：《刑法学》，北京大学出版社、高等教育出版社 2000 年版，第 544 页。

④ 参见刘德法著：《聚众犯罪理论与实务研究》，中国法制出版社 2011 年版，第 79 页。

件中的聚众行为完成在直接危害行为开始之前;临时纠集的群体性事件中的聚众行为发生在危害行为之时。然而,在司法实践中,事先召集的聚众行为容易认定,对临时纠集的聚众行为不容易认定。因为,在事先召集的群体性事件中,必然有事件的发起人和策划者;而临时纠集而成的众人很难判断其发起者和策划者,有时候可能就是其中有一个人起哄而导致的,也有可能是一些过激行为而引起的群体性事件,发展到后来对社会具有重大危害性的行为。因此,在此时认定参与者的犯罪行为需要根据具体的危害行为、具体的案情进行全面的判断和认定。

从传统的犯罪来看,群体性事件一般都是发生在现实空间里的,行为人的危害行为会在现实的环境中留下一定的痕迹,具有可查证性。在群体性事件中,"聚众行为"一般是参与者与处理者或者参与者之间面对面的语言或者肢体动作,可能存在组织、领导、策划、现场实施"打砸抢"等行为。然而,在信息网络高速发展的时代,网络中的"聚众行为"越来越普遍。犯罪参与者利用网络具有隐蔽性、难以查证、低风险这些特征,通过网络聚集民众实施犯罪活动。组织者或者发起者可以通过网络上发布信息的形式召集广大民众加入群体性事件当中,然后由不特定的浏览者参与其中,这些参与人之间有些并无任何交流和意思联络,也不认识对方,给司法实践中认定"聚众行为"带来困难。

(三)群体性事件中的"直接危害行为"

目前对犯罪客观要件中的行为的界定各抒己见,有事实行为说、构成行为说、危害行为说、犯罪行为说等。"行为"这一词有三个层次的含义:第一个层次是泛指一切行为,包括了犯罪行为和合法行为;第二个层次是专门指犯罪行为;第三个层次专门指犯罪客观方面的危害行为。而我国刑法理论界认为危害行为是犯罪客体中很重要的因素。因此,对于危害行为的界定也有很多观点:第一种观点认为,危害行为是指犯罪构成客观要件的行为,是受意识、意志支配的违反刑法规定的危害社会的身体动作;[①]第二种观点认为,刑法上的危害行为是指在人的意识支配下

---

① 参见陈忠林著:《刑法(总论)》,中国人民大学出版社 2010 年版,第 119 页。

实施的危害社会的身体活动;[①]第三点种观点认为,刑法上的危害行为,是指由行为人的意思决定所支配的违反刑法的命令或禁止规范的身体动静;[②]第四种观点认为,刑法中危害行为是指由行为人意志自由所支配的、客观上违反刑法禁止规范或命令规范的身体动静;[③]第五种观点认为,危害行为不是犯罪客观要件中的"行为";[④]第六种观点认为,我国刑法中的危害行为,是指在人的意志或者意识支配下实施的危害社会的身体动静。[⑤] 笔者赞同第六种观点。因为任何危害行为,都必然有一定的身体动静,并且身体的动静是基于行为人的意志或者意识支配下的身体动静,且这一动静对社会造成了危害性。当然,行为包括作为和不作为,不作为是否具有身体动静呢?言论是否可以治罪呢?言论本身是不能治罪的,因为"思想犯"不能受到处罚。如果发表言论,则属于人的有意识、有意志的身体活动,如果这一活动具有社会危害性,则符合危害行为的基本特征,可能构成犯罪,如用语言煽动群众暴力抗拒国家法律、行政法规实施的,都可以构成犯罪。

群体性事件所涉犯罪的客观方面就是群体性事件犯罪客观外在表现,主要有群体性事件中所涉犯罪危害行为,这是群体性事件所涉犯罪都必须具备的客观要件,所谓群体性事件中所涉犯罪中的危害行为,是指犯罪主体在其意识或者意志的支配下所实施的刑法所禁止的危害社会的行为。群体性事件所涉及的危害行为一般是以作为形式出现,是危害行为的一种基本形式,也即实施刑法禁止实施的积极行为。如群体性事件中的抢劫财物犯罪就是典型的犯罪作为。这里的危害行为具有三个特征:一是具有一定的外在表现,如群体性事件中行为人聚集在一起,冲击政府机构等。二是需要在行为人的意识和意志下支配所实施的行为,行为人需要符合有刑事责任能力等特征。三是危害行为必须具有社

---

① 参见张明楷著:《刑法学》,法律出版社1997年版,第282页。

② 参见熊选国著:《刑法中行为论》,人民法院出版社1992年版,第31页。

③ 参见肖中华著:《犯罪构成及其关系论》,中国人民大学出版社2000年版,第141页。

④ 参见陈忠林、徐文转:《犯罪客观要件中"行为"的实质及认定》,载《现代法学》2013年第35卷第5期。

⑤ 参见高铭暄、马克昌主编:《刑法学》(第五版),北京大学出版社、高等教育出版社2011年版,第63页。

会危害性,如在群体性事件中,有些行为并没有触犯刑法的规定,而是合法的行为,如合法的聚众集会、游行、示威等行为。

二、实行行为

要成为共同犯罪体的一员,仅仅赞同共同犯罪目的是不够的,还需要有以实现共同犯罪体的最终目的行为或通过其行为实现共同犯罪体目的的行为。[①] 共同犯罪体所有人员都必须有这种意图,不管他们是以自己身体动静实施犯罪的人,还是远离犯罪现场的指挥者、策划者或者组织者。

关于实行行为的概念,学界有三种观点:一是实行行为是指实施符合犯罪构成客观方面要件的行为。[②] 这一学说从形式上规定了实行行为的概念,必须要符合犯罪构成的客观要件方面。二是实质说认为,行为具有法益的侵害性或者危险性作为界定实行行为的标准。如张明楷教授认为,实行行为是具有发生结果的一定程度以上的危险性的行为。[③] 三是形式与实质的统一说,这种学说比较中庸,认为犯罪实行行为是既要考虑形式上的要件,也要考虑实质上的要件,如有学者认为,刑法中的实行行为是指符合刑法分则规定构成要件的对法益侵害具有现实危险性的行为。[④] 还有学者认为,共同实行行为是指二人以上直接实施刑法分则规定构成要件的具有法益侵害的现实性和紧迫性的行为。[⑤] 在简单共同犯罪中,每一个行为人都实施了实行行为,则只有共同犯罪中没有教唆和帮助行为。在复杂的共同犯罪中,部分人实施了实行行为,则在共同犯罪中存在教唆犯罪和帮助犯罪。实行行为是刑法分则规定的符

---

① See Prosecutor v. Tadic (Appeals Chamber Judgment) ICTY - 94 - 1 - A (15 July 1999), p. 227; Prosecutor v. Krnojelac (Appeals Chamber Judgment) ICTY - 97 - 25 - A (17 Sep 2003), p. 31; Prosecutor v. Vasiljevic (Appeals Chamber Judgment) ICTY - 98 - 32 - A (25 Feb 2004), p. 100.

② 参见马克昌著:《犯罪通论》,武汉大学出版社 2003 年版,第 554 页。

③ 参见张明楷著:《法益初论》,中国政法大学出版社 2000 年版,第 360 ~ 364 页。

④ 参见何功荣:《犯罪预备的构造新论》,载刘明祥主编:《马克昌教授八十华诞祝贺论文集》,中国方正出版社 2005 年版,第 526 页。

⑤ 参见何殿美:《论犯罪的共同实行行为》,载《山东大学学报》(哲学社会科学版)2011 年第 3 期。

合犯罪构成要件的行为。实行行为在群体性犯罪事件中起着决定性的作用，各个参与者的犯罪意图都是通过实行行为来实现。因此，实行行为不仅决定了参与者的社会危害性程度，而且也在一定程度上决定了参与者的刑事责任。群体性犯罪事件中参与者的实行行为表现为积极参与到犯罪事件中实施打、砸、抢、烧的暴力行为，该行为同时属于刑法分则所规定的犯罪构成要件。根据实行行为人数是否为两人以上分为单独实行行为和共同实行行为。

单独实行犯所实施的犯罪行为称为单独实行行为，两人以上共同实施的犯罪行为称为共同实行行为。例如，“瓮安事件”中张辉、宋健聚众冲击国家机关罪、放火罪一案，[①]19 时许，二被告人在公安局前与他人将一辆皮卡车推抬进公安局大厅内焚烧。19 时 30 分许，二被告人又与他人将贵 J0786 警车推抬进公安局大厅靠近正燃烧的皮卡车，该车随即被引燃烧毁。二人窜至县政府大楼后面，捡起石块砸击政府大楼玻璃。张辉与宋健的共同实行行为没有具体分工，而是各自的行为具备聚众冲击国家机关罪和放火罪的构成要件。

三、组织行为

我国刑法中组织行为的内容是多元化的，组织作为犯罪行为，应当是行为人为了实现其犯罪目的，编制多人参加犯罪的行为。而刑法中的组织行为，必须是刑法分则条文中明确规定的。在很多的共同犯罪中，其教唆犯、主犯扮演着组织犯罪的角色。组织行为是指实施非该构成要件的行为，但对整个共同犯罪的实现起着控制或支配等重要作用的行为，而实施这种行为的人就是组织犯。[②] 有学者认为，组织行为是指实行犯的幕后者实施的组织、领导、策划和指挥行为。[③] 有学者组织行为，是指在共同犯罪中，以组织、策划、领导、指挥方式加功于犯罪实施的非实行行为。[④] 如果组织、领导、策划、指挥等行为已规定在刑法分则具体犯

---

① 详见贵州省瓮安县人民法院刑事判决书(2008)瓮刑初字第 230 号。

② 参见方加亮:《论德、日刑法中的组织犯》,载《中州学刊》2002 年第 2 期。

③ 参见向朝阳、邹佳铭:《论组织犯及其刑事责任》,载《中国刑事法杂志》2006 年第 5 期。

④ 参见向朝阳、邹佳铭:《论组织犯及其刑事责任》,载《中国刑事法杂志》2006 年第 5 期。

罪中,则该类组织行为就不是组织犯的组织行为,而是具体犯罪的实行行为。[①] 组织行为是指组织、领导、策划、指挥共同犯罪的行为,尤其是在聚众犯罪或者集团犯罪中,组织、领导、策划、指挥他人实行共同犯罪行为更多,一般组织行为有不同于实行行为的特点。它不是由刑法分则规定,而是由刑法总则规定的。如果某种组织行为已由刑法分则作了规定,那就不仅是组织犯的组织行为,而且本身就是实行行为。例如,我国《刑法》第 120 条规定,组织、领导恐怖活动的,处 10 年以上有期徒刑或者无期徒刑。根据这一规定,组织、领导恐怖活动组织的行为,就是该罪的实行行为。[②] 如果刑法分则未予以规定,则组织行为只包括行为人对犯罪作出的组织、策划或指挥行为,刑法分则仅规定组织行为为犯罪行为的情形仅包括集团犯罪中组织行为。而群体性犯罪事件中,刑法不仅处罚组织、策划事件的组织者,同时处罚在事件中组织、指挥某一犯罪活动的行为。例如,“瓮安事件”中李文祥聚众扰乱社会秩序罪一案和曾春聚众扰乱社会秩序罪一案,李文祥和曾春都是在听信关于一个女生非正常死亡的传言后,一方面积极煽动围观群众保护尸体,另一方面积极组织群众写横幅并盖手印,一起游行,造成道路阻塞,车辆无法通行。

四、指挥行为

指在组织犯在犯罪集团实施犯罪活动时进行部署、调度和指点的行为。指挥行为直接作用于实行行为,向实行犯发出犯罪指令,使实行行为在组织犯的调度和支配下顺利实施,并形成对实行行为的直接制约。关于指挥行为,学者们也有不同看法,例如,指挥行为是指对集团成员发号施令,使其以自己的意思进行犯罪活动。[③] 指挥行为是指按犯罪计划调派共犯人,指使实行犯的活动,掩盖犯罪行迹。[④] 指挥行为是指组织犯

---

① 参见赵辉:《组织犯概念的再界定》,载《云南大学学报》(法学版)2008 年第 3 期。

② 参见陈兴良著:《共同犯罪论》,中国社会科学出版社 2006 年版,第 136 页。

③ 参见马克昌著:《犯罪通论》(第三版),武汉大学出版社 1999 年版,第 543 页。

④ 参见路军著:《论组织犯》,载吴振兴主编:《犯罪形态研究精要》,法律出版社 2005 年版,第 455 页。

在集团成员实施犯罪活动时部署、指点与调度的行为，直接制约实行行为。[①] 指挥行为是指对犯罪集团、团伙成员或者其他共同犯罪中发号施令，使得实行者以自己的意思进行犯罪，直接制约实行行为或帮助行为。[②] 指挥行为是指对整个犯罪活动安排人员、确定路线、选择方法等行为。[③] 以上几种观点的共性：指挥行为就是发号施令的行为，具体表现为实施犯罪时指挥者调派人员、指点路线、选择方法等行为。指挥行为和其他表现形式一样，不仅存在于犯罪集团之中，也可能存在于犯罪团伙中。需要注意的是，一般共同犯罪中，在犯罪现场进行指挥调度的行为通常属于实行行为的分担，也即实行行为，而不能将两者混为一谈。指挥行为直接约束实行行为以及帮助行为，指挥者对其他共犯人的控制虽没有达到将被指挥者作为工具的程度，但是，指挥者所给予的这种心理性约束力对其他共犯人实现了全方位的控制。

五、策划行为

策划行为是指组织犯为犯罪集团制定犯罪计划、拟订犯罪方案、确定犯罪对象、选择犯罪方法等一系列活动。学者们通常从制定犯罪计划或方案、选择犯罪对象与方法等方面来界定策划行为。组织者实施犯罪活动，通常在预谋的计划下进行，因而组织者策划行为是组织行为的表现形式之一。有学者认为，策划行为是指为建立犯罪团体而进行谋划，为犯罪团体制定犯罪计划或拟定犯罪方案，选择犯罪方法等行为。[④] 这里将策划行为与组建行为或领导行为的某些内容相混淆了，为组建犯罪团体而进行谋划的行为实际上是组建犯罪团体行为本身所应有的内容，即本质上是促使组建行为顺利完成的行为，因而应归入组建行为；而为犯罪团体拟定犯罪计划、选择犯罪方法的行为，如果只是在犯罪团体成立之后，制定一些原则性的犯罪方案，选择笼统的方法（如盗窃集团规定

---

① 参见陈兴良著：《共同犯罪论》（第二版），中国人民大学出版社 2006 年版，第 81、83 页。

② 参见赵辉著：《组织犯及其相关问题研究》，法律出版社 2007 年版，第 73 页。

③ 参见胡选洪：《组织犯研究》，西南财经大学 2010 年博士学位论文，第 57 页。

④ 参见阴剑锋、周加海主编：《共同犯罪适用中疑难问题研究》，吉林人民出版社 2001 年版，第 246 页。

“只盗不抢”）以及确定一般的对象（如抢劫集团规定“不得抢劫老年人”）等，这些行为本质上属于组建犯罪组织之后领导行为的一些内容，不应纳入策划行为。如果是为具体的犯罪活动出谋划策的行为，则可以认定为策划行为。因而本文认为作为组织行为表现形式之一的策划行为，是指在犯罪团体建立之后，为具体犯罪活动的实施而出谋划策的行为。值得注意的是，教唆犯的教唆行为也可能以策划性的方式实施，这与组织者的策划行为具有相似之处。但是，两者之间具有本质区别：教唆行为的本质是引起他人犯意，至于被教唆者是否实施被教唆之罪不得而知；而策划行为则是为犯罪周密布置使得犯罪更容易实现。

六、教唆行为

教唆行为是指故意劝说、收买、威胁或者采用其他方法唆使他人故意实施犯罪的行为。在司法实践中，教唆行为的表现是多种多样的，但是在群体性犯罪中的教唆方法主要表现为以下形式：首先，挑拨方法。群体性犯罪事件爆发之初都是多人共同向政府的请愿事件，在和平方法不能解决问题时转变为暴力行为。因此，在群体性犯罪事件中部分参与人对事件事实真相并不知晓，别有用心之人通过造谣，从而挑拨群体和政府之间的矛盾，使得更多不明事实原委之人参与到犯罪之中来。例如，瓮安事件中成绍田聚众冲击国家机关罪一案中，[①]“成绍田跟随游行队伍到瓮安县公安局门口非法聚集，见部分冲击公安局的不法分子被民警阻拦后，即将罗某、余某某、程某某等未成年学生抱上一辆皮卡车，编造‘警察打学生’等口号，教唆罗某等呼喊，并递木棒给宋某，唆使宋某冲进公安局进行打砸，还指使喻某某、张某某等学生多次冲击公安局大楼。”本案中，成绍田实施了教唆行为，其教唆方法是挑拨。其次，刺激方法。从国内近些年发生的群体性犯罪事件可以看出，群体性犯罪事件都是群众对国家机关发起冲击，采取暴力性行为进行破坏，多是某一领域的人民群众切身利益与政府相关行政行为的国家利益之间的矛盾。在群体性犯罪事件爆发的过程中，总是有一些不法分子通过发表恶意的言

① 详见贵州省瓮安县人民法院刑事判决书（2008）瓮刑初字第233号。

论，激起利益受损害的人民群众对政府的仇视，从而参与到群体性犯罪事件中来。例如，瓮安事件李光樊聚众冲击国家机关罪一案中，[①]李光樊谎称警察打学生，要求贵阳市公安局出警，刺激其他围观群众，同时还呼吁围观群众捐款买烟花爆竹炸和汽油烧政府机关。本案中，部分围观者是处于看热闹的目的，经过李光樊谎话，激起一些围观者内心中的正义感，特别是一些脾气火爆，性情急躁的人在受到激将时参与犯罪。

七、帮助行为

帮助行为是指故意提供信息、工具或者排除障碍协助他人故意实施犯罪的行为。帮助行为是指在群体性犯罪事件中共同犯罪行为中起辅助作用的行为。所谓辅助行为，一般是相对于实行行为而言的，是为实行犯顺利地实行犯罪创造条件的行为。例如，瓮安事件中王元友聚众冲击国家机关罪一案中，[②]“被告人王元友听说县公安局有人闹事后，遂来到县公安局门口。19 时许，王元友听见李光樊喊捐款买烟花爆竹和汽油遂参与其中，后同张光静（已判刑）、朱漱（另案处理）用得款购买了烟花爆竹，由张光静等人拿回到县公安局门口点燃冲击公安大楼”。本案中，王元友的行为属于帮助行为，帮助李光樊实现了买烟花爆竹和汽油烧政府机关的犯罪目的。

第四节　群体性事件中犯罪参与者

群体性事件是多人参与的犯罪形态，其分类依据既涉及共同犯罪人的分类标准，又涉及聚众犯罪中责任主体的分类。我国现行刑法通说对共同犯罪人的分类依据采取了作用分类及其分工分类方法，共同犯罪人分为主犯、从犯、胁从犯、教唆犯。然而，此种分类被提出质疑，有异议者认为教唆犯不能与主犯、从犯、胁从犯并列，而应该把教唆犯融入于主犯和从犯当中。同时，群体性事件与聚众犯罪具有错综复杂的关系，部分

① 详见贵州省瓮安县人民法院刑事判决书（2008）瓮刑初字第 249 号。

② 详见贵州省瓮安县人民法院刑事判决书（2008）瓮刑初字第 205 号。

群体性事件犯罪中就是聚众犯罪，因此，本书借助聚众犯罪的责任主体首要分子、积极参与者、其他参与者进行分类描述，为后文的分析打下铺垫。

一、犯罪参与者分类标准理论争议

犯罪参与即狭义的共同犯罪，因此，在本书中犯罪参与者分类标准参考共同犯罪人的分类标准。共同犯罪人分类的标准在各个国家根据自身法律文化、国情的不同，都有其自身的特色。一般来说，有以下几种分类依据：以共同犯罪人在共同犯罪活动中的分工不同作为区分标准；以共同犯罪人在共同犯罪活动中所起的作用作为区分标准；以共同犯罪人的主观犯罪意思为标准；以共同犯罪人的行为对犯罪结果产生的原因为区别标准；以共同实施犯罪的时间或者是否在现场作为区别标准。同时，在划分共同犯罪人的种类时，有二分法、三分法和四分法。二分法中有分为首犯和从犯的，也有分为正犯和从犯的，还有分为主犯和从犯的。三分法中有分为共同正犯、教唆犯、从犯；有分为教唆犯、共同正犯、从犯；有分为共同正犯、隐匿犯、从犯；还有分为实行犯、教唆犯、帮助犯。四分法中分为实行犯、组织犯、教唆犯、帮助犯。这些分类，大多是以行为人在共同犯罪活动中分工和作用为标准来划分的。对于该问题，我国学界对共同犯罪人的分类大概有五种：第一种分类，根据共同犯罪人在共同犯罪中的作用进行分类，分为主犯、从犯、胁从犯。第二种分类，根据共同犯罪人在共同犯罪中分工进行分类，可以分为正犯、教唆犯、帮助犯、胁从犯。第三种分类，综合共同犯罪人在共同犯罪中的作用和分工来看，可以分为组织犯、实行犯、教唆犯、帮助犯。然后把主犯和从犯吸收进前面的分类中。第四种分类，按照共同犯罪人在共同犯罪的作用分类，同时增加教唆犯。可以分为主犯、从犯、胁从犯、教唆他人犯罪的。第五种分类，共同犯罪分为一般性共同犯罪和集团性共同犯罪，根据不同的类型对共同犯罪人分类。可以将集团性共同犯罪人分为主犯、从犯；一般性共同犯罪人分为正犯、教唆犯、帮助犯。其中具有代表性的有两种观点，分别是第一种和第四种。第一种观点认为，采取的是以共同犯罪人在共同犯罪中所起的作用划分的，采取的是单一的作用分类法。

持这种观点的学者以张明楷教授为代表，他认为："共同犯罪人的分类只有两种，一是按照共犯人行为的性质与活动分工的特点，把共犯人分为实行犯、教唆犯、帮助犯，有些国家还加上组织犯。二是按照共犯人在共同犯罪中的作用，把共犯人分为主犯、从犯，有的国家加上一个胁从犯。第二种分类按照共犯人在共同犯罪中的作用，把共犯人分为主犯、从犯，有些国家还加上一个胁从犯。按照共犯人在共同犯罪中的作用分为主犯、从犯、胁从犯的分类是比较科学的，这一分类方法能够说明各共犯人行为的社会危害性程度，能够正确解决刑事责任问题。而我国的刑法就是把采取的这一分类方法，把共犯人分为主犯、从犯、胁从犯的。'教唆犯'应当根据具体的情况，分别按照主犯或者从犯论处，因此，教唆犯不能与主犯和从犯相并列地出现。"①第四种观点认为，采取的混合分类法，即作用分类及其分工分类法结合，把教唆犯应当按照在共同犯罪中所起的作用为分类标准的体系中，从而获得了分类的统一性。

笔者赞同第一种观点。笔者认为，教唆犯不能与主犯、从犯、胁从犯并列，而应该根据教唆犯在犯罪中的作用大小分为主犯还是从犯。首先，对于共犯人予以分类的目的，是为了正确确定各共犯人的刑事责任的大小。根据刑法的基本原理，刑事责任的大小取决于其行为的社会危害性的大小，共犯人分类的实质上的依据应是共犯人行为的社会危害性大小。其次，教唆犯在某些共同犯罪案件中，教唆犯起到的是主要作用，在某些共同犯罪案件中，教唆犯只起到次要作用。所以，被定为主犯的教唆和被定为从犯的教唆犯其量刑程度是不一样的，对于主犯，从重处罚；对于从犯，教唆犯应当比照主犯从轻、减轻或者免除处罚。因此，作用分类法避免了分工分类法存在的弊端，如共犯中的实施"望风行为"，如果根据分工分类法，对"望风行为"存在不同的观点，有的认为构成实行犯，有的认为构成帮助犯，有的认为构成共谋共同正犯，有的认为在望风过程中起到重要作用的是实行犯，起从属作用的就是帮助犯。如果采取分工分类法，不能正确解决共犯人的刑事责任，甚至会否定这种共同犯罪。但是，如果采取的作用分类法，根据其在犯罪中的作用判断其是

① 张明楷：《教唆犯不是共犯人中的独立种类》，载《法学研究》1986年第3期。

主犯还是从犯，则更加明确和一目了然。因此，笔者主张共同犯罪人分为主犯、从犯、胁从犯，以及刑法另外规定的教唆犯，教唆犯根据其在犯罪中的作用成为主犯或从犯。

二、群体性事件中犯罪参与者分类

（一）群体性事件中参与者

群体性事件中参与者的成分构成包括了年龄和职业结构。一般来说，年龄未达到的人不具有独立参加社会活动的能力，更不用说是参加集会、游行、示威等社会活动。但在瓮安事件中，其中有一部分参与主体是未成年人，一是因为死者是中学生；二是因为他们生理和心理都不成熟，容易冲动，易于受外界的影响。在众多群体性事件中，参与主体一般都是成年人，未成年人还是占极少数。根据参与者职业和社会分工来看，群体性事件中参与者的职业结构可以分为职工主体、居民主体、农民主体、特殊群体。[①] 职工主体包括机关工作人员、专业技术人员、教师、转业军人等人员，如2015年淮海工学院集资建房未按期交房等纠纷，导致淮海工学院老师聚集，居民主体主要是指城镇中居住的普通老百姓。居民参与群体性事件一般是由于企业的改制问题、失业问题、拖欠工资等与民生生活有关的问题，以致居民的生活权益受到损害。农民参与主体，社会的转型，结构的分化，政策的滞后，基层权力的腐败，使农民从过去的“被动纠纷型”转向“主动维权型”的趋势。除了群体性事件中上述的几个群体以外，还有一些特殊利益的群体，如不容忽视的学生群体、宗教信仰群体、少数民族群体等。不同的依据使群体性事件中的参与者的表达形式不同，依照以下几种依据对群体性事件参与者进行分类。

1. 从群体性事件中参与者的职能分工来看，分为发起者、组织领导者、一般参与者、起哄者、附和者、围观者。[②] 群体性事件中发起者是指对

---

① 参见陈月生：《群体性突发事件构成要素、特征和类型的舆情视角》，载《理论与实践》2006年第2期。

② 参见张白杰：《转型期中国群体性事件研究——基于法社会学的研究视角》，吉林大学2011年博士学位论文，第64～66页。

其行为和所要达到目的有自觉意识、经过周密计划、其行为的目的就是要直接挑起事件的人。[①] 群体性事件中的组织领导者是指在群体性事件中居于核心地位,起主导作用甚至能够左右事件规模并影响事态发展程度的人员。[②] 一般参与者是指为表达利益诉求而参与到群体性事件中来,旨在通过参与群体性事件,影响政府行为,进而使其受损的利益得到补偿。[③] 行为破坏者是指在群体性事件中积极参与活动、从事各种破坏行为的人。起哄者是通过积极参与活动,起哄、呐喊或者向组织领导者、一般参与者提供帮助的人。一般附和者是指没有直接利害关系或者利害关系很少的人。围观者是指没有直接利害关系的人。

2. 以对群体性事件发生原因认识力大小作为标准可以分为不明真相的人、被煽动闹事的人和另有企图的人。不明真相的人属于典型的从众心理,如贵州瓮安事件中,一名叫甘露的学生从学校出来听说了有人在瓮安政府闹事,于是赶到公安局破坏旁边的宣传栏,砸坏一辆警用面包车反光镜和挡风玻璃等破坏行为。甘露作为一名学生,并不明白当时发生了什么事的情况下而参与其中的。被煽动闹事的人,此类人被别人蛊惑后,容易丧失理智,在群体性事件中往往是以积极参加者出现。如在奉节"3·29"群体性事件中的陈治玉误听了他人的传闻,公然对抗公安机关,甚至泼汽油焚烧尸体,严重危害了社会秩序和公共部门的安全。另有企图的人,这一类人是故意心态,与群体性事件的利益没有关系,而是想借机实现自己其他的目的。如何俊霖在瓮安事件中抢劫弹药罪一案,"在2008年6月28日21时左右,何俊霖与吸毒人员杨某趁乱进入公安局的禁毒机构,二人破门而入禁毒部分的三间办公室,劫得手枪一把、子弹72发、管制刀具2把、手铐1副、索尼摄像机1部、三星彩屏手机、TELSDA手机、VTS小灵通各1部。"作案后,把前面这些物品隐藏于何俊霖家中。

---

① 参见徐乃龙著:《群体性事件的预防和处置》,中国公安大学出版社2006年版,第25页。

② 参见张白杰:《转型期中国群体性事件研究——基于法社会学的研究视角》,吉林大学2011年博士学位论文,第64页。

③ 参见张白杰:《转型期中国群体性事件研究——基于法社会学的研究视角》,吉林大学2011年博士学位论文,第65页。

3.群体性事件中以犯罪参与程度为标准可以分为首要分子、积极参与者、一般参与者。首要分子,根据我国《刑法》的第97条规定,是指在犯罪集团或者聚众犯罪中起组织、策划、指挥作用的犯罪分子。由于群体性事件参与人数众多,扰乱社会的秩序多种多样,并且群体性事件相对于集团犯罪具有偶发性,组织性不强,但任何一件事情的推进,都会有一个核心人物的推进,在实施共同行为时,存在组织者、策划者或者指挥者,这些核心人物对事件进展起到协调和制约的作用。如瓮安事件中的李文祥一案中就充当了组织者、指挥者,被认定为首要分子。积极参与者,是指在群体性事件中,以主动、积极的心态参加到犯罪中来,行为突出但是尚未达到罪行重大的程度的犯罪人。① 积极是一种主观心态,在判定行为人是否为积极参加者时,应该看参与主体是主动要求参加的,还是被邀请参加的;然后看参与主体是否实施了积极的犯罪行为。如瓮安事件中的宋启松一案就是典型的积极参加者,持故意的心态进行的行为。一般参与者,是指在群体性事件中其主观心态并不积极的随大流者,主要起到壮大声威的作用。

4.以参与主体作用与心理特点来分析群体性事件中的参与主体。分为肇事者、积极者、预备者和围观者。② 肇事者是引发群体性事件最直接的人,一般包括问题事件中对立的双方。他们往往把希望寄托于群体性事件给予政府的压力而实现自己的权益,但是,随着参与群体性事件的人增多,到后期阶段不能控制事态的发展。积极者指的是推动事件发展的主要力量,一般包括直接的利益者或者亲属。预备者一般是指在群体性事件中的机会主义者,看事情的进展,如果出于不明朗状态,则沉默地跟随着,如果矛盾激化,则会积极投身于群体性事件中。围观者是指与事件无直接利益的人。他们不了解事实的真相,抱着看热闹的形态,该类主体一般不会参与到群体性事件中去。

5.根据行为人所实施的危害行为及其在事件形成过程中的地位和

① 参见李宇先著:《聚众犯罪研究》,湖南人民出版社1999年版,第60页。

② 参见马亚军:《关注群体性事件中的心理问题》,载《法制日报》2010年11月14日,第2版。

作用，可以将群体性事件主体分为三类：核心骨干人员、附和者和围观者。[①] 核心骨干人员是指在群体性事件的产生、形成、发展过程中处于核心地位，起核心骨干作用的公民。按照事件中具体的作用，核心骨干又分为领导组织者、出谋划策者和骨干分子。这些核心骨干人员在群体性事件中起到主要的作用是引发事件的产生，左右事件的趋势，扩散负面作用。领导组织者对其行为和所要达到的目的具有自觉心理意识，在目的未达到之前，领导组织者心理上往往希望事件规模越大越好，所造成的社会影响越大越好。领导组织者有些是自觉发起人，有些事被“公推”出来的人，有些是随着事件的发展自然而然成为领导组织者。出谋划策者是指在群体性事件中的酝酿、发展过程中，其主要献计献策的人。骨干分子是指在事件发展过程中积极参与行动，进行破坏和起哄助威的人，他们是事件中非法行为的主要实施者，是社会秩序的主要破坏者，也是事件处置的重点。[②] 附和者，虽然未实施犯罪行为，但是，实践中起到推波助澜的作用，对犯罪行为的扩大起到很大的影响。附和者具有较强的盲目性、从众性、组织性，受核心骨干人员的影响较大，是其追随者。他们会随着事件的发展态势，或上升为骨干人员，也有可能下降为围观者。围观者，是指在群体性事件现场周围观看的公民，他们与事件本身的利益关系不大，但他们对事件均有自己的看法，侥幸心理较重，受核心骨干分子影响不大，但受群体性事件影响较大。他们主要起到客观上加大了主体规模，助长了声势，增强了平息事态的阻力。

6. 根据处置群体性事件参与者来看，处置群体性事件的参与者主要包括警察、政府人员两类主体。所谓群体性事件中的处置者，是指负责在群体性事件中控制局势事态的发展，安全疏散群众，负责恢复和维持社会秩序责任的人。他们是因为参与主体被动而参与到群体性事件中，而不是主动积极参与到群体性事件中。群体性事件对社会的冲击力和破坏力比较大，公安机关是维护社会治安秩序和打击违法犯罪最主要的国家机关，然而，在处理群体性事件时，却处于“为”或者“不为”的两难

① 参见戚建刚著：《我国群体性事件应急机制的法律问题研究》，法律出版社2014年版，第57页。

② 参见徐乃龙著：《群体性事件的预防与处置》，中国公安大学出版社2004年版，第59页。

境地,“为”,担心激化群体性事件的发展;“不为”则担忧社会秩序的稳定性。警察是指为维护社会公共秩序以及预防和解决犯罪问题,能够综合运用暴力的、行政的及法律的手段,巩固现行社会制度、保障国家安全与维护社会治安秩序的官方组织中的成员。[①] 警察在行使其警察权时,应该科学合理地运用其公权力。这一类主体属于特殊主体,不纳入表 2-1 中做归纳总结。

表 2-1 群体性事件中参与者分类及依据

按照参与者职能分工	以对群体性事件发生原因认识力大小为标准	以犯罪参与程度为标准	以参与主体作用与心理特点	以危害行为及其在形成发展过程中的地位和作用
发起者	看热闹的人	首要分子	肇事者	核心骨干人员
组织领导者	被煽动的人	积极参加者	积极者	附和者
一般参与者	另有企图的人	一般参加者	预备者	围观者
行动破坏者			旁观者	
起哄者				
附和者				
围观者				

(二)群体性事件中共同犯罪人

1. 群体性事件中的主犯。《刑法》第 26 条第 1 款规定,组织、领导犯罪集团进行犯罪活动的或者在共同犯罪中起主要作用的,是主犯。同时主犯分为两种情形,第一种情形是组织、领导犯罪集团进行犯罪活动的犯罪分子。这种主犯只有在犯罪集团中才存在,在犯罪集团中,犯罪集团中的成员都听命于这种主犯的领导,在主犯的指挥下而进行的行为。另外一种就是相对于集团犯罪的首要分子——其他主犯。这种一般是除了第一种情形中之外的在犯罪集团中特别卖力的出谋划策之人,或者在犯罪构成中起主要作用的人。第二种构成主犯的情形是:我国《刑法》第 97 条规定,首要分子是指在犯罪集团或者聚众犯罪中起组织、策划、指挥作用的犯罪分子。

---

① 参见李宁:《警察概念论析》,载《北京人民警察学院学报》2003 年第 4 期。

首先这里的首要分子是在刑法分则中明文规定的,总则解释其概念。首要分子既在犯罪集团中有所表现,同样在聚众犯罪中也存在。

然而,首要分子与主犯的关系如何?是否所有的首要分子都是主犯呢?马克昌教授认为聚众犯罪中的首要分子未必是主犯,首要分子只是构成犯罪不犯罪的界限。① 主要还是要看首要分子在共同犯罪中所起的作用来认定。如在瓮安事件中的李文祥,就被认定为首要分子,同时可以认定为主犯,因为李文祥在瓮安事件中是充当组织者和指挥者的身份出现,在犯罪活动中占了主体核心地位,因此,认定为主犯。

2. 群体性事件中的从犯。我国《刑法》第 27 条第 1 款规定,在共同犯罪中起次要作用或者辅助作用的,是从犯。从犯分为两种:第一种就是犯罪人在共同犯罪中起次要作用的人。表现为犯罪分子是在犯罪集团首要分子领导下从事的犯罪活动,但是,罪恶不够重大或者情节不够严重的情况。同时,另外起次要作用表现为一般共同犯罪中直接参加实行犯罪,但是所起的作用不大,行为没有造成严重危害后果的情况。第二种就是共同犯罪中起辅助作用的犯罪分子。按照分工的不同共同犯罪中有帮助犯,帮助犯的行为不是直接实行犯罪构成客观要件的行为,而是为实行犯罪提供方便条件的行为。在这里可以理解为帮助犯是从犯,但是,帮助犯是否一定是从犯,有待商榷。关于这个问题有肯定说也有否定说,肯定说认为,大多数情况下从犯是帮助犯,特殊情况下可以构成主犯,也即在共同犯罪中从犯起到了主要的作用的时候,构成主犯。否定说认为,从犯只能是在共同犯罪中起到辅助的作用,不可能起到主要作用,只能构成从犯。笔者赞同否定说,从犯不能构成主犯,在群体性事件中,起哄者、附和者、行动破坏者、组织者、指挥者、策划者等犯罪参与者都有可能构成从犯。

3. 群体性事件中的胁从犯。我国《刑法》第 28 条规定,对于被胁迫参加犯罪的,应当按照他的犯罪情节减轻处罚或者免除处罚。想要构成胁从犯,需要符合三个要件:一是客观上参与实施了犯罪行为;二是主观上认识到所参与的行为是危害社会的行为;三是行为人是在被他人威胁强迫以至于处于恐吓中才作出的犯罪行为。从上面几种参与主体分类中,能够构成

① 参见马克昌著:《犯罪通论》,武汉大学出版社 2003 年版,第 568 页。

胁从犯的是任何参与主体,只要符合以上三个条件。

4. 群体性事件中的教唆犯。我国《刑法》第 29 条规定,教唆他人犯罪的,应当按照他在共同犯罪中所起的作用处罚。教唆犯是我国刑法按照分工分类的唯一法定的共同犯罪人种类,因此,教唆犯是我国共同犯罪人的特殊类型。在讨论教唆犯的认定时,首先要了解教唆犯的性质。关于教唆犯的性质有三种学说,第一种学说,教唆犯从属性说。该说认为教唆犯从属于实行犯,也即实行犯构成犯罪,教唆犯也构成犯罪。第二种学说,教唆犯独立性说。该说认为教唆犯具有独立性,单独构成犯罪,并不以实行犯构成犯罪为前提。认为教唆行为本身就是独立的犯罪,被教唆人是否实施犯罪,对教唆犯的成立不发生影响。第三种学说,教唆犯两重性说。该说认为教唆犯既有独立性,又有从属性。要构成教唆犯需要的构成要件是,客观上必须要有教唆他人犯罪的行为;同时要有教唆别人的故意心态。

总之,群体性事件中人多情况复杂,有一部分犯罪分子是被教唆而犯罪,这一部分主体跟直接诉求或者利益并没有直接的关系,其中比较多的情况是未成年人,或者社会失业人员容易成为被教唆的人。未成年人由于认知、意识的不成熟,容易被别人操纵和蛊惑,受他人的语言引导摆布。而社会失业人员中一部分是对社会不满造成的隐藏在内心的情绪的发泄,参与其中,加之别人的怂恿,然后容易成为被教唆的人。相对于教唆别人犯罪的人来说,结合群体性事件的参与主体来看,另有企图的人,首要分子,起哄者,出谋划策者等都很容易成为教唆者。根据上面介绍的三种学说,教唆犯从属性说,则只要被教唆者实施了犯罪行为,则教唆者构成教唆罪。如果遵从于教唆犯独立说,则不管被教唆人是否有实施行为,只要有教唆的行为出现,则都构成教唆罪,与被教唆者没有关系。如果遵从教唆者二重性说,则可以认为一方面根据教唆者的犯罪构成是否以被教唆者的犯罪构成而成;另一方面是教唆者的犯罪形态是否依被教唆者的改变而改变。

三、群体性事件中犯罪参与者认定

群体性事件中参与者者众多,但并不是所有的参与者都是犯罪参与者。从大陆法系国家和地区的刑法对参与者进行了分类，最常见的分类是"首谋"、"下手实施者"、"在场助势者"三种。[①] 他们认为，在参与者之间，有些人相互并不认识，但是仍然有可能使一个人脱颖而出，被推为领导人物，成为"首谋"。实施"强暴胁迫"的主体必须有"下手实施者"的存在，也有刑法承认的"在场助势者"之规定。而在群体性事件中依照不同的根据存在不同的称呼，组织领导者、一般参与者、行动破坏者、起哄者、附和者、围观者；看热闹的人、被煽动的人、另有企图的人；首要分子、积极参加者、一般参加者；肇事者、积极者、预备者、旁观者；核心骨干人员、附和者、围观者。在这些参与人分类中，其中以犯罪参与程度为标准的首要分子、积极参加者、一般参加者三类主体是我国刑法分则明文规定的，其他的参与主体都是学理上的分析。再根据群体性事件涉及的罪名责任主体来看，有首要分子、罪行重大的、积极参加者、其他参加者、煽动者、组织者和领导者、直接负责的主管人员和其他直接责任人员、诽谤者和侮辱者、资助者、传播者以及两类特殊主体，国家机关工作人员和责任主体不明确的状态。这些主体已经明文规定在我国刑法分则当中，然而，由于每个刑事责任主体的特征不一样，借鉴聚众犯罪中的主体首要分子、积极参与者、一般参与者来分析群体性事件中各个犯罪参与者的刑事责任。把以上涉及的刑事责任主体按照各自的特征，结合首要分子、积极参与者、一般参与者的特征，把涉及所有责任主体包容到聚众犯罪中的三类主体中，就可以做到避免分类的复杂，同时也能够使群体性事件中的各个犯罪参与者承担应有的刑事责任。

根据罪刑法定原则和刑法谦抑性原则，并非群体性事件中所有的参与者都要承担刑事责任，依照我国现行刑法规定涉刑主体的规定，群体性事件主要分为只处罚首要分子的群体性事件；既处罚首要分子，又处罚积极参与者的群体性事件；既处罚首要分子，又处罚积极参与者，还处罚一般参与者的群体性事件。涉及只处罚首要分子的罪名有聚众扰乱公共场所秩序、交通秩序罪，非法集会、游行、示威罪。处罚首要分子和积极参与者的罪名有聚众哄抢罪，聚众阻碍解救被收买的妇女、儿童罪，聚众扰乱社会秩

① 李宇先著：《聚众犯罪研究》，湖南人民出版社 1999 年版，第 52 页。

序罪，聚众冲击国家机关罪，聚众冲击军事禁区罪，聚众扰乱军事管理区秩序罪。既处罚首要分子、又处罚积极参与者、还处罚一般参与者的罪名有分裂国家罪和煽动分裂国家罪，武装叛乱、暴乱罪，颠覆国家政权罪和煽动颠覆国家政权罪，组织、领导、参加恐怖组织罪，侮辱罪和诽谤罪，煽动民族仇恨、民族歧视罪，故意伤害罪，故意杀人罪，抢劫罪所包含的聚众“打砸抢”行为，故意毁坏财物罪，妨害公务罪，煽动暴力抗拒法律实施罪，寻衅滋事罪，非法携带武器、管制刀具、爆炸物参加集会、游行、示威罪，破坏集会、游行、示威罪，因聚众哄闹法庭或冲击法庭行为而构成的扰乱法庭秩序罪，在监狱或看守所聚众闹事且扰乱正常监管秩序而构成的破坏监管秩序罪，组织越狱罪，暴动越狱罪，聚众持械劫狱罪。之所以有如此规定，主要是因为不同罪名中的犯罪参与者的社会危害性不同，如以聚众扰乱公共场所秩序、交通秩序罪中只处罚首要分子和聚众“打砸抢”行为中既处罚首要分子又处罚积极参与者，还处罚一般参与者的情形相比较而言，聚众“打砸抢”中犯罪参与者的行为危害性高于聚众扰乱公共秩序、交通秩序罪中的犯罪参与者行为，前者直接侵害的是公私财物或者人身权利，后者侵害的是抽象的社会秩序，一般而言没有具体的特定危害性。

群体性事件中犯罪行为的实施，必须以多数人参加为前提条件。在这些参加者之中，由于每个人所起的作用和地位都不同，因而应当区别对待。作为共同犯罪一种特殊形式的犯罪，由于参加人数多、涉及面非常广，因此刑法只能采取区别对待的原则。将群体性事件中的参与者分为“首要分子”、“积极参加者”、“其他参加者”。原则上只追究首要分子和积极参与者的刑事责任，对其他参与者不予追究刑事责任。但是，如果其他参与者与首要分子或者积极参与者构成共同犯罪的情形下，或者是在危害国家安全罪中的六个罪名：“分裂国家罪”、“煽动分裂国家罪”、“武装叛乱、暴乱罪”、“颠覆国家政权罪”、“煽动颠覆国家政权罪”、“领导、组织参加恐怖组织罪”中，其他的参与者要承担相应的刑事责任。同时，对于首要分子、积极参与者、其他参与者的刑事责任在立法上规定了轻重有别的法定刑。具体而言，从群体性事件中犯罪所涉及的立法分配中，组织、领导参加恐怖组织罪中的责任主体是首要分子、积极参加者、其他参加者；聚众扰乱社会秩序罪中的责任主体是首要分子、积极参加者；聚众扰乱公共秩序、交通秩序罪的责任主体是首要分子；非法集会、游行、示威罪的责任主体是负责人和直接责任人员。在群体性事件犯罪中，首要分子和其他积极参与者是犯罪的成立条件，正确认定各参加者的身份，重点打击首要分子和其他积极参加者。

第五节　群体性事件与犯罪形态之间的关系

在已有的刑法条文中，已经存在的一些罪名可以直接规制群体性事件中的犯罪行为，如刑法中的聚众哄抢罪可以直接规制群体性事件中出现的哄抢行为，抢劫罪可以规制群体性事件中的抢劫行为。群体性事件中的部分犯罪行为在构成要件上具有明显的聚众犯罪的特征，如犯罪主体都是三人以上。但是，在司法实践中的处理，则适用非聚众性犯罪惩罚群体性事件中的独立组织者和积极参与者的较多，如在2009年新疆“7·5”事件方面，乌鲁木齐检察院就对该事件中的21名被告人分别以故意杀人罪、抢劫罪、放火罪、故意毁坏财物罪向人民法院提起公诉。通过梳理群体事件的案件，我们发现群体性事件行为方式多种多样，所涉及的罪名较多，特别是与聚众犯罪有很大的关系，群体性事件所涉的刑事犯罪中既有聚众犯罪，也有非聚众类型的犯罪。

一、群体性事件与共同犯罪之间的关系

群体性事件中的犯罪样态与共同犯罪有很多相似性，以至于群体性事件与共同犯罪存在藕断丝连的联系和牵绊。在内容和形式的相似性也使两者在司法认定中存在着容易混淆的问题。因此，厘清群体性事件中犯罪样态与共同犯罪之间的关系，不仅能够指导司法实践中存在的问题，也能完善刑法规制体系的缺陷，对定罪量刑的科学化与合理化有重大的意义。群体性事件的犯罪样态与共同犯罪之间的关系具有两种形式：一是群体性事件中部分犯罪样态涉及共同犯罪，但又异于一般共同犯罪；二是涉刑群体性事件中的犯罪样态还包括单独犯罪，如在群体性事件中的同时犯和聚众扰乱公共秩序、交通秩序罪。如《刑法》第290条第1款规定，对聚众扰乱社会秩序，情节严重，对首要分子，处3年以上7年以下有期徒刑；对其他

积极参加者的,处3年以下有期徒刑、拘役、管制或者剥夺政治权利。这种既要处罚首要分子,又要处罚积极参加者的,是必要的共同犯罪。如《刑法》中第291条规定,聚众扰乱车站、码头、民用航空站……对首要分子,处五年以下有期徒刑、拘役或者管制。这一条规定只处罚首要分子,对其他的参加者并没有处罚。如果首要分子是1人或者2人,则构成单独犯罪或者任意共同犯罪。总之,群体性事件中犯罪样态与共同犯罪是相互交叉的关系,厘清两者之间的关系,是为了解决共同犯罪中那些不直接符合构成要件的教唆犯和帮助犯刑事责任根据问题。

(一)群体性事件中构成要件特殊性

共同犯罪理论是犯罪构成理论的延续和发展,且为犯罪构成理论的“试金石”。[①] 我国共同犯罪的内容在《刑法》中第25条到第29条有相关规定,对共同犯罪的概念,共同犯罪人的分类及其处罚进行了规定。其中,《刑法》中的第25条规定了共同犯罪的概念,共同犯罪是指二人以上共同犯罪故意。就共同目的理论而言,违法的本质是所有参加共同犯罪体的人都具有共同的意图。如果犯罪发生在有系统组织构架的共同犯罪体中,且所有参与犯罪的人都具有实施核心犯罪的共同意图,那么通过这样一个能够认识到犯罪的本质和试图继续犯罪的系统来实施犯罪,即使共同犯罪体的其他人员能够预见到犯罪不属于共同犯罪目的的组成部分,只要所有参与共同犯罪体的人都具有实施共同犯罪体核心犯罪的相同意图,则无疑将导致刑事责任的产生。[②] 从法条来看,要求二人的故意是相同的,而实际上表达的内容是共同犯罪限定在故意犯罪之内,过失犯罪不构成共同犯罪。如在我国《刑法》第25条第2款中有相关规定,二人以上共同过失犯罪,不以共同犯罪论处;应当负刑事责任的,按照他们所犯的罪分别处罚。就成立共同犯罪的构成要件来说,我国刑法的通说认为,共同犯罪的成立要件要不构成单独犯罪的条件严格,除了符合单独犯罪的四要件之外,还要符合以下四个特别的条件:

---

① 参见[日]松宫孝明著:《日本的犯罪体系论》,冯军译,载《法学论坛》2006年第1期。

② See Prosecutor v Tadic (Appeals Chamber Judgment) ICTY - 94 - 1 - A (15 July 1999), p. 101; Wilt H V D. Joint Criminal Enterprise: Possibilities and Limitations[J]. Journal of International Criminal Justice, 2007, (5): 91 - 108.

1. 群体性事件中共同犯罪主体要件。群体性事件中主体要件——三人及以上。传统的共同犯罪主体要件要求所有的犯罪参与者必须是两个及其以上的人，一个人不存在也不可能存在发生社会现象意义的“共同犯罪”问题。同时，同一犯罪过程的多个参与者都必须同时具备刑事责任能力，如果两个以上的未达到刑事责任年龄，不具备刑事责任能力的人共同实施危害社会行为，不成立共同犯罪的关系。然而，如果只有一个具备刑事责任能力，另外一个没有具备刑事责任能力，则不能构成共同犯罪。当然，也有学者认为可以构成共同犯罪，只是对无刑事责任能力的人定罪但不罚。而在群体性事件中，结合群体性事件的特性，构成共同犯罪的主要要件需要达到三人及其以上的人，如果只有两个参与者，则只构成一般共同犯罪，不构成群体性事件中的共同犯罪，因此，群体性事件中的共同犯罪从主要要件来看，被包含于一般共同犯罪之中。而另外的刑事责任年龄与刑事责任能力可以依照一般共同犯罪的规定判断。

2. 群体性事件中客观方面——共同犯罪行为。从传统的共同犯罪的客观方面来看，构成共同犯罪必须二人以上具有共同的犯罪行为。所谓共同的犯罪行为，是指各犯罪参与人的人行为都指向同一犯罪，彼此联系，互相配合，成为一个有机的犯罪活动整体，各犯罪参与人的行为与犯罪结果之间都存在因果关系。共同的犯罪行为是犯罪参与人承担刑事责任的客观基础。结合群体性事件的概念界定来看，群体性事件的共同犯罪属于一般共同犯罪的特殊形式，因为群体性事件中所谓三人及其以上才能称之为群体，因此，在群体性事件中构成共同犯罪的客观方面来看，构成共同犯罪必须是三人以上具有共同的犯罪行为，如果仅仅只是二人实施了共同的犯罪行为，则构成普通的共同犯罪，不能构成群体性事件中的共同犯罪行为。根据这一客观要件的要求，必须明确以下两个问题：(1)各个犯罪参与者的行为必须都是犯罪行为。要求各个犯罪参与者的行为必须具有社会危害性，并且社会危害性达到了严重的程度。排除不可抗力情况、正当防卫或者紧急避险情况下实施的共同行为。同样，也排除《刑法》中第 13 条规定的“但书”中情节轻微的犯罪事由。(2)从行为分工角度来说，共同犯罪行为可以分为实行行为、组织行为、教唆行为、帮助行为四种方式。

3. 各个犯罪参与者的行为都是围绕一个共同的犯罪目标进行的。这个共同的目标把他们的行为有机地结合起来,成为一个犯罪的有机整体,其中的每一个参与者都是共同犯罪有机体的一部分,在具体的共同犯罪中,各个犯罪参与人都可能共同实施犯罪,并且实施不同的参与行为,如有人实施组织行为、有人实施教唆行为,有人实施实行行为,有人实施帮助行为。

4. 共同实施的犯罪是结果犯并发生危害结果时,每一个共同犯罪人的行为与危害结果之间都存在因果关系。各个共同犯罪人的行为共同指向同一犯罪事实,并同作用于同一危害结果,因而将各个共同犯罪人的行为作为一个整体来看,以确定其对危害结果是否具有原因力。即使共同犯罪人中只有一个人实施了实行行为,只要发生了危害结果,均判断所有共同犯罪人对危害结果都有原因的引发。一般的共同犯罪中的因果关系是两个以上的犯罪参与人的行为与危害结果之间的因果关系,与单独犯罪的一个人的行为与危害结果之间的因果关系相比有其特殊性,群体性事件中的因果关系相比一般共同犯罪的因果关系有其自身的特殊性,是指三人以上的犯罪参与人的行为与危害结果之间的因果关系。每一个犯罪参与人的行为都是与危害结果发生的原因之一。

(二)群体性事件中共同犯罪故意

从犯罪的主观方面来看,构成共同犯罪必须是二人及其以上的具有共同的犯罪故意。这里的犯罪故意是指各共同犯罪人都认识他们的共同犯罪行为和行为会发生危害结果,并希望和放任这种结果发生的一种心理态度。共同犯罪故意是使各犯罪参与者对共同造成危害结果承担刑事责任的主观基础,也是维系各个犯罪参与者的精神纽带,没有共同犯罪故意,就不可能成立共同犯罪的关系。共同犯罪的故意除了认识到本人的行为可能造成的危害结果持希望或者放任的态度,还包括对其他犯罪参与人的行为性质的认定以及对其他犯罪参与人的行为可能造成的危害结果持希望或者放任的态度。除此之外,成立共同犯罪的共同犯罪人之间必须要有意思联络。这种意思联络可能存在于组织犯与实行犯之间,教唆犯与实行犯之间,帮助犯与实行犯之间,并不要求教唆犯、实行犯、帮助犯、组织犯四种犯罪人都有意思联络。即使教唆犯、帮助犯、组织犯之间没有意思联络,也不影响共同犯罪的成立。因此,要考察共同犯罪的故意,需要考察认识因素、意志因素、意思联络三个方面。从认识因素上来看，各个犯罪参与者需要认识到自己与他人是在相互配合共同实施犯罪；需要认识到自己的行为性质和共同犯罪行为的性质；对共同犯罪行为与共同危害结果之间的因果关系有概括性的预见。而在群体性事件中，犯罪参与者并不一定能够认识到自己与他人是都有共同犯罪行为，如网络群体性事件中，发起人只是发起一篇帖子，有很多人参与，发展到后来的犯罪行为，对于发起人来说，他并不能清楚地认识到自己与他人共同实施犯罪。因此，群体性事件中犯罪参与者的认识因素有其不同的一面。从意志因素来看，各个犯罪参与人明知共同犯罪行为可能造成某种危害社会的结果，并且希望或放任这种结果发生，也即直接故意和间接故意。从意思联络来看，各个犯罪参与者之间主观上具有意思联络。所谓意思联络，是指犯罪参与者以明示或者暗示的方法表明其愿意共同实施某种犯罪。

群体性犯罪中所谓"共同犯罪故意"是指各共同犯罪人通过意思联络而认识到他们的共同犯罪行为是危及社会的行为或者会发生危害社会的结果，并决意参加共同犯罪，希望这种危害结果发生的心理态度。这种共同的故意不是单独犯罪故意的简单组合，而是多人以上的犯罪故意的有机统一，而这种统一的纽带就是各共犯人的犯意联络。一般共同犯罪中犯意联络多表现为事前且明示的方式，这既是构成共同犯罪的要求，也是与单独犯罪的区别之处。一般共同犯罪要求，必须是二人以上既有共同故意，又有共同行为，共同故意表现在，不必事前亦可有明确的犯罪联络。群体性犯罪中各行为人的"意思联络"则不限于彼此之间是否认识和意思联络是否在犯罪行为之前就存在，且主观故意的联络不一定全部以明示的方式表达出来，还可以通过默示或者合乎逻辑的行为表现出来。因群体性犯罪有偶合特点，有参与者参与时间的不确定性的情形，共同犯罪故意形成的时间不确定，有的行为人之所以会参与犯罪并不是因为与其他犯罪者认识或之前有联络，而是因为其与犯罪者是追求同样的目的而参与，即是说这种情形的犯罪意思联络是犯罪事件发生后才有的，并且只是单方的认识，单独的犯罪故意就是这种情形。但其并非纯粹的个人故意心理，从群体性犯罪的动机来看，社会中单独的个人为求生存的必要，自然而然地会形成一种依赖群体的心理，在这种心理的影响下，就会产生一种被称为"集群欲”的愿望。因此，单独的个人不仅会以一种本能心态加入犯罪群体，而且很容易产生一种参加到犯罪群体中的意愿，与聚集的人群共同行动。[①] 也就是说，群体性犯罪中共同犯罪故意的形成不以行为人之间是否需要彼此为标准。

二、群体性事件与聚众犯罪之间的关系

（一）群体性事件与聚众犯罪相似之处

1. 两者参与主体复杂化。群体性事件的特征具有聚众性，成员是 3 人以上构成群体性事件；而聚众犯罪也是 3 人以上可以构成聚众犯罪，以聚众的行为方式实施。群体性事件与聚众犯罪的犯罪主体都包括：首要分子、其他积极参加者、其他罪行重大者、多次参加者以及其他参加者。

2. 犯罪构成四要件相似性。群体性事件与聚众犯罪的犯罪构成客体、客观方面、主体、主观方面具有相似性，两者之间侵害的客体主要是社会管理秩序。客观方面两者都实施了聚众的危害行为。主体都是多人实施的危害行为，主观方面都具有故意。群体性事件主要表现形式——聚众犯罪。群体性事件一般在前，之后出现聚众犯罪。群体性事件为聚众犯罪创造条件，聚众犯罪是刑法规制群体性事件最重要的表现形式之一，除了聚众犯罪，还有单独犯罪，也有共同犯罪的表现形式。一般而言，群体性事件的发生有酝酿期、爆发期、处置期。群体性事件中的人员、场所和氛围为聚众犯罪提供了前期的酝酿，当民众的利益得到不妥善处理时，或者在此期间受到不法分子的破坏或者偶尔事件的诱导时，群体性事件通常会通过聚众犯罪这种犯罪的形式表达出来，目前刑法对群体性事件的规制有一部分是通过聚众犯罪进行惩罚。

3. 两者之间罪名交集。群体性事件与聚众犯罪交集的罪名，一共有 12 个。聚众阻碍解救被收买的妇女、儿童罪（第 242 条第 2 款），对聚众“打砸抢”行为的处理规定（第 289 条），聚众哄抢罪（第 268 条），聚众扰乱社会秩序罪（第 290 条第 1 款），聚众冲击国家机关罪（第 290 条第 2 款）、聚众冲击国家机关罪（第 290 条第 3 款）、聚众冲击国家机关罪（第 290 条第 4

---

① 参见李宇先著：《聚众犯罪研究》，湖南人民出版社 1999 年版，第 65 页。

款），聚众扰乱公共场所秩序、交通秩序罪（第291条），聚众斗殴罪（第292条第1款），扰乱法庭秩序罪（第309条），组织越狱罪（第317条第1款），暴动越狱罪、聚众持械劫狱罪（第317条第2款），聚众冲击军事禁区罪（第371条第1款），聚众扰乱军事管理区秩序罪（第371条第2款）。

（二）群体性事件与聚众犯罪的相异性

1. 罪与非罪的界分不一样。聚众犯罪所描述的全部都是犯罪行为，全部纳入刑法规制的调整范畴之内；群体性事件则分为合法群体性事件、一般违法的群体性事件、犯罪的群体性事件。并非所有的群体性事件都是犯罪事件，一部分是合法行为，无需规制和调整；一部分群体性事件由行政法规来调整，如群体性事件中的行为违反了《治安管理处罚法》的规定，犯罪的群体性事件由刑法来规制其行为。群体性事件涉及的非聚众犯罪罪名分析，群体性事件涉及的罪名既包括了部分聚众犯罪的罪名，也有非聚众犯罪的罪名。涉及的聚众犯罪的罪名在前面已经介绍过，一共有12个罪名。其中聚众犯罪中的聚众淫乱罪不能构成群体性事件的犯罪，群体性涉及的非聚众类型的犯罪有危害国家安全犯罪（如分裂国家罪，煽动分裂国家罪，武装叛乱、暴乱罪，颠覆国家政权罪，煽动颠覆国家政权罪，组织、领导参加恐怖组织罪）；侵犯公民人身权利、民主权利犯罪、侮辱罪、诽谤罪，煽动民族仇恨、民族歧视罪；故意毁坏财物罪；破坏生产经营罪；妨害公务罪；非法集会、游行、示威罪。在此，对以上罪名不一一分析，主要分析与群体性事件密切相关的妨碍公务罪，非法集会、游行、示威罪。

以妨碍公务罪为例。妨碍公务罪是指以暴力、威胁方法阻碍国家机关人员依法执行职务，阻碍人大代表依法执行代表职务，阻碍红十字会工作人员依法履行职责的行为，以及故意阻碍国家安全机关、公安机关依法执行国家安全工作任务，未使用暴力、威胁方法，造成严重后果的行为。[①] 在实践中，妨碍公务罪一般出现在相关国家工作人员在进行调解、劝说的阶段，群体性事件中的参与人员对国家工作人员的拦截、包围或者攻击，阻碍其依法执行职务的情形。另外，在群体性事件爆发前或者爆发时，行为人

① 参见张明楷著：《刑法学》（第四版），法律出版社2011年版，第915页。

可能对维护治安的警察或者其他国家安全工作人员发生对抗和冲突，妨碍其依法执行国家安全工作任务的情形。而在群体性事件中，以与警察和政府人员冲突最为典型。从妨碍公务罪的犯罪构成来看，行为人侵犯的对象必须是国家工作人员，包括了在中国各级立法机关、行政机关以及司法机关中从事公务的人员。同时还扩宽到事业编制人员也同样是国家工作人员的范畴。2000 年 4 月 24 日最高人民检察院《关于以暴力、威胁方法阻碍事业编制人员依法执行行政执法职务是否可对侵害人以妨害公务罪论处的批复》指出，对于以暴力、威胁方法阻碍国有事业单位人员依照法律、行政法规的规定执行行政执法活动的事业编制人员执行行政执法职务的，以妨害公务罪论处。行为人犯罪的主观要件必须为故意，行为人必须明知国家机关工作人员正在依法执行职务，故意以暴力、胁迫方法予以阻碍；阻碍的动机不影响妨碍公务罪的成立。

但是，也要分清楚妨害公务罪与人民群众同国家机关工作人员等的违法乱纪行为作斗争的行为界限。妨害公务罪的行为人是怀着明确的反社会意图而实施阻碍公务的行为，人民群众基于社会公正立场与国家机关工作人员的违法乱纪行为作斗争的行为。厘清妨害公务罪与一般违法行为的界限。对于情节轻微、危害不大的妨害公务行为，如果行为手段不明显，一般不应该作为犯罪处理，如对国家工作人员的谩骂、顶撞行为。同时，对于群众因其合理要求未得到解决而对某些国家机关工作人员进行顶撞的行为，不能以犯罪论处。最后，对依法执行公务的被逮捕者实施一般暴力、胁迫的行为，因为没有期待可能性，则不宜认定为妨碍公务罪。但是，在实践中，行为人可能会对国家机关工作人员的合法性产生错误认识，如国家机关工作人员本来是在合法执行职务，但行为人误以为是非法的执行职务，进而以暴力、胁迫进行阻碍。

2. 两者之间犯罪构成要素的差异性。首先，行为主体的差异性。聚众犯罪的行为主体结构相对松散，主体内部分工不明确，随意性较强。群体性事件行为主体的组织化程度较强，分工明确，组织化程度高。其次，危害行为的差异性。聚众犯罪的危害行为比较具体和详细化，分布在刑法分则所规定的具体行为，刑法分则明文规定聚众犯罪的危害行为，如《刑法》第 290 条的聚众扰乱社会秩序罪中明确规定了聚众扰乱社会秩序的，导致生产、教学、科研、医疗等无法进行正常工作的危害行为。再如《刑法》第292条第1款第3项规定，在公共场所或者交通要道聚众斗殴，造成社会秩序严重混乱的危害行为。群体性事件中行为方式多元化，其行为表现形式多样和创新。如存在合法的行为，依法集会、游行、示威行为；如一般违法行为，依法集会、游行、示威，但是不服从解散命令，没有对社会造成严重危害的，可以用《治安管理处罚法》来处置。如违法行为，在新疆乌鲁木齐市“7·5”事件中的打砸抢的行为，触犯了刑法的规定的严重的社会危害性行为。最后，侵犯客体的差异性。聚众犯罪的客体相对单一，主要体现在对社会管理秩序的侵害；而群体性事件侵犯的客体多元化，有对社会管理秩序的侵害，也有对国家安全的侵害，还有对公私财物的侵害，也有对人身权利、民主权利的侵害等。

3. 群体性事件与聚众犯罪所涉及的罪名不同。群体性事件涉嫌刑事责任的罪名错综复杂，有涉及危害公共安全罪、侵害公民人身权利、民主权利罪、侵犯财产罪、妨害社会管理秩序罪、渎职罪名等。其中从参与者的角度来看，可以构成危害公共安全罪、侵害公民人身权利、民主权利罪、侵犯财产罪、妨害社会管理秩序罪；从被参与主体（执行主体）来看，可以构成侵害公民人身权利、民主权利罪，侵犯财产罪，以及渎职罪、贪污受贿罪。然而，这些主体应该承担什么样的责任呢？

综上，聚众犯罪与群体性事件既有相互融合的情况，也有相异的状况。对于单独犯罪的聚众犯罪只能处罚首要分子，对于共同犯罪的聚众犯罪既处罚首要分子，又要处罚其他积极参加者，共同犯罪的聚众犯罪属于必要的共同犯罪，群体性事件犯罪没有规定是否必要共同犯罪。聚众犯罪与群体性事件的犯罪交叉性强，如果符合聚众犯罪构成的可以参照聚众犯罪处罚，如果不符合聚众犯罪则根据其犯罪行为所触犯的罪名予以处罚。虽然两者都是复合型犯罪，都具备了聚众性与实施具体危害行为的共性，但还是存在一些个性，因此群体性事件犯罪中的犯罪罪名不限于聚众性犯罪罪名，也可以适应非聚众性罪名。

三、聚众犯罪与共同犯罪之间的关系

聚众犯罪和共同犯罪之间的关系有很多理论观点。一是聚众犯罪在理论上都是共同犯罪,并且聚众犯罪是必要共同犯罪中的一种。[①] 二是聚众犯罪都是共同犯罪,首要分子构成主犯,其他的参加者构成从犯或者胁从犯,只是有部分情况根据宽严相济的刑事政策只处罚首要分子,不处罚从犯和胁从犯。[②] 三是聚众犯罪不一定是共同犯罪,也即聚众犯罪既可能是共同犯罪,也有可能是单独犯罪,单独犯罪的情形就是首要分子为一人的情况下,无共同犯罪可言。[③] 四是聚众犯罪既属于共同犯罪的聚众犯罪,又属于单独犯罪的聚众犯罪,聚众犯罪是共同犯罪的一种独立的形式。[④]

结合群体性事件的特点,笔者赞同第二种观点。笔者认为,聚众犯罪属于共同犯罪,并且共同犯罪的主犯、从犯、胁从犯的划分方式也适用于聚众犯罪,但是有一种情况,当首要分子只是一人的时候,还能构成共同犯罪吗?聚众犯罪有两种处罚方式,一是在任意共犯中,如果只有一个首要分子,则只处罚首要分子,不处罚其他参与人;是否此时就不构成共同犯罪呢?因为共同犯罪需要二人以上才能构成共同犯罪,此时只处罚一个人,是否可以理解为构成单独犯罪?针对这一点,有学者认为此类聚众犯罪不构成共同犯罪,而应该构成单独犯罪。其中具有代表性的学者有张明楷教授。也有学者认为此时的聚众犯罪也是共同犯罪,因为虽然不处罚首要分子之外的人,但是其他参与者构成犯罪,只是不处罚而已,其中具有代表性的学者是何秉松教授。如果有两个首要分子,则两个首要分子都要受到处罚,是否一视同仁还是分别视之,有观点认为同罪同处罚,有学者认为同罪不同处罚,笔者赞同第二种观点,如果是有两个首要分子,则依照其在犯罪中所起的作用大小来确定刑罚的大小。因为在首要分子中也会出现作用不一样的情形。二是聚众犯罪构成必要的共同犯罪时,既处罚首要分子,又处罚其他参与者的情形,其他参与者既包括积极参与者,又包括一般参与者。此时必然构成共同犯罪,聚众犯罪被包含于共同犯罪。在处罚时,不仅要考虑到适应刑法分则的规定,还要适用刑法总则的规定,也即既要考虑首要分子、积极参与者的处罚,还要考虑到共同犯罪中的主犯和从犯

---

① 参见姜伟著:《犯罪形态通论》,法律出版社 1994 年版,第 240 页。

② 参见何秉松主编:《刑法教科书》,中国法制出版社 1995 年版,第 302 页。

③ 参见张明楷著:《刑法学》(第四版),法律出版社 2011 年版,第 352 页。

④ 参见陈兴良著:《共同犯罪论》(第二版),中国人民大学出版社 2006 年版,第 136 页。

的问题。笔者认为，构成群体性事件必须为三人以上，一人不能构成群体性事件，当然，参与者不一定都是犯罪参与人，但是，在群体性事件中，只有一人构成犯罪，几乎是不可能的，一般都是几个人共同实施犯罪行为。因为，群体性事件中，涉及《刑法》第 291 条规定的聚众扰乱公共场所秩序、交通罪中，只处罚首要分子，不处罚其他参与人的情形，几乎不能成立。群体性事件中涉及的参与人非常众多，一般而言，不可能只有首要分子实施犯罪行为，基本上都有其他参与者参与犯罪行为中，实施“打砸抢烧”的行为，因此，聚众犯罪是共同犯罪中一种特殊的形式。

共同犯罪分为任意的共同犯罪和必要的共同犯罪，任意共同犯罪是指刑法分则中规定的一人单独能够实行的犯罪，由二人以上共同故意实行。[①]任意共同犯罪统一规定在刑法总则当中，对其定罪量刑应当根据共同犯罪行为具体符合的刑法分则罪名结合刑法总则中对共同犯罪的规定来进行。聚众犯罪只处罚首要分子时，才能构成任意的共同犯罪。如在现行《刑法》中第 291 条聚众扰乱公共场所秩序、交通秩序罪，只处罚首要分子。必要的共同犯罪是指刑法规定只能由二人以上构成的犯罪。[②] 必要的共同犯罪都由刑法分则明文规定设置的，因此，对必要共同犯罪，直接适用该分则条文的具体规定，即刑法分则规定处罚首要分子、积极参加者或者其他参加者。如现行《刑法》中第 317 条第 1 款组织越狱罪。

四、三者之间的关系评析

前面已经论述了聚众犯罪是共同犯罪的一种特殊形式，也即聚众犯罪都能够构成共同犯罪；而群体性事件中既有聚众犯罪的类型，又有非聚众犯罪类型，如妨碍公务罪，然而，并非所有的聚众犯罪中有聚众淫乱罪和聚众赌博罪就是群体性事件，因为这两种聚众犯罪并未侵害公共利益和公共的法益，对社会的影响力较小，同时并不侵害公众和他人的权益，因此，不能被判断是群体性事件。纵观群体性事件的犯罪样态和犯罪类型，从形式上认为既有单独犯罪，也就共同犯罪。如传统的观点认为同时犯就是单独

① 参见陈兴良著：《共同犯罪论》（第二版），中国人民大学出版社 2006 年版，第 130 页。

② 参见陈兴良著：《共同犯罪论》（第二版），中国人民大学出版社 2006 年版，第 131 页。

犯罪,因为同时犯之间并没有意思联络的主观行为。然而,笔者认为,同时犯也是共同犯罪,因为共同犯罪的意思联络行为在传统的观点中只有体现在事前才构成,然而,笔者认为意思联络既可以发生在事中,也可以发生在事后。例如,群体性事件中的同时犯在事前并没有意思联络,但是,在群体性事件中具有共同的犯罪行为,并且以非常默契的方式进行,则可以认定为有意思联络。虽然一般而言意思联络的方式是以明示的方式出现,但笔者认为,除明示的方式之外,默示或者暗示的方式同样也可以认定为具备了意思联络的行为。之后是事后的意思联络,在群体性事件中,发生犯罪行为着手时并未具有意思联络的行为和意思,但是在犯罪行为着手之后,彼此认可并延续对方的犯罪行为,则可以视为具有意思联络。在群体性事件中,具有这种情况,犯罪参与人在犯罪行为着手之前或者之时或者之后并未有任何意思联络,但是,在犯罪行为着手之后,存在继续犯罪的情况下,如群体性事件中的反反复复的犯罪行为下,在第一次犯罪行为着手实施之后,第二次犯罪行为实施延续了对方的第一次犯罪行为,此时,可以被认定为彼此存在意思联络。在群体性事件中,所有的犯罪参与人都构成共同犯罪,而不是单独犯罪。因为,从共同犯罪的犯罪构成要件来看,共同犯罪的主观要件必须具备故意和意思联络;共同犯罪的主体要件必须是两人以上,根据群体性事件的特征,三人以上才能称之为群体性事件的特征,必然具备了共同犯罪的主体要件;共同犯罪的客观方面,既有危害社会的犯罪行为和危害后果,还具有犯罪行为和危害后果之间必须具备心理或者物理的心理因素,在群体性事件中,以上构成要件的要素都能够满足。

第三章　群体性事件中首要分子刑事责任

第一节　首要分子界定及认定

我国1997年《刑法》分则中有33条罪状对首要分子的刑事责任作了明确规定，其中有7条罪状明确规定了犯罪集团首要分子的刑事责任，[①]有26条罪状明确规定了聚众犯罪首要分子的刑事责任，[②]涉及群体

---

① 另外，还有相关司法解释专门规定了一些犯罪集团首要分子的刑事责任，如2000年9月26日最高人民法院《关于审理走私刑事案件具体应用法律若干问题的解释》对走私武器、弹药犯罪集团首要分子、走私伪造的货币集团首要分子、走私文物集团首要分子、走私珍贵动物、珍贵动物制品集团首要分子的刑事责任予以特别规定；1999年最高人民法院《关于审理倒卖车票刑事案件有关问题的解释》对倒卖车票集团的首要分子予以从重处罚的规定；《刑法》第240条对拐卖妇女、儿童集团的首要分子予以特别规定；1998年3月10日最高人民法院《关于审理盗窃案件具体应用法律若干问题的解释》对盗窃集团首要分子的刑事责任予以特别规定；1996年12月24日最高人民法院《关于审理诈骗案件具体应用法律的若干问题的解释》对诈骗集团首要分子的刑事责任予以规定；《刑法》第318条组织他人偷越国边境罪对组织他人偷越国边境集团首要分子的刑事责任予以明确规定；第328条盗窃古文化遗址、古墓葬罪对盗窃古文化遗址、古墓葬犯罪集团首要分子的刑事责任予以特别规定；2000年11月27日最高人民法院《关于审理破坏野生动物资源刑事案件具体应用法律若干问题的解释》对非法狩猎集团首要分子的刑事责任予以特别规定；《刑法》第347条走私、贩卖、运输制造毒品罪对走私、贩卖、运输、制造毒品犯罪集团首要分子的刑事责任予以特别规定。

② 罪名分别为：分裂国家罪、煽动分裂国家罪、武装叛乱、暴乱罪、颠覆国家政权罪、煽动颠覆国家政权罪、组织、领导、参加恐怖组织罪、伪造货币罪、抗税罪、强制猥亵、侮辱妇女罪、拐卖妇女、儿童罪、聚众阻碍解救被收买的妇女、儿童罪、破坏选举罪、聚众哄抢罪、妨害公务罪、煽动暴力抗拒法律实施罪、聚众扰乱社会秩序罪、聚众冲击国家机关罪、聚众扰乱公共场所秩序、交通秩序罪、聚众斗殴罪、组织、领导、参加黑社会性质组织罪、组织、利用会道门、邪教组织、利用迷信破坏法律实施罪、聚众淫乱罪、赌博罪、扰乱法庭秩序罪、破坏监管秩序罪、组织越狱罪、暴动越狱罪、聚众持械劫狱罪、组织他人偷越国边境罪、盗掘古文化遗址、古墓葬罪、走私、贩卖、运输、制造毒品罪、聚众冲击军事禁区罪、聚众扰乱军事管理区秩序罪等。

性事件中犯罪参与者的首要分子罪状有16条。[①] 前文已经论述了首要分子的概念、特征和群体性事件中首要分子的归属于聚众犯罪首要分子范畴,该节主要讨论群体性事件中首要分子的刑事责任问题。聚众犯罪中首要分子可能构成单独犯罪,也有可能构成共同犯罪。按照我国刑法分则的规定,涉及群体性事件按照刑事责任主体的不同可以分为三类:第一类是只处罚群体性事件中的首要分子;第二类是只处罚群体性事件中的首要分子和积极参与者;第三类对群体性事件中的首要分子、积极参与者、其他参与者都处罚。如果只是处罚群体性事件中的首要分子,则只构成单独犯罪;如果既处罚群体性事件中的首要分子,又处罚群体性事件中的"积极参与者"或者"其他参与者",则构成必要的共同犯罪;如果群体性事件中以首要分子为犯罪构成主体,但是,首要分子为2人或者以上的,则构成任意共同犯罪。

一、首要分子界定

(一)首要分子概念

我国的1979年《刑法》第一次对首要分子相关问题作出了明确的规定,如在1979年《刑法》第86条对明确规定了首要分子的概念,即"本法所说的首要分子是指在犯罪集团或者聚众犯罪中起组织、策划、指挥作用的犯罪分子"。同时在第23条中对首要分子的量刑作出了明确的规定,组织、领导犯罪集团进行犯罪活动的或者在共同犯罪中起主要作用的,是主犯。对于主犯,除本法分则已有规定的以外,应当从重处罚。随之1997年《刑法》在1979年《刑法》的基础上作出了进一步的修改,我国1997年《刑法》第26条第3款规定,对组织、领导犯罪集团的首要分子,按照集团所犯的全部罪行处罚。1997年《刑法》增加了对犯罪集团

① 分裂国家罪(第103条第1款)、煽动分裂国家罪(第103条第2款)、武装叛乱、暴乱罪(第104条)、颠覆国家政权罪(第105条第1款)、煽动颠覆国家政权罪(第105条第2款)、聚众阻碍解救被收买的妇女、儿童罪(第242条第2款)、对聚众"打砸抢"行为的处理规定、聚众哄抢罪(第268条)、聚众扰乱社会秩序罪(第290条第1款)、聚众冲击国家机关罪(第290条第2款)、聚众扰乱公共场所秩序、交通秩序罪(第291条第1款)、聚众斗殴罪(第292条第1款)、组织越狱罪(第317条第1款)、暴动越狱罪、聚众持械劫狱罪(第317条第2款)、聚众冲击军事禁区罪(第371条第1款)、聚众扰乱军事管理区秩序罪(第371条第2款)。

首要分子的处罚原则，删除了1979年《刑法》第23条中的“对于主犯，除本法分则已有规定的以外，应当从重处罚。”我国《刑法》第97条规定，本法所称首要分子，是指在犯罪集团或者聚众犯罪中起组织、策划、指挥作用的犯罪分子。根据1997年《刑法》中规定的首要分子的概念，集团犯罪和聚众犯罪的首要分子处于核心地位，起着组织、领导、策划作用，这两种犯罪的行为方式相同，都是组织、领导和策划的作用。即首要分子的行为对其他参与者都具有支配性，但是各自的行为表现方式却有其特殊性，即两类首要分子在犯罪集团和聚众犯罪中的支配方式有所差异。对于犯罪集团首要分子而言，支配性是首要分子通过控制犯罪集团来实现的，其支配性体现在从犯罪集团的建立到犯罪目的的实现的整个阶段。[①] 犯罪集团的支配方式是“组织性支配方式”，而对于聚众犯罪中首要分子而言，支配性是起到一定凝聚力的功能，并不能直接控制其他参与者，其支配方式是“功能性支配方式”。[②] 同时，其支配力的程度有很大的不同，犯罪集团中的首要分子一般来说处于领导地位，首要分子与其他参与者处于不对等的状况，其支配的程度比较大；聚众犯罪中的首要分子与其他参与者基于共同的意思聚集而成，处于首要分子与其他参与者处于平等的状态，其支配力相对比较小，更加体现个人意志自由。根据《刑法》第26条第2款规定，犯罪集团是指三人以上为共同实施犯罪而组成的较为固定的犯罪组织。从该条得知，犯罪集团是一个较为固定的犯罪组织，其首要分子对犯罪集团有绝对的支配性。而聚众犯罪一般是临时性的为了某种利益聚集而成，没有固定的形式，也没有固定的组织分工，其聚众犯罪中的首要分子对其他犯罪参与者没有绝对的支配性，只起到一个引导或者凝聚力的作用。聚众共同犯罪因为没有形成固定的组织形式，参与人之间、参与人与首要分子的犯意联络并不充分，也不可能通过经常的犯罪行为使犯意联络固定化，因此，聚众共同犯罪中的首要分子，需要直接组织、策划、指挥犯罪行为，否则，参与人难以按照首要分子的意志实施犯罪行为。[③]

---

① 参见肖扬宇：《首要分子问题研究》，武汉大学2010年博士学位论文，第35页。

② 参见肖扬宇：《首要分子：渊源、类别与行为性质》，载《河南大学学报》（社会科学版）2010年第3期。

③ 参见张明楷：《犯罪集团首要分子的刑事责任》，载《法学》2004年第3期。

(二)首要分子的特征

首要分子的特征是区别于其他犯罪人的典型标准,首要分子作为一类犯罪人,其客观方面与主观方面相统一是承担刑事责任的前提条件。

1.首要分子的客观特征。从上文得知,首要分子是指在犯罪集团或者聚众犯罪中起组织、策划、指挥作用的犯罪分子。可以理解为首要分子是在犯罪集团中或者聚众犯罪中实施了组织、策划、指挥的行为;同时这三种行为还起到了组织作用、策划作用和指挥作用。然而,如何理解这三种行为呢?如何起组织作用、策划作用和指挥作用?在司法实践中却非常之复杂,有三种情形:一是首要分子只在幕后策划的行为,并不在现场出现。这一类行为在群体性事件中少见。二是首要分子没有幕后策划,只是在现场进行了组织、策划、指挥的行为。这类行为在群体性事件中常见,因为群体性事件具有突发性,有些事件的发生并没有在幕后进行策划,有可能是现场围观的人渐渐参与其中的行为,由围观者转化为首要分子。三是首要分子不但策划了还参与到现场指挥的行为。这一类行为在群体性事件中属于常态化。有观点认为,组织、策划、指挥作用应当限定为单纯的组织、策划、指挥的组织性行为,不包括首要分子组织并实施具体犯罪的行为,把组织、策划、指挥的行为称之为广义的组织性行为。[①] 然而,是否组织、策划、指挥的行为就是实行行为呢?有学者认为:"如果某种组织行为已由刑法分则作了规定,那就不仅是组织犯的组织行为,而且本身就是实行行为。"[②]还有学者认为:"刑法分则中已经明文规定的一些组织行为,已经通过立法转化为实行行为。这些组织行为,本身独立可以构成犯罪。"[③]笔者同意第一种观点。笔者认为,组织、策划、指挥行为不应该包括首要分子实施具体犯罪的行为,这样就把组织、策划、指挥的实行行为与单纯的组织、策划、指挥行为区别开来,更加容易区分此罪与彼罪的界限,也为群体性事件中的煽动者、资助者、传播者等找到合适的理论依据。同理,对于刑法分则将首要分子的组织、策划、指挥行为明文规定为实行行

① 参见肖扬宇:《首要分子问题研究》,武汉大学2010年博士学位论文,第22页。

② 陈兴良著:《共同犯罪论》,中国社会科学出版社1992年版,第94页。

③ 阴建峰、周家海主编:《共同犯罪适用中疑难问题研究》,吉林人民出版社2001年版,第241页。

为或者实行行为的一部分时,对于首要分子单独而言,其行为属于实行行为对于其他参与人而言,其行为有具有组织性,属于组织性行为。

2. 首要分子主观特征。通说认为,犯罪主观方面是指犯罪主体对自己危害行为及其危害社会的结果所抱的心理态度。[①] 这种心理态度包括了故意与过失以及动机及其目的。首要分子的主观特征是指首要分子在实施犯罪行为时,对其危害行为及其引起的危害结果所持有的心理态度。首要分子是根据在犯罪集团或者聚众犯罪中所起的作用而产生的犯罪人,其组织、策划、指挥行为是在首要分子的意志追求的表现,因而首要分子与其他犯罪参与者之间都存在了共同的犯罪故意,一般情况下没有过失的可能性。当刑法规定处罚首要分子和其他参加者时,则首要分子和其他犯罪参加者之间存在共同的犯罪故意,属于共同犯罪。当刑法分则规定只处罚首要分子时,则首要分子与其他参加者之间只构成单独犯罪。首要分子中的罪过由意志因素和认识因素构成。认识因素主要是指对构成事实的认识,包括行为的性质、客体、结果、行为与结果之间的因果关系和其他法定事实。[②] 首要分子只能在数人的参与才能实现,因此,首要分子不仅要认识到自己的组织、策划、指挥行为,还要认识到其他参与者在其组织、策划、指挥下实施的犯罪行为,同时认识到这些行为所导致的危害结果的产生。在犯罪集团中的首要分子不仅要认识到自己在实施犯罪,同时要认识到其他参与人员在自己的组织、策划、指挥下实施的犯罪行为;同时认识到自己的组织、策划、指挥对其他参与者有支配作用。聚众犯罪中首要分子不仅要认识到自己组织、策划、指挥众人行为的客观方面,也要概括性地认识到其他参与者的客观方面。然而,在聚众犯罪中,妨害社会管理秩序罪中以造成重大损失或者情节严重作为罪与非罪界定的标准。然而,一般的普通群体上访行为与妨害社会管理秩序罪会发生竞合,集体上访行为达到造成重大损失或者情节严重时就构成犯罪,而聚众犯罪成立的标准却不属于首要分子的认识内容,因为首要分子只要认识到自己的行为属于危害社会的行为就已经达

① 参见高铭暄、马克昌主编:《刑法学》上编,中国法制出版社 1999 年版,第 196 页。
② 参见陈兴良著:《本体刑法学》,商务印书馆 2001 年版,第 335 ~ 336 页。

到了认识的要求。首要分子的犯罪故意意志因素是指行为人希望或者放任危害社会的结果发生。希望危害结果的发生是指犯罪参与人积极追求这种结果的发生，并以此作为行为的直接目的；放任危害结果的发生是指危害结果不是行为人实施行为所追求的目的，而是行为人为了追求其他目的，如果防止这种结果的发生，便难以达到另一个目的，因而对危害结果的发生采取了听之任之的态度。[①] 从首要分子的两种犯罪类型来看，犯罪集团中的首要分子不仅对其组织、策划、指挥的犯罪行为持希望的态度，并且对犯罪集团中的其他成员也持希望和放任的态度。聚众犯罪中首要分子对其组织、策划、指挥众人实施犯罪的行为持希望和放任的态度，对众人在其组织、策划、指挥下的犯罪行为持希望或者放任的态度。

二、群体性事件中首要分子认定

（一）群体性事件中首要分子之归属

根据以上分析，首要分子的构成要件主要有主观和客观方面，是否符合首要分子的特征，从而在群体性事件中挑出哪些是犯罪参与者构成首要分子，对认定群体性事件中的犯罪参与者的刑事责任非常重要。结合第一章介绍的群体性事件特征以及发生原因，以及首要分子中的犯罪集团首要分子类别和聚众犯罪首要类别来看，群体性事件中首要分子只能反映在聚众犯罪中，而犯罪集团中的首要分子则被排除在外。其理由的论证：首要分子只能产生在这两类犯罪当中。犯罪集团具有结构严密性、长期性、稳定性以及严重危害性等特征，因此，在我国刑法的总则和分则对犯罪集团分别作了规定，分为一般的犯罪集团与特殊的犯罪集团，特殊的犯罪集团规定在分则当中，主要有三种类型：黑社会组织、恐怖组织和邪教组织。[②] 除了这三类之外的 3 人以上为了共同实施犯罪而组成的犯罪集团是一般犯罪集团。[③] 根据刑法及其相关司法解释的规

---

① 参见马克昌主编：《犯罪通论》，武汉大学出版社 2003 年版，第 337 页。

② 参见何秉松著：《有组织犯罪研究——中国大陆黑社会（性质）犯罪研究》，中国法制出版社 2002 年版，第 293 页。

③ 参见何秉松著：《有组织犯罪研究——中国大陆黑社会（性质）犯罪研究》，中国法制出版社 2002 年版，第 293 页。

定，犯罪集团一般具有以下特征：3 人及其以上成员组成；目的都是为了实施某种或者几种犯罪；组织较为严密；组织具有固定性。[①] 特殊的犯罪集团在这里就不赘述了，因为特殊的犯罪集团与群体性事件中的犯罪参与不能相提并论。从一般犯罪集团的特征分析得知，犯罪集团具有长期性、组织性及稳定性。聚众犯罪具有如下特征：参与人数 3 人或者 3 人以上；犯罪参与者无固定性，人数不特定，结构松散，具有涣散性特征；临时纠合性，人多规模大，无组织无纪律，具有随意性。回观群体性事件的特征，具有突发性、随意性、松散性等特征，群体性事件的犯罪参与只能划分到聚众犯罪的范畴。同理而论，把群体性事件的首要分子的归属或者划分为首要分子的特殊类型，或者包含于聚众犯罪中的首要分子当中，成为独立于集团犯罪首要分子和聚众犯罪的首要分子之外的类型是具有合理性的。但是，鉴于群体性事件在刑法中并不是一个规范的术语，没有其合法的地位，因此，把群体性事件中的首要分子看成是聚众犯罪首要分子中的一部分具有合法性与合理性。

（二）群体性事件中涉及刑事首要分子责任主体的罪名选择

群体性事件涉及的内容及主要表现在罪名成立、责任主体、法定刑的配置。通过收集和整理群体性事件的各种案例，一共涉及 40 个罪名。笔者归纳总结了群体性事件所涉及的刑事法规中罪名，构成的犯罪基本上在现行刑法的涵摄范围之内。群体性事件所涉及的犯罪罪名主要有两种表现形式：一是罪名都以“聚众”二字作为表现形式的聚众型犯罪；二是包括了侵害国家安全、人身权、财产权犯罪在内的非聚众犯罪。聚众犯罪一共有 11 个条文，14 个聚众犯罪。其中以“聚众”二字作为群体性事件犯罪表现形式的有：聚众阻碍解救被收买的妇女、儿童罪（第 242 条第 2 款），对聚众“打砸抢”行为的处理规定（第 289 条），聚众哄抢罪（第 268 条），聚众扰乱社会秩序罪（第 290 条第 1 款），聚众冲击国家机关罪（第 290 条第 2 款）、聚众冲击国家机关罪（第 290 条第 3 款）、聚众冲击国家机关罪（第 290 条第 4 款）、聚众扰乱公共场所秩序、交通秩序罪（第 291 条），聚众斗殴罪（第 292 条第 1 款），扰乱法庭秩序罪（第 309

① 参见杨开江：《主犯研究》，武汉大学 2012 年博士学位论文，第 100 页。

条),组织越狱罪(第317条第1款),暴动越狱罪、聚众持械劫狱罪(第317条第2款),聚众冲击军事禁区罪(第371条第1款),聚众扰乱军事管理区秩序罪(第371条第2款),共12个聚众型犯罪。其中,有聚众淫乱罪与聚众赌博罪不能构成群体性事件犯罪,因这两个聚众犯罪虽然都有聚集的表象,只是单纯的聚众行为,对社会并无直接的危害,也不能对社会造成事实上的危害后果。而非聚众犯罪在群体性事件中的表现形式则表现为分裂国家罪(第103条第1款),煽动分裂国家罪(第103条第2款),武装叛乱、暴乱罪(第104条),颠覆国家政权罪(第105条第1款),煽动颠覆国家政权罪(第105条第2款),组织、领导参加恐怖组织罪(第120条),侮辱罪、诽谤罪(第246条),煽动民族仇恨、民族歧视罪(第249条),故意毁坏财物罪(第275条),妨害公务罪(第277条),煽动暴力抗拒法律实施罪(第278条),寻衅滋事罪(第293条),非法集会、游行示威罪(第296条),非法携带武器、管制刀具、爆炸物参加集会、游行、示威罪(第297条),破坏集会、游行、示威罪(第298条),破坏监管秩序罪(第315条)共16个非聚众性犯罪。

从刑事责任主体来看,主要涉及几种:首要分子、罪行重大的参与者、积极参与者、其他参与者、煽动者、组织者、领导者、直接负责的主管人员、其他直接负责的责任人员、诽谤者和侮辱者、资助者、传播者、负责人、直接负责人,以及责任主体不明确和国家机关工作人员。其中,涉及首要分子刑事责任主体的罪名有15个。[①] 除了法律明确规定是含有“首要分子”这一词能够成为首要分子以外,煽动者、组织者、领导者、负责人、直接负责人、罪行重大的参与者六类责任主体是否可以成为首要分子呢?《刑法》第120条规定,组织、领导参加恐怖组织罪中的组织者和领导者可以作为拟制的首要分子处理;《刑法》第135条中规定的大型群

① 分裂为国家罪(第103条第1款),煽动分裂国家罪(第103条第2款),武装叛乱、暴乱罪(第104条),颠覆国家政权罪(第105条第1款),煽动颠覆国家政权罪(第105条第2款),聚众阻碍解救被收买的妇女、儿童罪(第242条第2款),对聚众“打砸抢”行为的处理规定,聚众哄抢罪(第268条),聚众扰乱社会秩序罪(第290条第1款),聚众冲击国家机关罪(第290条第2款),聚众扰乱公共场所秩序、交通秩序罪(第291条第1款),聚众斗殴罪(第292条第1款),组织越狱罪(第317条第1款),暴动越狱罪,聚众持械劫狱罪(第317条第2款),聚众冲击军事禁区罪(第371条第1款),聚众扰乱军事管理区秩序罪(第371条第2款)。

体性活动重大安全事故罪中的直接负责的主管人员和其他直接责任人不能以首要分子的形式处罚，因为直接负责的主管人员和其他负责人并没有直接参加指挥、策划、组织的犯罪行为。罪行重大的犯罪参与者主要表现在危害国家安全罪中，危害国家安全罪中明确划分出了刑事责任主体中分别是首要分子、罪行重大的、积极参加者以及其他参加者四类责任主体，从刑法规范来说，罪行重大的犯罪参与者肯定不是首要分子，不然产生自相矛盾的说法。然而，值得一提的是，煽动者是否可以成为首要分子的问题。我国现行法律规定了关于五种煽动犯罪：煽动分裂国家罪，煽动颠覆国家政权罪，煽动民族仇恨、民族歧视罪，煽动暴力抗拒法律实施罪，煽动军人逃离部队罪。这五类犯罪都是性质极其严重、社会危害性极大的犯罪，而涉及群体性事件中的煽动者一般有煽动分裂国家罪，煽动民族仇恨、民族歧视罪，煽动颠覆国家政权罪三类。前文已经介绍了首要分子的主体特征和客体特征，在此，分析煽动者的行为是否与首要分子中的组织、策划、指挥行为相同呢？从表面形式来看，有其相似性，都是对其他参与者的一种支配。但从其实质来看，煽动者的行为有不同的地方，如煽动者以劝诱、造谣、诽谤或者其他的方法来蛊惑人心，怂恿或者鼓动他人去实施的违法犯罪行为。而首要分子中的组织者、指挥者和策划者与其他的参与者之间，无需鼓动和怂恿，其他参与者基本都具有故意的心态。但是，煽动颠覆国家政权罪，煽动分裂国家罪，煽动民族仇恨、民族歧视罪三种罪中的煽动者的构成，只以有煽动的行为即可构成此罪，而不以是否煽动因此导致的危害程度和危害后果作为犯罪构成要件，因此，煽动者能成为首要分子，构成单独犯罪。

第二节　群体性事件中首要分子刑事责任之承担

群体性事件中有 16 个罪名涉及首要分子，其中部分首要分子构成单独犯罪。如根据刑法的规定，只处罚首要分子的情形下，构成单独犯罪。从群体性事件中首要分子的刑事责任主体的法定配置来看，有三类犯罪是构成单独犯罪，第一类，《刑法》第 291 条聚众扰乱公共场所秩序、交通秩序罪的规定，聚众扰乱车站、码头、民用航空站、商场、公园、影剧院、展览会、运动场或者其他公共场所秩序，聚众堵塞交通或者破坏交通秩序，抗拒、阻碍国家治安管理工作人员依法执行职务，情节严重的，对首要分子，处五年以下有期徒刑、拘役或者管制。第二类，我国《刑法》第103 条煽动分裂国家罪中第 2 款规定，煽动分裂国家、破坏国家统一的，处五年以下有期徒刑、拘役、管制或者剥夺政治权利；首要分子或者罪行重大的，处五年以上有期徒刑。同时，我国《刑法》第 105 条煽动颠覆国家政权罪的第 2 款规定，以造谣、诽谤或者其他方式煽动颠覆国家政权、推翻社会主义制度的，处五年以下有期徒刑、拘役、管制或者剥夺政治权利；首要分子或者罪行重大的，处五年以上有期徒刑。第三类，我国《刑法》第 296 条非法集会、游行、示威罪中规定，举行集会、游行、示威，未依照法律规定申请或者申请未获许可，或者未按照主管机关许可的起止时间、地点、路线进行，又拒不服从解散命令，严重破坏社会秩序的，对集会、游行、示威的负责人和直接负责人员，处 5 年以下有期徒刑、拘役、管制或者剥夺政治权利，这三类犯罪中的首要分子构成单独犯罪。

一、首要分子构成单独犯罪之刑事责任承担

群体性事件中的首要分子只能是一人的情况下，只处罚首要分子，构成单独犯罪。其中涉及了两个罪名：聚众扰乱公共场所秩序、交通秩序罪和非法集会、游行、示威罪。

（一）聚众扰乱公共场所秩序、交通秩序罪刑事责任之承担

1. 聚众扰乱公共场所秩序、交通秩序罪在各国的表现。聚众扰乱公共场所秩序、交通秩序罪中明确规定，对聚众扰乱车站、码头等公共场所秩序，堵塞交通或者破坏交通秩序的，或者阻碍国家治安管理工作人员依法执行职务的，根据情节的严重性，只对首要分子处相应的刑罚。其他的参与者没有入刑罚范围之内。新中国最早将聚众扰乱公共场所秩序、交通秩序行为予以明确入罪的当属 1979 年《刑法》第 159 条规定的聚众扰乱公共场所秩序、交通秩序罪。该条规定，聚众扰乱车站、码头、民用航空站、商场、公园、影剧院、展览会、运动场或者其他公共场所秩序，抗拒、阻碍国家治安管理工作人员依法执行职务，情节严重的，对首要分子，处五年以下有期徒刑、拘役、管制或者剥夺政治权利。这一罪名

也是出于刚刚改革开放，为创造一个良好的社会环境和稳定的公共秩序，保证人民群众生产、学习、工作和生活正常的进行，保障社会主义现代化建设顺利进行的需要而设立的。自1979年《刑法》实施以来，其他法律和司法解释中关于本罪的规定主要有：1989年8月1日最高人民法院、最高人民检察院通过的《关于反革命暴乱和政治动乱中犯罪案件具体应用法律的若干问题的意见》中规定，关于其他刑事犯罪案件的定罪问题，不具有反革命目的，实施下列行为之一的，依照刑法有关条款定罪：……组织、煽动或者带头设置路障、堵塞交通、围堵军警车辆、火车或者其他机动车辆的，依照《刑法》第159条（这里指的是1979年《刑法》）定聚众扰乱交通秩序罪。1989年10月31日通过的《集会游行示威法》第29条第5款规定，占领公共场所、拦截车辆行人或者聚众堵塞交通，严重破坏公共场所秩序、交通秩序的，对集会、游行、示威的负责人和直接责任人员依照《刑法》第159条（1979年《刑法》）的规定追究刑事责任。1990年9月7日通过的《铁路法》第63条规定，聚众拦截列车不听制止的，对首要分子和骨干分子依照《刑法》第159条的规定追究刑事责任。1995年10月30日通过的《民用航空法》第198条规定，聚众扰乱民用机场秩序的，依照《刑法》第159条（1979年《刑法》）的规定追究刑事责任。1997年《刑法》在1979年《刑法》的基础上对这一罪名进行了相应的修改，其中第291条规定，聚众扰乱车站、码头、民用航空站、商场、公园、影剧院、展览会、运动场或者其他公共场所秩序，抗拒、阻碍国家治安管理工作人员依法执行职务，情节严重的，对首要分子，处5年以下有期徒刑、拘役或者管制。即在刑罚中去掉了原规定的“剥夺政治权利”这一项内容，为什么立法者会将这一规定去掉，笔者认为可以从司法实践以及刑法的原则以及目的出发加以考虑，这一罪不属于特别严重的刑事犯罪，其人身危险性比较小，人民群众对于这一罪所规定的犯罪行为的容忍的限度还没有达到极限的最大值，而剥夺政治权利一般适用比较严重的刑事犯罪，根据刑罚设置的合理主义以及罪刑均衡原则，把剥夺政治权利作为这一罪的刑罚要素，存在严重的不合理性，因此，将其从刑罚中去掉是符合实际需要的。

在国外，没有聚众犯罪这一概念，也没有聚众扰乱公共场所秩序、交通秩序罪这一说法。但是存在类似的相关规定,如《法国刑法典》第三编第一章第二节第431条规定了违法聚众滋事罪;[①]《德国刑法典》分则第七章针对公共秩序的犯罪行为中的第130条规定了煽动民众的犯罪。[②]在《意大利刑法典》中,没有聚众犯罪的规定,类似于我国聚众犯罪的行为可能构成治安违警罪。[③] 在《瑞典刑法典》中,没有聚众扰乱公共秩序之类的犯罪这一特殊称谓,但有类似的聚众扰乱公共秩序之类的犯罪,如暴乱罪、暴力骚乱罪、违反警察命令罪、扰乱仪式、公众集合罪等。[④]《日本刑法典》中的骚乱罪、内乱罪、聚众不解散罪以及妨碍交通罪名在犯罪结构上与我国的聚众扰乱公共场所秩序、交通秩序罪比较相似。[⑤]我国台湾地区"刑法"中的集合共犯如聚众妨害秩序罪、骚乱罪、内乱罪从形式角度也能找到聚众扰乱公共场所秩序、交通秩序罪的影子。[⑥]《挪威一般公民刑法典》第十三章侵犯公共秩序和安宁的重罪和第三十五章危害公共安宁和秩序的轻罪中规定的相关条文与我国的聚众扰乱公共场所秩序、交通秩序罪比较相似。[⑦]《菲律宾刑法》第五章扰乱公共秩序罪中第153条规定了骚乱罪和其他扰乱公共秩序罪。[⑧] 在英美法系中能够找到的立法例有:英国刑法中的暴动、暴力骚动、滋事犯罪等。[⑨] 在我国香港特别行政区刑法中第七章妨碍公共秩序罪中规定了在公共场所扰乱公共秩序罪,其中包括《公共秩序条例》中的罪名和非法集会罪等罪名。[⑩]

2. 聚众扰乱公共场所秩序、交通秩序罪犯罪构成分析。一般而言,根据犯罪构成的四要件来判断其犯罪构成,犯罪构成则进一步回答犯罪

---

① 《法国刑法典》,罗结珍译、高铭暄专业审校,中国人民公安大学出版社1995年版,第146~147页。

② 《德国刑法典》,冯军译,中国政法大学出版社2000年版,第93页。

③ 《意大利刑法典》,黄风译,中国政法大学出版社1998年版,第200页。

④ 《瑞典刑法典》,陈琴译,北京大学出版社2005年版,第27页。

⑤ 《日本刑法典》,张明楷译,法律出版社1997年版,第29、36、41页。

⑥ 参见郑健才著:《刑法总则》,台湾佳音印刷大字有限公司1985年版,第231页。

⑦ 《挪威一般公民刑法典》,马松建译,北京大学出版社2005年版,第31~34、66~68页。

⑧ 《菲律宾刑法》,杨家庆译、谢望原审校,北京大学出版社2006年版,第35页。

⑨ 参见[英]史密斯、霍根著:《英国刑法》,李贵方等译,法律出版社2000年版,第868页。

⑩ 参见赵秉志主编:《香港刑法》(中文版),北京大学出版社1996年版,第170~175页。

是怎样成立的？它的成立需要具备哪些法定条件？[①] 犯罪构成要解决的是成立犯罪的具体标准，通过犯罪构成中的犯罪客体、犯罪客观要件、犯罪主体、犯罪主观要件的综合分析。

（1）聚众扰乱公共场所秩序、交通秩序罪的犯罪客体。从哲学的层面来说，犯罪客体应当是犯罪人实施犯罪行为所指向的对象。在我国对犯罪客体的含义，有几种观点：第一种观点认为，犯罪客体指刑法所保护而为犯罪所侵害的社会主义社会关系。[②] 第二种观点认为，犯罪客体是指刑法法益。[③] 第三种观点认为，犯罪客体就是犯罪对象，犯罪对象有被害法益和被害人，被害法益是财产、物品等，这些都是犯罪客体。犯罪客体就是犯罪行为所侵害的具体人和物。[④] 第四种观点认为，犯罪客体是指犯罪行为侵害的受我国刑法所保护的社会利益。[⑤] 第五种观点认为，犯罪侵犯的首先是自由，其次是权利，再次是秩序。普遍性的自由、权利、秩序体现了公共意志，所以还可以说犯罪侵犯了公共意志。[⑥] 几种观点分别表明立场，有认为犯罪客体是侵害的是社会关系的，有认为犯罪客体是侵犯法益，也有认为犯罪客体是侵犯秩序的等观点。笔者赞同犯罪客体侵犯社会关系这一学说。社会关系是人们在共同生产、生活中形成的人与人之间的相互关系，包括物质关系和思想关系。具体而言，包括了人身权利关系、财产所有关系、婚姻家庭关系、民族关系等。社会关系包括了生活中的方方面面，而为犯罪所侵害的、受我国刑法所保护的社会关系只是其中的一部分，主要有国家安全、公共安全、市场经济秩序、公民人身权利和民主权利、财产所有权、社会管理秩序等。本罪所侵犯的客体要件包括公共场所秩序和交通秩序。公共场所秩序是指为保证公众安全、顺利地出入、使用公共场所而确立的公共行为准则所维持并普遍遵守的正常状态。主要包括了车站、码头、民用航空站、商场、公

---

① 参见高铭暄、马克昌著：《刑法学》（第五版），北京大学出版社、高等教育出版社 2011 年版，第 49 页。

② 参见张明楷著：《刑法学》（第四版），法律出版社 2011 年版，第 134 页。

③ 参见张明楷著：《刑法分则的解释原理》，中国人民大学出版社 2004 年版，第 135、158 页。

④ 参见张文：《犯罪构成初探》，载《北京大学学报》1984 年第 5 期。

⑤ 参见李文燕著：《中国刑法学》，中国人民公安大学出版社 1998 年版，第 83 页。

⑥ 参见赵炳贵：《犯罪客体概念之新诠》，载《刑事法学》2001 年第 3 期。

园、影剧院、展览会、运动场等公共场所秩序。交通秩序,包括公路、铁路、水路的交通秩序,是指交通工具与行人在交通线路上安全、顺利地通行的正常状态,它是依靠交通规则维持的。[①] 公共场所和交通线路均都具有聚集量大、人流量大的特征,如果这种秩序遭到破坏,会影响了社会秩序的稳定性。因此,有必要依靠法律法规来规制这种聚众扰乱公共场所秩序、交通秩序的行为从而来维护这种正常的秩序。

(2)聚众扰乱公共场所秩序、交通秩序罪的客观方面。必须具有两个要件,首先,犯罪地点必须是公共场所或交通要道;其次,实施以下三种行为之一的:一是犯罪地点必须是聚众堵塞交通或者破坏交通秩序;二是聚众扰乱公共场所秩序;三是聚众抗拒、阻碍国家治安管理工作人员依法执行职务。[②] 并且最重要的环节就是,成立本罪必须要有情节严重的行为。聚众扰乱交通秩序的行为通常包括在交通要道上聚众长时间停留,堆积物品或设置障碍物,封锁出入通道,阻断交通;聚众拦截火车、汽车等交通工具,聚众游行或者静坐示威,造成交通堵塞、秩序混乱;强占指挥设施,毁坏公共交通设施等。[③]

问题之一:"聚众抗拒、阻碍国家治安管理工作人员依法执行职务"是否是前面两种的"聚众"行为构成犯罪的补充?有学者认为,聚众抗拒、阻碍国家治安管理工作人员依法执行职务行为是独立的第三种类型行为,如果是对前两种"聚众"行为的补充要求,就意味着行为人的犯罪构成需要聚众扰乱公共场所秩序、交通秩序的行为,"聚众抗拒、阻碍国家治安管理工作人员依法执行职务",以及情节严重才能构成犯罪。这种解释缩小了处罚的范围,因此,这种第三种行为类型是指在公共场所秩序、交通秩序发生一定混乱时,抗拒、阻碍国家治安管理人员依法维护公共场所秩序或者交通秩序,不以暴力、胁迫为要件。实施该行为时同时触犯妨害公务罪的,属于想象竞合犯,从一重罪论处。[④] 还有观点认为,抗拒、阻碍国家治安管理人员依法执行职务的行为

① 参见陈兴良主编:《刑法全书》,中国人民公安大学出版社 1997 年版,第 976 页。

② 参见马克昌主编:《刑法》,高等教育出版社 2007 年版,第 504 页。

③ 参见赵秉志主编:《扰乱公共秩序罪》,中国人民公安大学出版社 2003 年版,第 257 页。

④ 参见张明楷著:《刑法学》(第四版),法律出版社 2011 年版,第 931 页。

是聚众扰乱公共场所秩序行为和聚众扰乱交通秩序行为的情节要素，具有区分聚众扰乱公共场所秩序和聚众扰乱交通秩序罪与非罪界限的功能。[①] 笔者同意第二种观点，在聚众公共场所秩序、交通秩序罪的构成中，聚众参与者的行为会对公共秩序或者社会秩序起到一定的扰乱作用，但是，并不是所有的扰乱行为都会对社会造成严重的危害，如果有国家的治安管理人员在依法执行职务的时候，聚众参与人并没有跟管理人员发生争执，并且听从管理人员的安排撤离现场，则不能构成犯罪；如果在管理人员合法执法过程中，聚众参与人与其发生冲突，则构成犯罪。这样就避免了处罚圈的扩大化。因此，"聚众抗拒、阻碍国家治安管理工作人员依法执行职务的行为是情节要素"，而不是第三种行为类型。

问题之二："情节严重"核心要素判断。情节严重是聚众扰乱公共场所秩序、交通秩序罪的构成要件之一，只有达到了"情节严重"的程度才能构成此罪。情节严重，是指犯罪动机险恶、目的卑鄙的；聚集人数较多或扰乱时间较长的；经过有关部门批判教育、劝阻拒不散去的；多次聚众扰乱公共场所、交通要道秩序的；在重大节假日、庆典、会议和外宾来访期间聚众扰乱的；暴力手段抗拒、阻碍治安管理人员依法执行公务的；造成人员伤亡、严重经济损失和恶劣社会影响的等等。[②] 情节严重是对前面介绍的两种情形的限制。"情节严重"如何判断呢？有学者认为，"情节严重"是对所有行为类型的要求，目的是为了限制处罚范围。[③] 还有学者认为，"抗拒、阻碍国家治安管理工作人员依法执行职务"聚众扰乱公共场所秩序、交通秩序罪的一个独立的定罪情节，因而与"情节严重"是并列的关系。[④] 笔者认为，"情节严重"的内容可以考虑一下几个因素：是否造成人员的伤亡；是否造成公私财物巨大损失；扰乱的范围大小；时间的持续性长短；是否造成重大交通堵塞；是否实施了暴力抗法行为；动

---

① 参见刘志伟：《聚众犯罪若干实物问题研讨》，载《国家检察官学院学报》2003 年第 6 期。

② 参见马克昌主编：《刑法》，高等教育出版社 2007 年版，第 504 页。

③ 参见张明楷著：《刑法学》(第四版)，法律出版社 2011 年版，第 932 页。

④ 参见刘志伟著：《聚众犯罪若干实务问题研讨》，载《国家警察官学院学报》2003 年第 11 卷第 6 期。

机与起因的明确性等。同时与“抗拒、阻碍国家治安管理工作人员依法执行职务”作为一个情节因素的判断,而不是构成要件的判断。

(3)聚众扰乱公共场所秩序、交通秩序罪的主体。本罪主体是一般主体。凡年满16周岁且具有刑事责任能力的自然人均能构成本罪。但只能是聚众扰乱公共场所秩序、交通秩序的首要分子,即在聚众犯罪中起组织、策划、指挥作用的分子。对于一般参加者,应追究其行政责任,不以本罪论处。但是,如果一般参加者在扰乱活动中犯有其他罪行,如行凶杀人、伤人、毁坏大量公私财物等,应按其触犯的罪名定罪量刑。有学者认为,进行聚众扰乱公共场所秩序、交通秩序的犯罪是指聚集三人以上进行犯罪,参加者并不都构成犯罪,只有首要分子才构成犯罪,此时是否为首要分子是否构成犯罪的标志。目的是在于缩小打击面,以便划分罪与非罪。①

(4)聚众扰乱公共场所秩序、交通秩序罪的主观方面。聚众扰乱公共场所秩序、交通秩序罪的主观方面只能是故意,过失不构成此罪。也即行为人明知自己聚众扰乱公共场所秩序、交通秩序的行为会造成秩序混乱、交通堵塞、财产损失和社会秩序不稳定等严重后果,并且希望或放任这种危害结果的发生。首先,随着经济的发展,各方面的利益也需要重新调整,这种变动同时也会随着社会贫富差距的拉大,处于弱势的群体则感受到了挫折感和心理压力,因而迫切要求改变这种局面,他们相信集体的力量是强大的,少数首要分子出于个人目的或者是出于一般参与者一样的目的就有了迫使政府部门满足其要求的欲求。其次,随着社会的进步,现代人权理念得到了人们普遍的认同,主体意识得到普遍的增强,这促使他们积极地参与到社会的进程中去,尽力维护自己的权益,即使是正当的,但由于社会的资源是有限的,不可能完全满足人超出社会可承受能力的要求的欲求,这样行为人为了实现其欲求而欲通过采取非常之手段即聚众的方式迫使政府部门为其解决问题,从而有了聚众扰乱公共场所秩序、交通秩序行为的存在。最后,这也是出于本能和情绪的交叉感染。人是具有本能的生物,当单个的个人

① 参见陈兴良著:《刑法适用总论》(上卷),法律出版社1999年版,第532~533页。

处在集群中时与独处时的思考是可能不一样的，在人群密集的地方参与者受到某种心理刺激，然后使情绪被激发，进而相互感染，人就处在不能控制自己的无意识状态下，并且认为做出某种特别的行为会得到其他参加者的认同，或者由于个人在组织、号召方面有特别突出的能力而被偶然推举为首要分子，可能还会有逃避法律追究责任的侥幸心理，在各种因素的综合影响下就有了进行聚众扰乱公共场所秩序、交通秩序犯罪的欲求。

3. 聚众扰乱公共场所秩序、交通秩序罪中首要分子刑事责任之承担。群体性事件中聚众扰乱公共场所秩序、交通秩序罪，只处罚犯罪构成中的首要分子，对其他参与者只是根据其犯罪情节处罚相应的惩罚。根据《刑法》第 291 条规定，犯本罪的，对首要分子，处五年以下有期徒刑、拘役或者管制。如金某某聚众扰乱公共场所秩序案——聚众扰乱公共场所秩序罪的认定一案①中。被告人金某某因对其反映问题的处理结果不满，便纠集、煽动上访人员在“两会”期间赴京上访，严重扰乱了社会秩序，其主客观方面完全符合聚众扰乱公共场所秩序罪的构成要件。金某某为达到制造舆论的目的，有目的地选择特定的时间——“两会”期间，在特定的地点——天安门广场，造成了恶劣的社会影响，金某某的行为在客观上已造成严重后果，应属情节严重。金某某主观上有聚众在天安门广场闹事的故意，金某某应当对造成的恶劣影响的行为负责。因此，被告人金某某犯聚众扰乱公共场所秩序罪，判处有期徒刑 3 年。

① 2003 年 3 月 3 日下午，被告人金某某在星河区东通巷 19 号其自己住处，聚集上访人员李冬霞、耿月霞、刘进栓、蔡爱茹、牛振霞等 10 余人组织、策划利用“两会”召开之机聚众进京。并约定了赴京的时间、聚集地点、乘坐车次、到京后的聚集地点等。3 月 7 日晨，被告人金某某公开煽动同伙李冬霞、王五堂、杨书平、岳天龙、黄兴河等人到北京天安门广场闹事。上午 11 时许，在天安门广场被告人金某某手持大幅状纸喊叫，李冬霞、黄兴河、岳天龙也随之喊叫助威。杨书平一边喊叫，一边手持打火机将一瓶柴油浇到身上欲自焚，后 6 人被广场值勤人员及时抓获。当时现场围观群众百余人，严重扰乱了广场秩序，造成恶劣影响。洛阳市廛河回族区人民法院认为，被告人金某某为首聚众扰乱、破坏公共场所秩序，情节严重，其行为已构成聚众扰乱公共场所秩序罪。根据《刑法》第 291 条、第 61 条之规定，作出如下判决：被告人金某某犯聚众扰乱公共场所秩序罪，判处有期徒刑 3 年。

(二)非法集会、游行、示威中首要分子刑事责任之承担

群体性事件中所涉非法集会、游行、示威罪。我国的《宪法》第35条规定,中华人民共和国公民有言论、出版、集会、结社、游行、示威的自由。于1989年10月31日我国第七届全国人大常委会第六次会议通过了首部《集会游行示威法》。1992年6月国务院又颁布了《集会游行示威法实施条例》。《集会游行示威法》第29条规定,未依照本法规定申请或者申请未获许可或者未按照主管机关许可的起止时间、地点、路线进行,又拒不服从解散命令,破坏社会秩序的,对集会、游行、示威的负责人和直接负责人员依照《刑法》第296条的规定追究刑事责任。我国《刑法》第296条规定,举行集会、游行、示威,未依照法律规定申请或者申请未获许可,或者未按照主管机关许可的起止时间、地点、路线进行,又拒不服从解散命令,严重破坏社会秩序的,对集会、游行、示威的负责人和直接责任人员,处五年以下有期徒刑、拘役、管制或者剥夺政治权利。同时,最高人民检察院、公安部关于2008年6月25日印发的《关于公安机关管辖的刑事案件立案追诉标准的规定(一)的通知》第38条规定,举行集会、游行、示威,未依照法律规定申请或者申请未获许可,或者未按照主管机关许可的起止时间、地点、路线进行,又拒不服从解散命令,严重破坏社会秩序的,应予立案追诉。

非法集会、游行、示威罪的犯罪构成要件阐述,从犯罪构成主体来看,只有举行集会、游行、示威的负责人和直接责任人员才能成为此罪的主体。如果不是负责人或者直接负责人指挥的行为,则行为后果个人自行承担,不构成本罪。从犯罪构成的主观方面来看,都是故意的心态。明知道自己的违法行为会造成严重破坏社会秩序的结果,并且希望或者放任这种危害结果发生的心理态度,但如果行为人具有法律认识错误,则不构成本罪。从犯罪构成的客体要件来看,非法集会、游行、示威罪侵犯的是国家的管理制度和管理秩序。

本罪分为两类,一类是未依照法律规定申请或者申请未获许可,而举行集会、游行、示威,又拒不服从解散命令,严重破坏社会秩序;另一类是未按照主管机关许可的起止时间、地点、路线进行集会、游行、示威,又拒不服从解散命令,严重破坏社会秩序。一种观点认为,在第一

类情况下，只要未申请或申请未获许可而举行集会、游行、示威，便成立本罪。[①] 另一种观点认为，在未依照法律规定申请或者申请未获许可的情况下进行的集会、游行、示威，需要再加一个条件，就是又拒不服从解散命令，严重破坏社会秩序的，才构成本罪。[②] 从此法条的本质上来说，构成此罪需要有三个条件，一是没有申请或者申请没有被许可；纵观我国的集会、游行、示威活动，大部分是没有经过申请的行为；二是有关机关在发布了解散命令后，仍然没有解散的；三是必须侵害到科处刑法的程度。

二、首要分子作为共同犯罪时表现

多人参与犯罪应该承担共同的责任。[③] 共同犯罪的种类分为必要的共同犯罪与任意共同犯罪，如果只处罚首要分子，但首要分子为二人或者以上的，则构成任意共同犯罪；如果既处罚首要分子，又处罚积极参与者或者一般参与者，则构成必要的共同犯罪。从前文表中得知，群体性事件中首要分子能够构成共同犯罪的情形共有 14 个罪名，分别是分裂国家罪，煽动分裂国家罪，武装叛乱、暴乱罪，颠覆国家政权罪，聚众阻碍解救被收买的妇女、儿童罪，聚众哄抢罪，聚众扰乱社会秩序罪，聚众冲击国家机关罪，聚众斗殴罪，组织越狱罪，暴动越狱罪，聚众持械劫狱罪，聚众冲击军事禁区罪，聚众扰乱军事管理区秩序罪。在这 14 个罪名里，现行《刑法》明文规定了责任主体有首要分子、积极参加者、其他参加者，这三类责任主体的罪名都是同一的，但刑罚档次不一样。一般而言，首要分子的刑罚比较偏重，积极参与者和其他参与者可以视情况，依据首要分子的处罚标准从轻处罚。但并不是所有的处罚规则都是如此，也有首要分子处罚较轻，积极参与者或其他参与者处罚较重的情况，需要依照具体的案情具体分析和处罚。

---

① 参见张穹主编：《修订刑法条文实用解说》，中国检察出版社 1997 年版，第 385 页；陈兴良著：《刑法疏议》，中国人民公安大学出版社 1997 年版，第 477 页。

② 参见张明楷著：《刑法学》（第四版），法律出版社 2011 年版，第 944 页。

③ See William Hughes and Mark Pyman：Organised Crime：Joint Responsibility，*The World Today*，Vol. 67，No. 4（April 2011），pp. 16 – 18.

群体性事件中既处罚首要分子，又处罚积极参与者的有聚众哄抢罪，聚众阻碍解救被收买的妇女、儿童罪，聚众扰乱社会秩序罪，聚众冲击国家机关罪，聚众冲击军事禁区罪，聚众扰乱军事管理区秩序罪。既处罚首要分子、又处罚积极参与者、还处罚一般参与者的罪名有分裂国家罪和煽动分裂国家罪，武装叛乱、暴乱罪，颠覆国家政权罪和煽动颠覆国家政权罪，组织、领导、参加恐怖组织罪，侮辱罪和诽谤罪，煽动民族仇恨、民族歧视罪，故意伤害罪，故意杀人罪，抢劫罪所包含的聚众"打砸抢"行为，故意毁坏财物罪，妨害公务罪，煽动暴力抗拒法律实施罪，寻衅滋事罪，非法携带武器、管制刀具、爆炸物参加集会、游行、示威罪，破坏集会、游行、示威罪，因聚众哄闹法庭或冲击法庭行为而构成的扰乱法庭秩序罪，在监狱或看守所聚众闹事且扰乱正常监管秩序而构成的破坏监管秩序罪，组织越狱罪，暴动越狱罪，聚众持械劫狱罪。这些犯罪中既处罚首要分子，又处罚积极参与者或者一般参与者的，构成共同犯罪。

三、首要分子与主犯的关系

根据《刑法》第 26 条第 1 款的规定，共同犯罪中的主犯包括组织、领导犯罪集团进行犯罪活动的首要分子和在共同犯罪中起主要作用的犯罪分子。由此可见，主犯包括两种人：一是在犯罪集团中起组织、领导作用的犯罪分子；二是在共同犯罪中起主要作用的犯罪分子。在犯罪集团中起组织、领导作用的犯罪分子，可以称之为犯罪集团的首要分子；共同犯罪中起主要作用的犯罪分子，包括在犯罪集团中起主要作用的犯罪分子，这种人受首要分子的领导、指挥；另外就是一般共同犯罪中起主要作用的犯罪分子。[①] 有学者认为，主犯分为两种，即在组织、领导犯罪集团进行犯罪活动的分子和共同犯罪中起到主要作用的分子。[②] 由于聚众犯罪在刑法中属于必要共同犯罪的情况，直接按照刑法的规定予以处罚，其首要分子可以是主犯，也可能不属于主犯。而刑法总则规定的主犯是任意共同犯罪中的，因此，聚众犯罪中的首要分子是否属于主犯，应当按

① 参见陈兴良著：《共同犯罪理论》，中国社会科学出版社 1992 年版，第 191～192 页。

② 参见马克昌主编：《犯罪通论》（第三版），武汉大学出版社 2015 年版，第 565 页。

照"在共同犯罪中起主要作用"来认定。所以,聚众犯罪中的首要分子不是当然的主犯。[①] 但是,有学者提出不同的观点,认为犯罪集团中的首要分子未必构成主犯,聚众犯罪的首要分子则一定不是主犯的观点。[②] 笔者认为第三种观点是妥当的,因为《刑法》第 97 条的规定是对"首要分子"范围界定,同时,如果将属于共同犯罪的聚众犯罪中首要分子都认定为主犯,忽视了首要分子之间的主观恶性和社会危害性的不同,因此,聚众犯罪中的首要分子未必就是主犯。

由于首要分子分为犯罪集团的首要分子和聚众犯罪的首要分子,所以,分为两种情况进行讨论:一是犯罪集团中首要分子与刑法总则中主犯概念的关系;二是聚众犯罪分子与刑法总则中主犯之间的关系。而前文已经论述了犯罪集团的首要分子被排除在群体性事件中首要分子之外,群体性事件中首要分子被包括在聚众犯罪首要分子内,因此,这里主要讨论共同犯罪中的主犯是指在共同犯罪中起主要作用的犯罪分子。有观点认为,聚众犯罪的首要分子与犯罪集团的首要分子是并列的一种主犯之一。[③] 有观点认为,主犯包括了聚众犯罪的首要分子和其他主犯在犯罪集团或一般共同犯罪中起到主要作用的犯罪分子。[④] 还有观点认为,聚众犯罪的首要分子完全包括在共同犯罪中起到主要作用的犯罪分子之中。[⑤] 第一种观点中,认为聚众犯罪首要分子与犯罪集团的首要分子作为并列的主犯,显然是没有法律依据的,因为现行《刑法》第 26 条明文规定主犯的构成由犯罪集团的首要分子和起主要作用的共同犯罪分子组成,并没有说聚众犯罪中的首要分子一定就是主犯。第二种观点,认为主犯有三种,其道理同第一种观点,依然不成立。笔者赞同第三种观点,因为《刑法》第 26 条规定的第二种主犯,是在共同作用中起到主要作用的分子。共同犯罪包括的范围很广,既包括任意的共同犯罪,也包括必要的共同犯罪,还包括一般共同犯罪与犯罪集团。聚众犯罪的首要

---

① 参见林亚刚:《主犯若干问题探讨》,载《法制与社会发展》(双月刊)2003 年第 5 期。

② 参见石经海:《首要分子与主犯关系新论》,载《现代法学》2000 年第 22 卷第 6 期。

③ 参见梁世伟著:《刑法学教程》,南京大学出版社 1987 年版,第 206 页。

④ 参见何秉松著:《刑法教科书》,中国法制出版社 1997 年版,第 389 页。

⑤ 参见高格主编:《刑法教程》,吉林大学出版社 1984 年版,第 152 ~ 154 页。

分子是必要的共同犯罪形式之一，只依赖刑法分则条文处理即可，因为总则中处理的是任意共同犯罪的概念，可以处罚首要分子为两人的情形。因此，认定聚众犯罪中某一个首要分子为主犯，则依照总则来处罚。

四、首要分子作为主犯的刑事责任

首要分子存在有三人以上参与的犯罪当中，参与角色的认定多数行为人对于一个行为事实的参与关系，在参与角色判断上，谁起到主要作用，谁起到次要作用，不同参与角色的参与形态被确认后，不同参与角色需要承担相应的刑事责任，因而群体性事件中首要分子构成主犯的正确认定对于共同犯罪人权利保障和法益保护来说都具有重大意义。

(一)群体性事件中首要分子构成主犯的认定

根据《刑法》第 26 条规定的标准，有学者认为，共同犯罪中实施组织、领导行为的，当然在共同犯罪中起“主要作用”，再根据我国刑法的规定，在共同犯罪中起“主要作用”的是主犯。[①] 然而，群体性事件中的首要分子是如何起到“主要作用”的呢？主要从两个方面判断分析：首先，首要分子实施的具体犯罪行为，犯罪行为对危害后果的发生起到的作用；其次，首要分子对其他共犯人的支配作用。

1. 群体性事件中首要分子实施的具体犯罪行为，犯罪行为对危害后果发生起到的作用。前文已经讨论过首要分子主要有三种犯罪行为：分别是组织、策划、指挥行为。如“新疆 7・5”事件中，以热比娅为首的民族分裂分子在暴动群体性事件前，就存在长期的组织和策划等犯罪行为，这些犯罪行为对社会危害性极大，导致于大量的财物被毁坏，人身权利被侵害。

2. 群体性事件中首要分子对其他共犯人的支配作用。群体性事件中除了首要分子之外，还有其他的参与人。首要分子的支配作用决定了其是否能够成为主犯的重要因素，如果其他犯罪参与者在首要分子支配意思之内实施的犯罪行为，则首要分子要承担其他犯罪参与者的责任；如果其他犯罪参与者在首要分子支配意思之外实施犯罪行为，

---

① 参见林亚刚：《主犯若干问题探讨》，载《法制与社会发展》(双月刊)2003 年第 5 期。

此时，其他犯罪参与者独自承担其实施犯罪行为的后果，称之为共犯过限。

（二）群体性事件中首要分子构成主犯的刑事责任范围

根据《刑法》第26条第1款的规定，共同犯罪中的主犯包括组织、领导犯罪集团进行犯罪活动的首要分子和在共同犯罪中起主要作用的犯罪分子。有学者认为，聚众共同犯罪中的首要分子，应当纳入共同犯罪中起主要作用的犯罪分子一类。[①] 再根据《刑法》第26条第3款规定，对组织、领导犯罪集团的首要分子，按照集团所犯的全部罪行处罚。《刑法》第26条第4款规定，对于第3款以外的主犯，应当按照其所参与的或者组织、指挥的全部犯罪处罚。这里应当是聚众共同犯罪中首要分子的处罚规定，可以推断犯罪集团的首要分子与聚众共同犯罪中的首要分子处罚原则是不一样的。其处罚原则不同的根据在于犯罪集团与聚众犯罪的本质不同。前文已经分析群体性事件与犯罪集团的个性差异，从而推出得知群体性事件中首要分子被包含于现行刑法中聚众犯罪首要分子当中，被排除在犯罪集团首要分子之外。因此，从处罚的角度来看，群体性事件的处罚只能适用共同犯罪中起到主要作用的犯罪分子的适用原则，即适用《刑法》第26条第4款规定，对于第3款以外的主犯，应当按照其所参与的或者组织、指挥的全部犯罪处罚。这里的“应当按照……全部犯罪处罚”，实际上就是主犯应当承担刑事责任的犯罪，主犯应当根据自己参与组织、指挥的全部犯罪来进行处罚，超过了这个范围的，由其他犯罪参与者自行承担相关刑事责任。

五、首要分子作为从犯的刑事责任

（一）群体性事件中首要分子构成从犯的认定

我国《刑法》第27条第1款规定，在共同犯罪中起次要作用或者辅助作用的，是从犯。从犯分为两种：第一种是犯罪人在共同犯罪中起次要作用的人。表现为犯罪分子是在犯罪集团首要分子领导下从事的犯罪活动，但是罪恶不够重大或者情节不够严重的情况。同时，起次要作

---

① 参见张明楷：《犯罪集团首要分子的刑事责任》，载《法学》2004年第3期。

用表现为一般共同犯罪中直接参加实行犯罪,但是所起的作用不大,行为没有造成严重危害后果的情况。第二种是共同犯罪中起辅助作用的犯罪分子。按照分工的不同共同犯罪中有帮助犯,帮助犯的行为不是直接实行犯罪构成客观要件的行为,而是为实行犯罪提供方便条件的行为。在这里可以理解为帮助犯是从犯,但帮助犯是否一定是从犯,有待商榷。肯定说认为,大多数情况下从犯是帮助犯,特殊情况下可以构成主犯,也即在共同犯罪中从犯起到了主要的作用的时候,构成主犯。否定说认为,从犯只能是在共同犯罪中起到辅助的作用,不可能起到主要作用,只能构成从犯。然而,主犯与从犯的区别是什么?一般来说,从犯与犯罪集团中的首要分子容易区别,因为犯罪集团中的首要分子一般都是领导和组织共同犯罪的人,而从犯只是起到辅助作用或者次要作用的人,所以很容易区别。问题是共同犯罪中起到主要作用的犯罪分子与从犯起辅助作用或者次要作用的犯罪分子如何区分呢?一般要综合考虑犯罪分子在共同犯罪中所处的地位、实际参与程度、具体罪行情节以及对危害结果原因力的大小等因素来决定主犯和从犯的区别。

结合群体性事件参与主体来看,有一部分主体可能构成从犯。以犯罪参与程度为标准的首要分子、积极参加者、一般参加者中,三种参与主体都有可能成为从犯。因为首要分子一般情况下,是主犯,但是,如果首要分子的参与犯罪的行为情节不严重,可以认定为从犯。积极参加者有可能成为主犯,也有可能成为从犯;而一般参加者要么构成从犯,要么不构成犯罪。主要看群体性事件中首要分子所处的地位、实际参与的程度、罪行情节、危害结果原因力的大小等方面来判断。从群体性事件的临时聚集性来看,首要分子有可能是策划者、组织者或者指挥者的地位,但是有部分首要分子会出现中途退出的情况,或者罪行情节并不严重,危害结果在首要分子的意料之外则都可以构成从犯。也即,在群体性事件中,起到次要作用的首要分子,是以构成从犯的。主要看是否参与了部分犯罪的实行,不起主要作用。同时,再根据具体罪行的大小来判断,如在共同犯罪中,虽然是数人犯罪行为的整体,但从共同故意的形成,到共同犯罪的实行,再到共同犯罪的完成,需要经过一系列的环节。在各个环节当中,特别是对危害结果的发生上所起作用相对主犯较小，是从犯。

（二）群体性事件中首要分子构成从犯的刑事责任之承担

从犯是相对于主犯而言的，没有主犯就没有从犯，也不可能有两个从犯而无主犯。如在任意共同犯罪中，首要分子为二人时，其中的一个首要分子是主犯，另外一个首要分子构成从犯。对于从犯的刑事责任承担，《刑法》第27条第2款规定，对于从犯，应当从轻、减轻处罚或者免除处罚。因此，从犯的刑事责任承担采取的是必减原则。必减说是由贝卡利亚的各依行为的轻重负其罪责的客观主义推演而来，认为其刑罚的对象是行为，行为的轻重是刑罚轻重的标准，行为造成的危害重，刑罚应重；行为造成的危害轻，刑罚应轻。从犯对于结果的发生仅仅起了帮助作用或者促进作用，实行犯的行为则直接导致危害结果的发生，因而对从犯应当比照实行犯减轻处罚。学界有观点认为，在司法实践当中对从犯的处罚，仍然根据“比照主犯处罚的精神”。[①] 然而，比照主犯处罚原则体现了区别对待原则要求，但不能够教条化地适应主犯的处罚原则，因为，在司法实践中，有可能出现只抓住了从犯，而没有抓到主犯的情形，此时，如果一定要依照主犯的处罚原则，则会使从犯处于无法可依的状态。因此，比照主犯处罚原则，灵活运用于从犯之中。

① 陈兴良著：《刑法适用总论》（上卷），法律出版社1999年版，第545页。

第四章　群体性事件中积极参与者刑事责任

第一节　积极参与者界定及认定

一、积极参与者界定

对于积极参加者认定之标准问题，有以下几种见解："客观作用说"认为，"应当以行为人在实施直接危害行为的犯罪过程中所起的作用大小来衡量"；[①]"主观恶性说"认为，"应当按照行为人在参与直接危害行为的过程中的主观恶性程度来区分"；[②]"参与程度说"则是将上述两种观点加以综合，认为"积极参加者的认定既要考虑行为人在实施直接危害行为的犯罪过程中所起的作用大小，又要考虑行为人在参与直接危害行为的过程中的主观恶性程度，所谓'积极'是二者综合考量的结果"。[③]笔者赞成"参与程度说"，并认为，"客观作用说"与"主观恶性说"在评判"积极参加者"时考虑都不够全面，"客观作用说"认识到积极参加者在犯罪过程中所起积极之客观作用，然而忽视了其主观恶性程度，"主观恶性说"则恰恰相反，事实上，评判积极参加者应当结合主客观两方面因素加以考察，既要考虑到行为人在犯罪过程中所起到作用，也要考虑其主观恶性程度，这也是刑法主客观相统一原则之要求，因此，"参与程度说"观点是比较全面的。但是，也有观点认为参加共同犯罪体的人对于实现

---

① 王作富著：《刑法分则实务研究》，中国方正出版社2001年版，第256页。

② 刘志伟：《聚众犯罪若干实务问题研讨》，载《国家检察官学院学报》2003年第6期。

③ 张箐：《聚众斗殴罪的司法认定》，载《法学》2006年第3期。

共同犯罪目的出力程度是次要的,[①]真正重要的是他们在出力时旨在实现共同犯罪目的的最终目标。[②] 因此,对犯罪出力程度不高的行为,包括对犯罪的实际实施进一步计划和准备的行为,只要具有共同犯罪目的,便可导致产生共同犯罪体意义上的刑事责任;相反,即便出力程度很高,也知道共同犯罪目的,但如果不具有这种目的,不会导致产生共同犯罪体意义的刑事责任。[③]

积极参与者是一些聚众犯罪的另一个重要的责任主体。我国刑法未对积极参与者的定义和范围作出界定,导致与司法实践中认定非常困难。因此,有观点认为,所谓"积极参加者"是指主动参加扰乱社会秩序活动并起主要作用的人。[④] 一般而言,积极参加者在群体性事件中是协助首要分子实施的聚众行为,或是积极参加扰乱社会秩序行为的人。积极参加者与首要分子在群体性事件中的犯罪是不同的,积极参与者虽然也在群体性事件中起到主要作用,但其所起的作用比起到组织、策划、指挥作用的首要分子小得多。在司法实践中,有的积极参与者是从头到尾参与聚众扰乱行为;有的是在他人正在实施扰乱行为时,半途参加进来并在其中起了主要作用;有的是带头实施了扰乱行为,当聚众扰乱活动愈演愈烈的时候,又悄悄溜走;还有的则是与首要分子事先密谋聚众扰乱活动并积极协助首要分子实施聚众行为,并不直接参与实施扰乱行为;有的则是在聚众扰乱行为中编造并散步谣言,煽动不明真相的众人的情绪等行为。总之,不论积极参加者在聚众扰乱行为中的具体行为方式如何,主要在聚众扰乱行为中起主要作用,就应该认定为积极参加者。作为积极参加者而言,首先是扰乱行为的参加者;其次就其参加扰乱的行为的表现即参与扰乱行为的程度,在扰乱中所起的作用和其主观恶性而言,是积极参与者。因此,要将参加者与围观者相区别开来。有学者

---

① See Prosecutor v. Tadic(Appeals Chamber Judgment)ICTY - 94 - 1 - A(15 July 1999), pp. 227,229.

② See Prosecutor v. Tadic(Appeals Chamber Judgment)ICTY - 94 - 1 - A(15 July 1999),p. 228.

③ See Danner A M, Martinez J S, Guilty Associations: Joint Criminal Enterprise, Command Responsibility and the Development of International Criminal Law[J]. *California Law Review*,2005, 93(1):75 - 169.

④ 参见王作富著:《刑法分则实务研究》(中),中国方正出版社 2010 年版,第 1225 页。

认为,积极参加者是对参与聚众犯罪活动的人参与犯罪程度的评价,这种评价既要考虑实施犯罪的危害行为在聚众犯罪中作用的大小,也要考虑行为人参与犯罪的主观恶性的轻重。具体来说,就既遂状态而言,在首要分子组织、指挥下,直接实施危害行为导致危害结果发生或者犯罪目的达到的是积极参加者,有效煽动、纠集他人参加犯罪者也是积极参加者。有时在犯罪现场为实行危害行为的犯罪分子增势助威也可以成为积极参加者,这需要考虑诸方面的犯罪事实而定。① 有观点认为积极参与者是指明知是聚众犯罪活动而积极主动实施重要行为的人或者聚众犯罪中造成严重后果的人。② 也有观点认为,所谓"积极参加者"一般来说是指在聚众犯罪中行为人以积极的心态参加到聚众犯罪中来,行为突出但是尚未达到罪行重大的程度。③ 这种观点不太好表述,所谓积极,其表现出的是一种主观心态,是对参加这一行为的修饰,虽然是行为,但是主观性太大,因而也不好界定。还有观点认为,应以行为人的行为对具体直接危害社会活动的作用大小和行为人参与具体直接社会危害行为主观恶性的大小来进行区分的综合判断,也称之为"参与程度决定说"。④

笔者认为,"参与程度决定说"更加具有合理性,积极参加者中的"积极"二字是一个修饰词,带有心理评价色彩,强调的是行为人对参加犯罪活动所持有的一种积极的心理状态,这种积极的心态是主观恶性较大的重要表现,并且通过其行为表现出来。如果要对积极参与者的认定,可以从几个方面来分析判断:一是从参与者的参与缘由来看,行为人是自己主动要求参加的,还是经过他人的邀请,或者被胁迫、或者临时起意参加的。如果是行为人主动要求参加,则可以推断出主观恶性比较大;如是被胁迫或者被诱骗来参加的,主观恶性相对来说小得多,但也不能完全以进入犯罪活动来判断是否成为积极参与者最重要的标准,因为会出现转化的情况,如刚刚进入犯罪活动时是被动参加的,但是,在参与过程

① 参见张正新、金泽刚:《论我国刑法中的聚众犯罪》,载《法商研究》1997 年第 5 期。

② 参见刘德法著:《聚众犯罪理论与实务研究》,中国法制出版社 2011 年版,第 116 页。

③ 参见李宇先著:《聚众犯罪研究》,湖南人民出版社 2004 年版,第 60 页。

④ 参见张箐:《聚众斗殴罪的司法认定》,载《法学》2006 年第 3 期。

中,由于利益的诱惑或者其他原因,有可能变为主动犯罪行为的积极实施者,此时,也应该认为积极参与者。当然,也有刚开始主动进入犯罪活动的,中途又退出的情形,此时如果没有造成危害后果,则也可以构成一般参与者,不追究其刑事责任。由此可以得出,判断行为人是否成为积极参与者,需要考量群体性事件的整个情况,考察参加者在该犯罪过程中的参与热情和犯罪中的客观行为,该行为对群体性事件所起的作用的大小来综合判断。二是可以从参与者参加群体性事件的频率来看是否频繁。以参加群体性事件的次数多少也是衡量一个行为人是否积极参与群体性事件的标准,一般来说,参加群体性事件的次数越多,表明其行为越积极。应该以积极参与者认定,因为普遍情况下,民众没有诉求或者权益没有被侵害的时候,不可能去刻意参加群体性事件。因此,行为人参加群体性事件的次数也是积极参与的一种直接体现。三是从行为人在具体的涉刑群体性事件中是否具有积极性,这一标准需要具体问题具体分析,以判断参与者的积极性。

二、群体性事件中积极参与者认定

如何认定群体性事件中的积极参与者呢?在司法实践中,对于为群体性事件中犯罪提供作案工具或者提供运输条件,但却没有实施具体危害行为,是否属于聚众犯罪中的积极参与者呢?有学者认为,行为人与聚众犯罪的参与者存在共同犯罪的犯罪故意,为部分或者全部参与人员提供了刀具、棍棒等作案工具,并且在具体犯罪中接受者使用了这些工具造成了严重后果的,仍然应该将其认定为积极参与者。因为提供工具在犯罪中起到了重要的作用,并且行为人提供工具的行为与聚众犯罪危害后果之间发生了直接、必然的因果关系。[①] 笔者不赞同这种观点,因为提供者仅仅提供了作案工具或者提供了运输条件,可以分为两种情况分析,第一种情况,如果提供者明知接受者是为了去实施犯罪行为而提供作案工具,则可以认定为积极参与者;但如果提供者并不知道接受者拿作案工具的主要目的,则不能构成积极参与者。第二种情况,如果接受

① 参见刘德法著:《聚众犯罪理论与实务研究》,中国法制出版社 2011 年版,第 115 页。

者使用了提供者的作案工具,但该作案工具对犯罪中的危害后果并没有起到主要作用,仅仅起到一个辅导作用,此时,不宜界定为积极参与者,而应该界定为一般参与者。对于提供的运输条件,适用使用交通工具将犯罪参与人运送至现场,或者接应参与人逃离现场的,也要看其行为在整个犯罪中的作用。在这里可以考虑一个特殊主体,出租车司机把犯罪参与人运送到现场是否构成积极参与者。笔者认为,不能构成积极参与者,因为出租车司机有可能并不知道犯罪参与者的身份,也可能并不知道其犯罪目的。但是,如果也有出租车司机知道犯罪参与者的身份或者犯罪目的的,此时,则构成积极参与者的身份。

对于积极参加者的认定,首先要考虑他在整个犯罪中所起的实际作用,同时要考察犯罪参与者的主观恶性、积极态度。如果对犯罪表现出主动、热心、活跃的态度,反映其主观恶性较大,但是,该人在具体犯罪中的实际作用不大,不能认定为积极参加者。主观表现不明显,但是在群体性事件中的犯罪作用非常大,是导致犯罪结果出现的人,可以界定为积极参与者。主观恶性大、参与程度深、行为后果严重,可以认定为积极参与者。积极参与者在主观上对犯罪的意愿强烈、积极响应、主动参加;客观上行为积极、作用非常突出,危害性较大,是直接危害行为的主要实行者。因此,是否成为积极参与者应该考虑以下几个重要因素:一是犯罪的积极响应者。如得知首要分子的策划信息后,主动要求参加犯罪、经纠集参加后主动帮助联系更多的人员参加,提供关键的作案工具等。二是具体危害行为的直接实施者。在首要分子的组织、指挥下,直接实施具体危害行为导致危害结果发生的人。三是危害后果的制造者。即行为与严重危害后果存在直接的因果关系的人。四是在犯罪现场直接实施具体危害行为者进行有效煽动、增势助威的人员。

除了群体性事件中直接规定的15种①积极参与者之外,还有其他的主体能够被视为积极参与者。《刑法》第290条第3款和第4款的规定,

① 分裂国家罪,煽动分裂国家罪,武装叛乱、暴乱罪,颠覆国家政权罪,煽动颠覆国家政权罪,组织领导参加恐怖组织罪,聚众哄抢罪,聚众扰乱社会秩序罪,聚众冲击国家机关罪,聚众斗殴罪,组织越狱罪,暴动越狱罪,聚众持械劫狱罪,聚众冲击军事禁区罪,聚众扰乱军事管理区秩序罪。

多次扰乱国家机关工作秩序，经行政处罚后仍然不改正，造成严重后果的，处3年以下有期徒刑、拘役或者管制。多次组织、资助他人非法聚集，扰乱社会秩序，情节严重的，依照第3款的规定处罚。第290条的第1款和第2款明确规定了首要分子和积极参加者两种责任主体，但是在第3款和第4款却只用了“多次扰乱”“多次组织”“多次资助”的字样，并没有明确规定有首要分子和积极参与者。根据前文讨论认定积极参与者的适应标准，可以把第3款和第4款的多次扰乱人、多次组织者、多次资助者认定为积极参与者。在前文已经论述过，是否表现为积极的主观心理状态，可以以次数的多少来衡量。当然，刑法修正案（九）增加的这两款内容虽然解决了群体性事件中的部分犯罪现象，但是，对“多次”到底是多少次并没有作出司法解释，这给司法实践中的工作人员带来了困惑。因此，笔者认为，多次解释为3次及其以上具有合理性。因为，只是实施了2次并不能表达其主观方面有积极的方面，但是如果有3次参加或者资助的行为，则可以判断其具有积极性。我国《刑法》第291条第2款规定，编造虚假的险情、疫情、灾情、警情，在信息网络或者其他媒体上传播，或者明知是上述虚假信息，故意在信息网络或者其他媒体上传播，严重扰乱社会秩序的，处3年以下有期徒刑、拘役或者管制；造成严重后果的，处3年以上7年以下有期徒刑。该款内容并没有明確是否首要分子或者积极参与者，但从其法条分析，该款中的主体包括编造者和传播者，编造虚假的信息在网络上传播，或者明知是虚假信息依然故意在网络上传播，导致严重扰乱社会秩序的处相应的刑罚，造成严重后果的则处更加严重的刑罚。《刑法修正案（九）》中也并未有何谓严重扰乱社会秩序，何谓造成严重后果具体表现是什么的明确表述。

第二节　群体性事件中积极参与者刑事责任之承担

一、积极参与者作为主犯的刑事责任

（一）群体性事件中积极参与者构成主犯认定

除了第三章介绍的首要分子能够成为主犯之外，其他犯罪参与者也

有可能成为主犯。前文已经讨论过主犯与从犯的区别应综合考虑共同犯罪中所处的地位、参与程度、犯罪情节以及对造成危害结果产生作用的大小等各方面因素来确定。从司法实践来看,主犯一般在事前提出犯意,担当领导角色,纠集、邀约他人,出谋划策;实施犯罪时积极参加,担当主角,往往还指挥、协调他人的行为,所犯的罪行较重,或者直接造成严重的危害后果;有的事后还策划掩盖罪行、毁灭罪证、逃避处罚的行为。如有学者认为,这些首要分子之外的犯罪参与人有可能认定为主犯:犯意的发起者、犯罪的纠集者、犯罪的指挥者、犯罪的主要责任者、犯罪的主要实行者。① 犯意的发起者,是指在二人以上共同实行犯罪的场合,在认定主犯的时候,首先要看犯意是由谁发起的。② 而从司法实践中来看,一般犯意的发起者与参与犯罪实行的,往往是共同犯罪中的主犯。群体性事件中的犯意发起者一般包括发起者、肇事者两类。所谓发起者,就是对其行为和所要达到的目的有自觉意识、其目的是要直接挑起事件的人。一般而言,这里发起者包括了权利被侵害者,也有其他不相关的人会成为犯意的发起者。犯罪的纠集者,在参加群体事件中的犯罪参与者中,每个参与者的主动程度是不相同的,犯罪的纠集者一般都是共同犯罪中的主犯。犯罪的指挥者,在群体性事件中,各个共同犯罪人的行为往往是相互配合的,需要有人协调共同犯罪的行为,在共同犯罪中充当了指挥者的角色,是共同犯罪的主犯。③ 笔者不赞同该观点。笔者认为这里犯罪的指挥者与首要分子中涵盖的指挥行为具有同样的行为特征,这里的犯罪指挥者应当作为首要分子来界定,当然,同样构成主犯,只是其所属空间不一样。犯罪的主要责任者,在群体性事件中,构成共同犯罪的共同犯罪人可能具有一定的职务,犯罪的主要实行者,这一类人在群体性事件中虽然不像首要分子那样在共同犯罪中起到组织、策划、指挥的作用,但却是共同犯罪的积极参与者,或者是犯罪结果的主要致使者。因此,一些在犯罪行为实施过程中积极实施群体性事件所涉及

---

① 参见陈兴良著:《共同犯罪论》,中国社会科学出版社 1992 年版,第 203 ~ 209 页。

② 参见陈兴良著:《共同犯罪论》(第二版),中国人民大学出版社 2006 年版,第 287 页。

③ 参见陈兴良著:《共同犯罪论》(第二版),中国人民大学出版社 2006 年版,第 289 页。

聚众犯罪的实行行为，并且该行为造成了严重的社会危害结果，也有可能构成主犯。如在聚众冲击国家机关罪中，对积极实施实行行为的行为人既不是事件的组织者、领导者、策划者，但是，在事件发生的过程中积极实施了冲击国家机关的相关实行行为，对事件中的处置者或者其他无关的人员实施了暴力殴打行为，或者积极毁坏了公私财物，造成了严重的危害结果的，该行为人在相关聚众犯罪中已经属于起到了犯罪的主要作用，对该行为应该认定为主犯。

（二）群体性事件中积极参与者构成主犯刑事责任之承担

前文已经论述首要分子可以构成主犯，积极参与者在有些情况下也可以构成主犯，此时，群体性事件中积极参与者构成主犯刑事责任之承担在共同犯罪中，可能出现首要分子和积极参与者都是主犯，且罪责相当的情况下，应该如何区分主犯之间的罪责呢？首先，从各个犯罪参与人的具体行为分析其地位和作用。在犯罪预备阶段，包括了提起犯意、选择犯罪对象、准备犯罪工具等环节。在这个环节区分其罪责原则上以提起犯意为主。一般而言，预谋过程中提起犯意的被告人往往会积极实施犯罪，且常常对共同犯罪行为有一定的控制力，所以作用相对突出。对于起意后积极准备工具，直接参与实施抢劫和杀人行为的，即使其在实行阶段的作用与其他犯罪参与人相同或者略小，但是，可以认定为整个罪责比较大。也存在，几人均有犯意，仅仅是其中一个人先说出，后面几个人一拍即合，并积极参加预谋，此时，起意者在实行阶段作用不突出的，不能认定起意者罪行较大。在实行阶段，关键看哪个犯罪参与者的行为对造成被害人死亡的结果所起的作用的大小来判断。一般而言，行为越主动的，罪责越大；暴力手段有所节制的，罪责相对小些。犯罪后续阶段，一般存在毁灭罪证、分赃等环节。实行了这些行为的则罪责较大，没有实行这些行为的，罪责较小。其次，区别各个犯罪参与人的主观恶性、人身危险性的差异性。一般来说，需要考察犯罪参与者自身的情况、犯罪前后的表现。如成年人与未成年人共同犯罪，则成年人的罪责较大；累犯比初犯的罪责大等。

二、积极参与者作为从犯的刑事责任

（一）群体性事件中积极参与者构成从犯认定

我国《刑法》的第27条规定，在共同犯罪中起次要或辅助作用的，是从犯。将从犯规定为在共同犯罪中起次要作用或辅助作用的犯罪人。这是将共同犯罪人按其在共同犯罪中的作用和分工两个标准有机统一起来对共同犯罪人进行分类的结果。对于我国刑法从犯的内涵，学者有不同的观点。第一种观点认为，从犯仅指帮助犯。把从犯定义为在主犯实施犯罪行为之前或在主犯实施犯罪行为的过程中帮助主犯实施犯罪行为的人。[①] 第二种观点认为，我国的从犯包括次要的实行犯和部分的帮助犯。这种观点认为，如果在共同犯罪中多方面起辅助作用的人，应以主犯论处。[②] 还有观点认为我国的从犯包括次要的实行犯和全部的帮助犯。[③]

我国的通说认为，起次要作用的从犯是指次要作用的实行犯，起辅助作用的从犯是指帮助犯。而刑法中的胁从犯是一种特殊种类的从犯，需要考虑行为人在共同犯罪中所起的次要、辅助作用，还要考虑到行为人参与共同犯罪的胁迫情节，将作用标准和情节标准融合生成的特殊从犯。笔者赞同通说的观点，从犯包括了次要实行犯和帮助犯。从犯在客观上担当配角，不直接实施具体犯罪构成客观要件的行为，帮助准备、实施犯罪，为共同创造有利条件和环境，或者虽然直接参与实施了犯罪行为，但罪行较轻，没有直接造成危害后果或者危害后果并不严重；在主观上，犯罪时与其他共同犯罪人具有共同犯罪的故意，但听从主犯的安排、授意和指挥，主观恶性较小。

群体性事件中涉及积极参与者、多次参与者与一般的共同犯罪中的从犯是有区别的。第一，一般共同犯罪中的从犯有次要实行犯和帮助犯两种，而群体性事件中的犯罪参与者一般都是实行犯。实行犯是指在共

---

① 参见张尚著：《中华人民共和国刑法概论》（总论部分），法律出版社1983年版，第193～194页。

② 参见张明楷：《关于共犯人分类刑事立法的再思考》，载《中国法学》1993年第1期。

③ 参见马克昌主编：《犯罪通论》，武汉大学出版社2010年版，第571页。

同犯罪中直接着手实行犯罪的犯罪分子。次要实行犯，是指在共同犯罪中直接着手实行犯罪，且在共同犯罪中起次要作用的犯罪分子。直接实行犯罪具体构成要件的人是实行犯。起次要作用的从犯，即次要的实行犯。这种从犯是在共同犯罪主犯的组织、领导、指挥下参加犯罪，直接实施危害行为，对犯罪结果产生直接责任，但相对于主犯而言，他所起的只是次要作用。对次要作用的判断，不能片面强调行为人的某一方面而忽视其他方面，要根据其参与整个犯罪的情况，如其在整个共同犯罪中所处的地位、参与实施犯罪的程度、具体罪行的大小、对犯罪结果的发生所起的作用，也就是在整个共同犯罪中的作用来综合判断。① 起次要作用的从犯，一般具有这样一些特征：(1)对犯意的形成起次要作用，比如被他人劝诱或纠集，对主犯的犯罪意图表示附会或服从；(2)在具体实施犯罪中处于被支配地位；(3)没有实行犯罪中的一些关键重要情节，对犯罪结果所起的作用较小；(4)经济犯罪中，不能主持分赃或者分得赃物较少。② 帮助犯是指在共同犯罪中，以无形的心理支持或有形的物质帮助等方式故意帮助实行犯实施犯罪。我国现行刑法典中没有帮助犯这一概念，刑法理论通说观点认为，刑法所谓"在共同犯罪中起……辅助作用的"从犯，所指就是帮助犯，只是没有使用帮助犯的概念。③ 所谓帮助犯是针对实行犯而言的，是指没有直接实施某一具体犯罪构成要件的行为，但为犯罪创造了便利条件的犯罪分子。④ 从广义上讲，帮助行为实际上也是一种在共同犯罪中起次要作用的行为。帮助犯的帮助行为与上述第一类从犯行为的区别不在于两者在共同犯罪中的作用，而在于非实行行为与实行行为的区别。⑤ 起辅助作用的从犯，一般有这样几种情况：(1)提供犯罪工具；(2)提供犯罪对象；(3)为实行犯带路，查看作案地点；(4)侵财犯罪中帮助实行犯调离财物所有者或监管者；(5)犯罪前允

---

① 参见陈兴良著：《共同犯罪论》，中国社会科学出版社 1992 年版，第 201 页。

② 参见李小文：《主从犯的若干问题研究》，载《上海大学学报》(社会科学版)2008 年第 15 卷第 2 期。

③ 参见马克昌主编：《犯罪通论》(第三版)，武汉大学出版社 1999 年版，第 549 页。

④ 参见高铭暄著：《刑法专论》(上篇)，高等教育出版社 2002 年版，第 354 页。

⑤ 参见阴建峰、周加海著：《共同犯罪适用中疑难问题研究》，吉林人民出版社 2001 年版，第 285 页。

诺事后为实行犯运赃、窝赃、销赃。有观点认为采用广义的帮助犯概念，将帮助犯区分为起辅助作用的帮助犯和起主要作用的帮助犯。因为确实存在所谓的帮助作用在共同犯罪中起到关键作用的情形，此时如将该帮助犯认定为从犯，显然罪刑之间难以平衡。但是从刑事立法的基本立场出发，将帮助犯限定为起辅助作用的从犯，似更合理。因为考察司法实践中所谓起主要作用的帮助犯，实乃具有帮助性质的实行犯，完全可以按其在共同犯罪中的实际作用大小，直接认定为主犯性质的实行犯或从犯性质的实行犯。[①] 第二，一般共同犯罪的从犯的刑事责任是由刑法总则的条款予以规定的，群体性事件中的涉及聚众犯罪的犯罪参与者的罪责由刑法分则的相应条款具体规定。其中，涉及聚众犯罪中积极参与者、多次参与者在故意犯罪的情形下，只能依照刑法分则条文的规定给予定罪量刑。因此，在这里认定积极参与者构成从犯时，充分考虑其在犯罪实行行为中的主观恶性和心理因素，应当坚持以客观行为来判断主观方面的“积极”态度进行综合性的判断，坚持主客观相一致的原则。在认定群体性事件中积极参与者构成从犯时，应该注意集中情况：第一，在比较各实行犯作用的主次时，必须将比较的范围限定在同一个案件中，即只能在共犯人之间比较，而不能同其他案件的共犯人相比。因为类似的实行行为，在不同案件中的作用可能相差很大，此种情况在数额犯中尤为明显。只有在同一案件中对各共犯人的行为作用进行比较，才能得出比较科学的结论。有些案件中的从犯，虽然作为单独犯罪来看，其行为是很严重的，但与同案的主犯相比，作用地位较轻，则应认定为从犯。第二，应当结合全案情况，综合、灵活地认定实行犯的主次作用。由于简单共同犯罪中，各行为人均直接实施了犯罪构成要件行为一部分或全部，如果仅考察各人的实行行为，有时可能较难认定主次地位。必须结合全案情况，包括考察是否系犯意的发起者、犯罪的纠集者、犯罪的指挥者、犯罪的主要责任者以及是否参与了犯罪的全过程或关键环节。通常，作为主犯的实行犯，主要是通过其在参加实施共同犯罪活动的程度、具体罪行的大小、对造成危害结果的作用等来体现其在共同犯罪中的

---

① 参见曹坚：《从犯问题研究》，华东政法大学 2009 年博士学位论文，第 13 页。

“主要作用”。对于虽然直接参与实施了犯罪行为，但罪行较轻，没有直接造成危害后果或危害后果不很严重的行为人，以及仅参与了犯罪过程中的部分非关键环节的行为人，则可认定其为从犯。第三，应当正确看待“多次作案”与主要作用的关系。作案次数的多少固然是考察行为人作用地位的方面之一，但不能绝对化，认为作案次数多的就一定是主犯。在有些案件中，有的犯罪分子虽然参与的次数多，但在每一次犯罪中均起次要作用，对于这样的行为人，就不能一概认定为主犯。因此，应当把行为人的作用放在每一次具体的犯罪和案件的整体中来衡量，正确加以认定。

（二）群体性事件中积极参与者构成从犯刑事责任

从犯在客观上当担配角，不直接实施具体犯罪构成客观要件的行为，帮助准备、实施犯罪，为共同创造有利条件和环境，或者虽然直接参与实施了犯罪行为，但罪行较轻，没有直接造成危害后果或者危害后果并不严重；在主观上，犯罪时与其他共同犯罪人具有共同犯罪的故意，但听从主犯的安排、授意和指挥，主观恶性较小。

第五章　群体性事件中其他参与者刑事责任

第一节　其他参与者界定及认定

犯罪概念是犯罪构成的基础，犯罪构成是犯罪概念的具体化。犯罪概念回答了什么是犯罪？犯罪具备哪些属性？犯罪构成则进一步回答犯罪是怎样成立的？它的成立需要具备哪些法定条件？[①] 犯罪构成要解决的是成立犯罪的具体标准，通过犯罪构成中的客体、客观要件、主体、主观要件的综合分析，探讨群体性事件中哪些行为因具备犯罪构成而受到刑事处罚的行为。

一、其他参与者界定

其他参加者是指除首要分子和积极参加者以外的一般参加者，两者之间的区别在于其参与犯罪行为的程度。“一般”是相对于“积极”而言的，这些词汇带有心理评价的词语，强调行为人对聚众犯罪活动持有热心的态度而言，表现出较强的主观恶性，并且在这种主观心理支配下实施了重要的危害行为。而作为一般程度的参加者，在心理上主观恶性不大，通常表现出随波逐流、盲从凑热闹的态度；在客观上是附随而动，扎堆起哄，没有具体的危害行为，在聚众犯罪中起到助势壮威的效果，实际作用不大。因此，一般参加者，是指在在聚众犯罪中起到次要或者辅助作用，一般只是参与实施了聚众犯罪中较轻的危害行为，有时只是在犯

① 参见高铭暄、马克昌主编：《刑法学》（第五版），北京大学出版社、高等教育出版社 2011 年版，第 49 页。

罪中为参与者助威、壮大声势，其行为不是引起危害结果发生的主要原因。如在《刑法》第 301 条的聚众淫乱罪中，一般对被聚集参加淫乱的人不以犯罪论处，但是，如果参与淫乱的人属于被聚集参与淫乱的“多次参加者”，则要追究其刑事责任，由一般参与者变为积极参与者。多次参与者中的多次一般是指不少于 3 次的行为人，偶尔一次参加或者在犯罪过程中作用很小的参加者，一般不以犯罪论处。然而，在危害国家安全罪中，则对于其他参与者都处以刑事责任。

有观点认为，聚众犯罪中的其他参加者，是指除了首要分子和积极参与者以外的一般参加者。[①] 也有观点认为其他参加者，是指在聚众犯罪中，随大流者，随身附和者，其主观心态并不积极，主要起到壮大声势的作用，实质上是一般的参与者，其作用与其他大陆法系国家和地区刑法理论中的“在场助威者”相仿。[②] 还有观点认为所谓的一般参与者是指在实行涉众型犯罪活动中起次要作用或者辅助作用的犯罪分子，即次要的实行犯和帮助犯。[③] 对于次要的实行行为者虽然其参加了犯罪的实行，但因对危害结果的发生所起的作用较小，因而一般不追究刑事责任。对辅助犯罪实行者，如犯罪工具的提供者，这类行为对危害结果的发生作用也有限，因此一般也不认定为构成犯罪。在实践中，对“在场助势者”的地位和作用，需要认真甄别，这些助势行为通常有摇旗呐喊、打锣示威、散发传单等。这种助势行为一般而言，是不具有犯罪性的。该类人群没有明确的犯罪意识，也不能正确认识其行为可能引起的利害关系，缺乏可谴责性。笔者赞同第一种观点，聚众犯罪的一般参与者是指除了首要分子和积极参与者之外的所有参与者，既包括一般参与者，也包括其他的参与者，该处的其他参与者范畴小于前面提到的其他参与者范畴。从犯罪心理学来说，首要分子和积极参与者有一个共同的心理特征，即都是主动要求参加的犯罪行为心理，而其他参与者的心理并无积极犯罪的心理层面，如围观者或者起

---

① 参见刘德法著：《聚众犯罪理论与实务研究》，中国法制出版社 2011 年版，第 129 页。

② 参见李宇先著：《聚众犯罪研究》，湖南人民出版社 2004 年版，第 61 页。

③ 参见莫晓宇著：《涉众型犯罪研究》，中国人民公安大学出版社 2015 年版，第 99 页。

哄者,抱着看戏的态度,或者好玩的心态,再如国家工作人员成为群体性事件中的参与者,是被动成为其参与者,一般而言,刚开始是执行公务的行为,在势态发展的过程中,有可能转化为违法行为或者犯罪行为。一般参与者在现行刑法中是不用承担刑事责任的,除了群体性事件中一般参与者的转化犯之外。这两类参与者如果对已经具有了犯罪的特征,社会危害性、刑事违法性等特征,则可以转化为犯罪处理。

二、群体性事件中其他参与者的认定

群体性事件中一般参与者,包括了起哄者、围观者、附和者、被煽动的人、另有企图的人等;对于参与主体的认定,在这里统称为"现在助威者"的犯罪认定。在群体性事件过程中,一般参与者有可能转化为积极参与者,甚至罪行重大的人,也有可能转化为首要分子。反之,一般参与者也有可能随意退出参与。因此,要分情形进行讨论分析。如果是一般参与者在群体性事件中退出了参与,则不用承担刑事责任。如果在现场助威者在助威时,转换为犯罪行为的实施者,并对社会造成了严重的危害性,此时应该承担相应的刑事责任;如果是转换为首要分子时,则更加应该承担相应的刑事责任。如何认定其行为转变为犯罪行为呢?群体性事件中除了首要分子和积极参加者之外,还有其他的参与者。然而,这些其他参与人员并不是在所有群体性事件中都存在,而是存在于刑法分则规定的不仅仅是以首要分子为犯罪主体的法定罪名当中。具体而言,从群体性事件的参与主体来看,包括了起哄者、附和者、围观者、被煽动的人、另有企图的人等。该类主体可以被认定为一般参与者,一般来说,这些参与者都不以犯罪论处,但是如果其参与的主观恶性非常严重,则可以作为犯罪处理。如在群体性事件中的构成聚众冲击国家机关罪中,一般都是由聚集行为演化为冲击行为,聚众行为此时并不是积极参与的行为,可能是观望,可能起哄,可能是好奇心驱使等心理因素,此时可以界定为一般参与行为,还没有触及犯罪行为,但是,在从众心理和法不责众心理的驱使下,一般的参与行为容易转变为犯罪行为——冲击国家机关的行为。所谓冲击,是指在首要分子纠集下,强行冲闯国家机关门禁；包括国家机关驻地；用石块、杂物投、袭击；切断电源、水源、电话线等；堵塞通道，阻止国家工作人员出入；强占办公室、会议室，辱骂、追打工作人员；损毁公共财物、毁弃文件、材料；强行侵入、占据办公场所拒不退出等。[①] 例如，被告人曹某某因本村土地被征用，并对政府工作人员工作方法产生了不满情绪，声称要向县委、县政府领导讨一个说法。曹某某购买了条幅等物品，自编标语，写好了横幅，组织本村几十名群众，由被告人邢某某、王某某等人打着横幅边走边喊。行至县委、县政府之后，不听保安的劝阻，强行冲入县委、县政府办公楼大厅，对县委保安人员进行谩骂、殴打，并对政府工作人员进行殴打，在县委、县政府大厅乱喊、乱骂，致使县委、县政府无法正常工作长达3小时之久。法院认定3名被告构成聚众冲击国家机关罪，判处曹某某有期徒刑5年，邢某某与王某某分别被判处有期徒刑3年缓刑5年和有期徒刑2年缓刑3年。[②] 从该案的判决分析可知，最初的参与者只是具有一般的参与行为，之后转化为侵害政府工作人员的犯罪行为，影响其行政部门的正常工作的运转。此时的犯罪参与者应该承担相应的刑事责任。

第二节　群体性事件中其他参与者刑事责任之承担

一、其他参与者构成从犯的刑事责任

（一）其他参与者作为帮助犯讨论

1. 帮助犯本质评析。帮助犯是指帮助正犯使之实施犯罪的犯罪形态。帮助犯的基本特点是，自己不直接实施犯罪，而是在他人具有犯罪决意之后，为他人实施犯罪创造条件或者提供便利，帮助他人完成犯罪。从形式上看，日本学者认为所谓帮助犯是指帮助正犯的人。[③] 而从实质

---

① 参见赵秉志主编：《扰乱公共秩序罪》，中国人民公安大学出版社2003年版，第266页。

② 参见河南省柘城县人民法院刑事判决书（〔2012〕柘刑初字第140号）。

③ 参见［日］大谷实著：《刑法总论讲义》（新版第2版），黎宏译，中国人民大学出版社2008年版，第401页。

上看，我国台湾地区学者认为帮助犯是在精神或物质上，协助他人实施构成要件的人。[①] 另有学者认为："所谓帮助犯，乃对于已经有犯罪决意之他人使其实行行为容易者。"[②]可以说，对帮助犯形式上的理解则主要借助于刑法规范的表述；而对帮助犯实质的理解则是从帮助犯的行为特征入手。我国学者对于帮助犯概念的阐释也和国外学者并无太大出入，如有学者认为帮助正犯的，是帮助犯。[③] 然而，帮助犯的本质却存在犯罪共同说和行为共同说的争议。犯罪共同说认为从构成要件的定型性出发，认为共犯就是数人共同实施特定的犯罪，也即二人以上只能就完全相同的犯罪成立共同犯罪。"按照犯罪共同说的主张，对于共犯关系的成立必须以各个共犯人所成立的犯罪罪名的同一为基础，故共同犯罪被理解为'数人一罪'"。[④] 犯罪共同说又可分为完全犯罪共同说和部分犯罪共同说。完全犯罪共同说认为若要在参与人之间成立共犯关系，参与人必须共同实施特定的犯罪，而且罪名也应当具有一致性。完全犯罪共同说在数个行为人实施完全相同的犯罪情况之下并不会产生过多的歧义。但是，如果共同犯罪人主客观方面存在差别，那么适用完全犯罪共同说就会造成认定上的困境。完全的犯罪共同说主张数人一罪，数个犯罪人在罪名相同的情况下才能成立共同犯罪。由于该说存在理论缺陷，因此部分犯罪共同说的提出和发展旨在在犯罪共同说的基础之上弥补完全犯罪共同说的不尽人意之处。部分犯罪共同说认为，"数人所共同实施横跨不同要件的行为，在这些要件是同质且重合的时候，则在同质重合的限度内，成立共同犯罪。"[⑤]我国学者对于部分犯罪共同说的基本观点也有所概括："二人以上虽然共同实施了不同的犯罪，但当这些不同的犯罪之间具有重合的性质时，则在重合的限度内成立共同犯罪。"[⑥]对

---

① 参见林东茂著：《刑法综览》，中国人民大学出版社 2009 年版，第 179 页。

② 陈子平著：《刑法总论》，中国人民大学出版社 2009 年版，第 582 页。

③ 参见张明楷著：《刑法学》（第四版），法律出版社 2011 年版，第 384 页。

④ 阎二鹏：《共犯本质论之我见——兼议行为共同说之提倡》，载《中国刑事法杂志》2010 年第 1 期。

⑤ ［日］大谷实著：《刑法讲义总论》（新版第 2 版），黎宏译，中国人民大学出版社 2008 年版，第 365 页。

⑥ 张明楷著：《刑法学》（第四版），法律出版社 2011 年版，第 358 页。

于行为人超出重合的且符合构成要件的行为单独定罪。相对于犯罪共同说,行为共同说受到了新派刑法学者的支持。该说将共同犯罪的“共同”理解为行为的共同,而并非是行为人实施了共同的犯罪。行为共同说主张:“在‘行为’方面,不要求共同实施特定的犯罪,只要行为具有共同性就可以成立共同犯罪;在‘意思联络’方面,也不要求数人必须具有共同实现犯罪的意思联络,只要就实施行为具有意思联络就可以成立共同犯罪。”①简言之,行为共同说认为共同犯罪之“共同”在于行为的共同,只要数个行为人实施了共同的行为,就成立共同犯罪。

对于部分犯罪共同说和行为共同说的评析,部分犯罪共同说与刑法的个人责任原则相违背,因为个人原则强调行为主体和责任主体应具有同一性,行为人应该只对自身所实施的不法行为承担责任,不应对其他行为人所实施的不法行为负责,而部分犯罪行为实际上是对个人责任的一种超越,而行为共同说则彻底贯彻了刑法中的个人责任原则。同时,混淆了共犯成立条件和共犯责任的界限,从归责的角度出发,共同犯罪所要解决的是将违法事实归属于那些共同犯罪参与人,以便使其承担与犯罪行为相对应的刑事责任。根据行为共同说的主张,则能得出罪责统一的结论,犯罪共同说则不能准确地在共同犯罪人之间清晰划定不同行为人的责任范围。同时,行为共同说认为共同犯罪的成立不必考虑行为人主观故意是否有着完全一致的内容,而部分犯罪共同说则在对共同犯罪行为人归责的时候,要考虑行为人是否和他人具有共同的故意。简言之,部分犯罪共同说在共犯所实施行为人的客观责任判断上加入了行为人的主观因素,导致了共犯责任的界限判断出现混乱。

2. 帮助犯成立条件:首先,帮助犯成立的前提条件——正犯的存在。帮助犯的成立从属与正犯,纵观大陆法系的共犯理论,关于帮助犯的成立是否需要正犯的存在有两种相互对立的学说——共犯独立性说与共犯从属性说。实际上,共犯的独立性与共犯的从属性研究的是狭义共犯与正犯的关系问题。前文已经论述过共犯独立性与共犯从属性的理论

① 张明楷著:《刑法学》(第四版),法律出版社 2011 年版,第 358 页。

争议问题,这里就不再赘述。其次,帮助犯成立的客观条件——帮助的行为。帮助行为是帮助犯成立所必须具备的客观条件,帮助行为也是帮助犯承担刑事责任的客观基础。在基础理论篇章已经介绍了何谓帮助行为?刑法意义上的帮助行为并不是我们平常观念上所理解的对他人的协助,而是在帮助犯语境之下探讨具有可罚性的帮助行为。正确界定帮助行为的概念,深刻把握帮助行为特征有助于帮助犯的定罪与量刑。针对帮助行为的概念,日本刑法理论及判例认为,"帮助犯的帮助行为是指符合基本构成要件的实行行为以外且使正犯的实行行为变得容易的行为,但却并不要求帮助行为是正犯实施实行行为所必不可少的行为。"①我国台湾地区学者则认为,"所谓'帮助',系指使他人犯罪之实行容易者而言,详言之,系指对于已具有特定犯罪决意之他人,给予物质或精神之支援,而参与该他人之犯罪者而言。"②而我国学者张明楷教授则言简意赅地将帮助行为阐释为"是使正犯者实行行为更为容易的行为。"③这些观点都是在揭示帮助行为的形式特征和实质特征,即形式特征就是符合基本构成要件以外的行为;实质特征就是被帮助者的实行行为易于实施。

帮助行为的界定应当依托于正犯的实行行为。帮助行为构造的特殊性,决定了帮助行为不可能直接引起危害结果的发生,帮助者只能通过加工正犯者的实行行为方能对法益产生侵害或者侵害的危险。这种间接的因果关系和正犯行为与侵害结果之间直接的因果关系具有明显的不同,单独犯罪所适用的因果关系理论在帮助犯中并不完全适用。通过前文的论述可以表明,在共犯体系中,正犯对法益侵害的结果具有直接的促进作用,对于帮助犯来说,其同样促进了犯罪结果的形成。因此,无论是正犯还是帮助犯都应考察其因果关系。对于帮助犯来说,帮助行为是不可缺少的成立要件,在帮助行为成立后就要考察行为与结果之间的因果联系。在因果关系必要说的范围内,促进的因果关系说能够更好

---

① [日]大塚仁著:《刑法概说(总论)》(第三版),冯军译,中国人民大学出版社2003年版,第315页。

② 陈子平著:《刑法总论》,中国人民大学出版社2009年版,第405页。

③ 张明楷著:《刑法学》(第四版),法律出版社2011年版,第384页。

的抓住帮助行为与犯罪结果之间的联系，因此更为可取。

帮助犯成立的主观条件——帮助的故意。帮助犯的主观方面仅存在故意形态。首先，这是由于共犯成立要求共犯与主犯之间必须存在意思联络，而过失的帮助行为与故意的实行行为之间并不存在意思联络。其次，在过失帮助的情形下，该行为人不可能对正犯的实行行为产生主观上的认识。虽然，过失的帮助与法益侵害结果之间会产生客观的因果关系，但是由于过失而提供帮助的行为人主观上对正犯利用该过失所促成的法益侵害结果并不具有故意，导致过失帮助者在主观与客观方面无法统一。最后，社会民众一般的法律观念同样无法接受过失帮助成立帮助犯。

（二）帮助犯成为从犯的刑事责任

我国刑法理论一般认为，所谓“起辅助作用的从犯”就是指帮助犯。通常情况下，帮助行为出现在实施犯罪行为之前，也有可能出现在实施犯罪之时进行的。从犯是指在共同犯罪中起次要作用或者辅助作用的犯罪分子，包括起次要作用的实行犯和起辅助作用的从犯。次要的实行犯主要是相对实行犯而言的，就是虽然直接实施了具体犯罪构成客观方面要件的行为，但是，在共同犯罪活动过程中比主犯所起的作用小，如在群体性事件中，听从了首要分子或者其他主犯的指挥，参与了某些犯罪活动，罪恶不够重大或者情节不够严重；虽然直接参与了犯罪的实行，但属于次要的实行行为，行为没有造成严重的危害后果等。同时，帮助行为没有形式上的限制，既可以提供有形的帮助，如提供犯罪工具，排除犯罪障碍，指示犯罪地点，窥探被害人行踪，打探、传递有利于犯罪实施和完成的犯罪信息，为实行犯实行望风放哨，以及事前通谋时候窝藏、包庇实行犯或者窝赃、销赃等，也可以是对实行犯进行精神上的帮助，如鼓励实行犯，以坚定其犯意的行为。然而，把帮助犯界定为辅助作用的从犯是通说的观点，但也有学者有不同的看法，认为帮助行为也可以构成主犯，因为帮助行为在表面上虽然是辅助他人实施犯罪，但却是在实施构成要件所要求的部分类型化实行行为。此时，判断犯罪的主从应当综合判断行为人在共同犯罪中的作用，而不仅仅取决于行为是否辅助他人的行为。如在强奸罪中，甲企图强奸乙，丙基于共同犯罪的故意在甲没有实施强奸行为之前欺骗乙服下了麻醉药,从而助成了某甲的强奸行为。此时,某丙的行为属于强奸罪规定中的"其他手段"行为,应当归类于帮助性质的实行犯,根据其在共同犯罪中所起的作用,也应当承担主犯的责任。

在认定共同犯罪中起次要作用的从犯,需要考虑在共同犯罪中所处的地位,"从犯在共同犯罪中处于从属的地位,尤其在集团犯罪与聚众犯罪中,从犯听命于首要分子,一般不参与犯罪活动的策划,而只是接受任务,从事某一方面的认为。"①实际参与程度,"在共同犯罪中,从犯一般只参与一部分犯罪活动,或者在参与共同犯罪活动中,缺乏主动精神。"②在共同犯罪中,从犯参与犯罪的程度在共同犯罪中是比较小的,从犯实施的犯罪行为是共同犯罪行为整体中的一部分。具体罪行的大小是考察共同犯罪人在共同犯罪中的作用的一个重要因素。因为共同犯罪虽然是一个整体,但各个共同犯罪人具体罪行又具有相对独立性,由此,可以考察共同犯罪人在共同犯罪中的作用大小。③

二、其他参与者转化为积极参与者的刑事责任

从前文论述得知,其他参与者如果对社会危害性不大,并且在犯罪构成之中并没有起到多大的作用,现行刑法对其并无相关法律规制规定。但是,在群体性事件发生的阶段中,分为群体性事件发生之前的预备阶段、群体性事件的爆发阶段、群体性事件爆发后阶段。大部分的参与者都是在群体性事件的爆发阶段加入其中,在之前并无犯罪的意图,从一开始只是围在周围观看或者喊叫,后来在群体性情绪的激励和影响之下,参与到打砸抢的行为当中。导致由合法的行为或者说一般违法行为转变为犯罪行为。此时,转化为犯罪的行为应该承担相应的刑事责任。如果与积极参与者和首要分子构成共同犯罪的,则承担共同犯罪的刑事责任,如果构成单独犯罪的,则承担其行为所导致的刑事责任。一

① 陈兴良著:《刑法学》,复旦大学出版社 2009 年版,197 页。

② 高铭暄、马克昌主编:《刑法学》,中国法制出版社 2007 年版,第 201 页。

③ 参见刘宪权主编:《刑法学》,上海人民出版社 2008 年版,第 236 页。

般来说，一般参与者转化为犯罪分子时，容易转变为积极参与者，转变为首要分子的情况并未多见，除非旁观者有涉及黑社会背景的情况下，故意挑起事端，为了扩大社会影响，趁机谋求不正当的利益。

在犯罪过程中所起的作用。群体性事件中的其他参与者一部分构成犯罪，一部分不构成犯罪。不构成犯罪时在犯罪过程中不能起到主要作用，也不能起辅助作用。一般而言，就是站在旁边围观或者是起哄的行为。然而，由于“集群心理”“合群本能”的心理影响，会由最初的非事件参与者成为旁观者，随后，在“法不责众”等心理因素的影响下，其旁观行为会发生恶性转化，由旁观向参与、甚至违法犯罪转化。

简言之，由旁观行为向参与行为转化——即旁观者到参与者；参与行为向从众行为的转化——由参与者到从众者；从众行为向越轨行为转化——由从众者到暴徒。因此，参与行为到犯罪行为中间存在一个转化的过程，如果在转化为犯罪时是积极的心态，起到比较重要的作用，则首先判断是否构成一般参与者还是积极参与者，判断其身份后，如果是积极参与者，则追究其刑事责任；如果只是一般参与者，则不能追究其刑事责任。

第六章　群体性事件中犯罪参与者刑事责任特殊问题

第一节　群体性事件中犯罪参与者实行过限问题

共犯过限是共同犯罪中非常重要的内容,特别是在司法实践中,数人事先预谋或者临时协议实施某一项犯罪,其中有某一个人或者某几个人超出了原来预谋的故意内容范围时,实施了的其他犯罪行为。如何处理这种情形,实际上涉及的是共犯过限认定问题。对于共犯过限的刑事责任,一般认为过限的行为应该由过限行为人承担相应的刑事责任,其他共同犯罪人不负责任。然而,群体性事件中犯罪参与者的实行过限涉及则更加具有复杂性,对首要分子、积极参与者、其他参与者的实行过限行为认定,追究其在实行过限时的刑事责任。

一、实行过限界定

(一)实行过限概念争议

对于共同犯罪中的过限行为界定,国外有学者的不同表述,德国学者将其称为正犯过剩行为,即超越共同行为的决意的行为。① 日本学者称之为共犯的过剩行为,也即正犯者实现的结果比共犯者所认识的内容严重的场合。② 意大利学者称之为共同犯罪的偏离,即就某一具体的共

① 参见[德]汉斯·海因里希·耶塞克、托马斯·魏根特著:《德国刑法教科书》,徐久生译,中国法制出版社 2001 年版,第 820 ~ 821 页。

② 参见[日]野村稔著:《刑法总论》,全理其、何力译,法律出版社 2001 年版,第 441 页。

同犯罪人来说,其他人和他一起共同实现的犯罪,并不是他希望发生的犯罪。[①] 第一种观点认为,实行过限又称共同犯罪中的过剩行为,"是指实行犯实施了超过共同犯罪人事先预谋或临时协议范围犯罪行为。"[②]第二种观点将实行过限亦称为共同犯罪中的过剩行为,即指"实行犯实施了超出共同犯罪故意的行为。"[③]第三种观点认为,实行过限即共犯过限,"是指共同犯罪中实行犯实施了某种超出共同谋议的犯罪范围的行为。"[④]第四种观点认为,实行过限"指在共同犯罪过程中,实行犯故意或过失地实施了超出共同犯罪故意范围之外的犯罪行为的一种犯罪形态"。[⑤] 第五种观点称为实行犯过限行为,"即指在共同犯罪过程中,实行犯故意或过失地实施了超出共同犯罪故意范围的犯罪的一种犯罪行为。"[⑥]第六种观点认为,实行过限"是指实行犯实施了超出共同犯罪故意的犯罪行为,也即实行犯在共同犯罪故意之外实施的犯罪行为。"[⑦]实行过限是指伴随着共同犯罪发生的,因行为人故意或者过失实施超出共同犯罪范围的其他犯罪行为,而可能对其他共同犯罪人的刑事责任产生影响的一种犯罪形态。[⑧] 还有学者认为,共犯过限,是指共同犯罪中实行犯实施了某种超出共同谋议的犯罪范围的行为。[⑨] 我国刑法理论认为,实行过限是指在共同犯罪中实行犯故意或者过失地实施了超出共同犯罪故意的行为。[⑩] 归纳总结以上对实行过限的界定发现主要涉及两个问题:一是过失行为是否构成共犯的过限;二是超出共同犯罪故意的范围是否仅仅指超出"预谋"的范围。在此,因为群体性事件犯罪参与人主观

---

① 参见[意]杜里奥·帕多瓦尼著:《意大利刑法原理》,陈忠林译,法律出版社1998年版,第331~332页。

② 赵秉志主编:《中国刑法适用》,河南人民出版社2001年版,第120页。

③ 马松建、王立志:《实行过限问题研究》,载《郑州大学学报》(哲社版)2004年第3期。

④ 赵丰琳、史宝伦:《共犯过限的司法认定》,载《人民检察》2000年第8期。

⑤ 夏强:《过限犯认定问题研究》,载《法制与社会发展》2002年第4期。

⑥ 梁剑、叶良芳:《实行犯过限行为研究》,载《中共中央党校学报》2004年第1期。

⑦ 冯英菊:《共同犯罪中实行过限的判断——色诱抢劫案中女性帮助犯的定性》,载《中国刑事法杂志》2005年第2期。

⑧ 参见阴建峰:《实行过限之本体探索》,载《中国刑事法杂志》2010年第11期。

⑨ 参见刘凌梅著:《帮助犯研究》,武汉大学出版社2003年版,第235页。

⑩ 参见叶良芳:《实行过限之构成及其判定标准》,载《法律科学》2008年第1期。

上具有故意的心态，所以，这里不讨论过失行为，只讨论故意行为。对于超出共同犯罪故意的范围是否仅仅指超出“预谋”的范围，有否定说和肯定说之争，肯定说认为，超出共同犯罪故意的范围仅仅指超出“预谋”的范围，如有学者指出，实行犯过限，就是实行犯实行了超出共同犯罪人预谋范围的行为。[①] 否定说认为，超出共同犯罪故意的范围不仅指超出“预谋”的范围，还包括临时协议的范围而实施的犯罪行为。因此，实行过限的概念为在共同犯罪中，部分共同犯罪故意或者过失地实施了超过共同犯罪范围的行为而形成的一种犯罪情形。[②] 笔者赞同否定说，认为超出共同犯罪故意的范围不仅指“预谋”的范围，还包括临时协议的范围。因为临时协议的与其他的共同犯罪人没有任何关系，不属于共同犯罪中犯罪人的共同故意的范围。

（二）实行过限特征

实行过限的行为必须发生在共同犯罪当中，单独犯罪不构成实行过限。也即如果要产生实行过限，必须要有共同犯罪行为，鉴于群体性事件具有故意性质，因此过失的共同犯罪行为在这里不构成实行过限。同时，一般的违法共同行为也不构成实行过限。也即共同犯罪行为是实行过限行为的基础行为。实行过限具备以下几个特征：

1. 实行过限的客观特征。如果要追究刑法上的刑事责任，必须在客观上具有符合刑法分则构成要件的行为。首先，过限行为必须是一种独立的犯罪行为，必须符合刑法分则客观构成要件的行为。也即该“行为”必须具备社会危害性、刑事违法性以及应受刑罚处罚性的犯罪行为。正如有学者认为，过限犯罪只能是犯罪行为，而不能是一般违法行为，因为刑法上归属某类犯罪形态的行为只能是犯罪行为，若将合法行为或者一般违法行为作为刑法的规制对象，显然缺失了犯罪构成要件的完备性。[③] 其次，过限行为是刑法分则的构成要件行为。有观点认为，过限行为的构成要件中并非任何行为都构成过限犯罪，只有与共犯行为存在构成要

① 参见高铭暄著：《刑法总则要义》，天津人民出版社 1988 年版，第 207 页。

② 参见肖本山著：《共犯过限论》，中国公安大学出版社 2011 年版，第 11 页。

③ 参见夏强：《过限犯若干问题探析》，载吴振兴主编：《犯罪形态研究精要Ⅱ》，法律出版社 2005 年版，第 585 页。

件本质性的区别的行为，才是过限犯的客观外部表现行为。也即刑法分则明确规定将其规定为两种根本不同的独立犯罪。[①] 也有观点认为过限行为的构成要件取决于主观上有无违反共同犯罪的意图，某种行为与共犯行为有不同的犯罪构成，自然构成过限行为。但是，某种行为即使与共犯行为在构成要件上一致，也未必不能成立过限行为。因为构成要件既具有抽象性，又具有具体性。从某种行为是否成立某种行为来看，主要看行为人所实施的具体行为经过抽象化后是否与该总犯罪的构成要件吻合。同时，某种犯罪是否与行为人共同谋议的犯罪相吻合时，则考察行为人所实施的行为在具体的构成要件要素事实上是否与共同谋议的犯罪事实相一致。有观点认为，行为人所实施的行为即使与共同谋议的行为在构成要件上具有抽象的符合性，但在具体事实要素上不具有同一性，也可以成立过限行为。[②] 笔者同意后面一种观点，认为共犯过限与共同犯罪的行为在构成要件上完全一样，但是因为具体的事实要素没有同一性，也可以成立过限行为。因此，过限行为是否具有独立性，取决于其在主观上有无违反共同犯罪的意图。也即，共同过限的认定标准是超出原来共同犯罪的范围。最后，共犯过限的犯罪行为与过限犯罪结果之间必须具备刑法上的因果关系。如果过限犯罪结果是由行为后才发生，由偶尔因素造成的，可以排除行为人对该犯罪结果承担刑事责任。

2. 实行过限的主体特征。共犯过限的主体必须是作为前提的共同犯罪人。[③] 实行过限的主体限于共犯的主体范围。[④] 对于共犯过限的主体范围，理论界有不同的认识，有学者主张"一个人说"，即共犯过剩，指共同犯罪各参与人的故意与现实行为之间不一致，以致其中某一人的行为超过共同故意。[⑤] 也有学者主张"部分或者全体人说"，即过限犯的主体必须是共同犯罪参与者中的一人或者数人，甚至全部，不可能是共同

---

① 参见夏强：《过限犯若干问题探析》，载吴振兴主编：《犯罪形态研究精要Ⅱ》，法律出版社2005年版，第585页。

② 参见叶良芳著：《实行犯研究》，中国人民大学2006年博士学位论文，第175～176页。

③ 参见肖本山著：《共犯过限论》，中国公安大学出版社2011年版，第62页。

④ 参见广义的共犯均可成立，包括实行犯、教唆犯、帮助犯、组织犯等。

⑤ 参见曾庆敏著：《刑事法学词典》，上海辞书出版社1992年版，第813页。

犯罪参与者之外的人。[①] 笔者认为,第一种观点缩小了共犯过限的成立范围;第二种观点过限犯包括全部共同犯罪人,不符合逻辑。既然是全部共同犯罪人构成过限犯,则就不存在共同犯罪人与过限犯的区别,应该全部归类为共同犯罪人即可。因此,"部分人说"是值得提倡的,部分共同犯罪人既可以指共同犯罪中的某一个人,也可以指共同犯罪人中的某一部分人。实行过限的成立以共同犯罪的存在为前提,这也意味着实行过限的主体限于共同犯罪的主体范围。大多数论著认为,实行过限的主体限于实行犯的范围,[②]认为只有实行犯实施的过限行为才成立实行过限,其他共犯的"过限行为"均应排除在实行过限之外。实行过限的主体范围不应仅限于实行犯,还应当包括帮助犯、教唆犯等其他共犯。因为,实行过限是一种独立的犯罪形态,其成立虽以共同犯罪为前提,但在判断过限行为是否构成犯罪时,并不依赖于其他行为,而只需以过限行为本身是否符合犯罪构成要件为判断基准即已足够。同时,帮助犯、教唆犯等共犯在共同犯罪的实施过程中,亦完全有可能超出共同故意的范围实施其他犯罪行为。

3. 实行过限的主观特征。首先,对于过限行为,行为人在主观上必须具有罪过。实行过限作为一种独立的犯罪形态,不仅在客观上要求存在犯罪行为,而且在主观上要求存在罪过,也就是说,行为人在主观上必须具备两种罪过,即基本共同犯罪的主观罪过和对过限行为的主观罪过。至于对过限行为的主观罪过的形态,有观点认为,对于过限行为,行为人主观方面既可以由故意构成,也可以由过失构成。[③] 笔者认为,实行过限只能由主观上的故意构成,可以避免共同犯罪中的责任株连,并且共同犯罪并不承认过失的共同犯罪,因此,没有必要将过失犯罪包括在实行过限中。其次,实行过限必须超出共同犯罪的故意范围。所谓共同犯罪故意,是指二人以上在对共同犯罪行为具有同一认识的基础上,对

---

① 参见夏强:《过限犯若干问题探析》,载吴振兴主编:《犯罪形态研究精要Ⅱ》,法律出版社2005年版,第578~579页。

② 参见陈宁:《共同犯罪中的实行过限问题研究》,载《政法学刊》2007年第1期。

③ 参见肖本山著:《共犯过限论》,中国公安大学出版社2011年版,第64页。

其所会造成的危害社会的结果的希望或放任的心理状态。[①] 共同犯罪故意不是单独犯罪故意的简单复合，而是两人以上的犯罪故意的有机统一，而这种统一的纽带就是主观联络。[②] 也就是说，共同故意的形成不仅要求各共同犯罪人在主观上都有犯意，而且要求必须有犯意联络。同时，需要"超出故意"的范围。如何理解超出呢？存在未经同意说、未预见说、预谋范围逾越说、实质改变规制说四种学说。未经同意说认为："当两人合谋从事一项犯罪时，彼此要对为促成这项犯罪的行为负责，包括要对由此而产生的意外结果负责。但是，如果其中一人超出了彼此同意的范围，另一人不能对这种未经他同意的行为负责。"[③]未预见说认为，行为人成立共同犯罪的范围仅限于行为人能够预见的范围内，只要行为人有共同的故意、共同的行为，而发生的结果只要不超过行为人能预见的范围的，仍成立共犯。[④] 预谋范围逾越说认为，实行过限是指行为人实施了超出了预谋范围的行为。[⑤] 实质改变规制说认为，只要犯罪是预谋实施的，即使被害人或者财产不在计划之内，从犯也应对实际实施的行为负责，但从犯无需对主犯故意改变不同被害对象的行为负责。[⑥]

综上所述，以上观点各有利弊。笔者赞同预谋犯罪逾越说，行为人逾越原先预谋的范围，改变故意的内容，则丧失了与其他共同犯罪人之间的主观联系，构成实行过限。无论是在事前的预谋还是事中的预谋，无论是语言形式的预谋，还是通过行为等其他形式的预谋，在实践中大部分都比较容易判断其界限。此外，还应该区分"共同故意的超出"与"临时起意的共同犯罪"之间的区别。所谓"临时起意的共同犯罪"是指"全体共同犯罪人的行为都超出了事先预谋的或临时协议的共同犯罪，

---

① 参见陈兴良著：《共同犯罪论》（第二版），中国人民大学出版社 2006 年版，第 92 页。

② 参见陈兴良著：《共同犯罪论》（第二版），中国人民大学出版社 2006 年版，第 100 页。

③ 参见欧阳涛、周叶谦、肖贤富、陈中天著：《英美刑法刑事诉讼法概论》，中国社会科学出版社 1984 年版，第 78 页。

④ 参见夏强：《过限犯若干问题探析》，载吴振兴主编：《犯罪形态研究精要 Ⅱ》，法律出版社 2005 年版，第 583 页。

⑤ 参见夏强：《过限犯若干问题探析》，载吴振兴主编：《犯罪形态研究精要 Ⅱ》，法律出版社 2005 年版，第 583 页。

⑥ 参见叶良芳：《实行过限之构成及其判定标准》，载《法律科学》2008 年第 1 期，第 92 页。

而形成了新的犯罪故意,并参加了与之相当的共同犯罪行为,这意味着原先的共同犯罪已发生了扩展。”[①]临时起意可以分为几种情形:一是对于临时起意者所实施的犯罪,其他共犯人始终不知情;二是对于临时起意者所实施的犯罪,其他共犯人知情后,随即也实施此犯罪;三是对于临时起意者所实施的犯罪,其他共犯人知情后,袖手旁观,不加阻止。这三种情形能否以共犯过限论处呢?第一种情形毫不知情的临时起意,临时起意者所实施的犯罪应该构成共犯过限。第二种情形随即参与的临时起意,则属于共同犯罪故意的转化情况。第三种情形知情不阻的临时起意场合是否构成共犯过限,有否定说、肯定说及其区别对待说。笔者赞同否定说,因为知情不阻的人对临时起意者并没有组织的义务,况且临时起意者的犯罪行为表现的是其自己的自由意志,与知情不阻之人没有关系,由此可以推出知情不阻之人并不构成实行过限行为。

二、群体性事件中犯罪参与者实行过限认定

实行过限主要是解决共同犯罪过程中各犯罪人之间的刑事责任承担问题,为了落实个人责任原则,必须对实行过限有准确的把握和认定。在实践中,“由于共同犯罪是由多个行为人共同进行的,而人又是具有高度能动性和丰富思维的动物,客观事物和环境的变化和发展随时可能调整着人的主观思想和客观行为,使之不断接受外部刺激,作出自己的反应。”[②]前文已经论述群体性事件中犯罪参与者有首要分子、积极参与者、一般参与者。有些犯罪参与者构成教唆犯、有些犯罪参与者构成实行犯、有些犯罪参与者构成帮助犯。如何认定这些犯罪参与者的实行过限行为呢?

(一)群体性事件中共同实行犯中实行过限的认定

所谓“实行犯”,是指自己直接实行构成要件的行为或利用他人作为工具实行犯罪的人。[③] 群体性事件中构成实行犯的犯罪参与者包括组织者、指挥者、策划者、执行者。而在共同犯罪中,共同实行犯的各个犯罪

---

① 赵秉志主编:《中国刑法案例与学理研究》(总则篇·下),法律出版社2001年版,第121页。

② 赵秉志主编:《中国刑法案例与学理研究》(总则篇·下),法律出版社2001年版,第119页。

③ 参见马克昌著:《犯罪通论》,武汉大学出版社1999年版,第544页。

人没有行为上的分工，都是犯罪意图的直接实施者，依赖其实行行为。在共同实行过程中，如果个别实行犯超出共同故意范围而实施了其他犯罪行为，而其他实行犯对此自始至终毫不知情，而且在事前也不可能预见，则说明其主观上对于这种行为没有罪过，则无疑问成立实行过限，由实施过限行为的实行犯独自承担刑事责任。在群体性事件中，往往容易出现这种情况，其他共同犯罪人并不知情，有一些共同犯罪人出现故意犯其他罪的情形。

（二）群体性事件中教唆犯实行过限的认定

教唆犯，是指促使没有犯罪意图的人产生犯罪意图或者使犯意尚不坚定的人下定犯罪决心的人。教唆犯制造犯罪意图并通过他人实现犯意，本人并不亲自实施犯罪，而是通过其教唆行为诱使被教唆人实施犯罪行为，如果被教唆人接受了教唆犯的教唆，在教唆的范围内实施了犯罪，就成立共同犯罪。也就是说，被教唆人的犯罪故意与教唆人的教唆故意内容相一致的情况下，即成立共同故意。因此，在判断被教唆人的行为是否成立实行过限时，首先必须确定教唆内容的范围。

（三）群体性事件中帮助犯实行过限的认定

帮助犯，是指在共同犯罪中起辅助作用的人。其特征是帮助犯自己并不直接实施犯罪实行行为，而是为实行犯实施犯罪创造便利条件，提供物质或精神上的支持，帮助他人完成犯罪。帮助犯的犯罪意图是通过被帮助人的实行行为来实现的。在存在帮助犯的共同犯罪场合，帮助犯和被帮助的实行犯都有可能成立实行过限。

（四）群体性事件中犯意转化与实行过限的区别认定

犯意转化，是指行为人在犯罪过程中，因某种情况的出现，改变其先前所形成的犯罪故意的内容的情形。犯意转化是司法实践中常常出现的情形，因此，认定犯罪转化具有重大的意义。转化犯在我国刑法中也有一些规定，[①]其定义在刑法学界的观点各不相同。如有观点认为，转化犯是由法律特别规定的，某一犯罪在一定条件下转化成为另一种更为严

---

① 参见《刑法》第238条第2款、第241条、第247条第2款、第248条第2款、第253条第2款、第269条、第292条第2款的规定等。

重的犯罪,并且应当按照后一种犯罪定罪量刑的犯罪形态。[①] 有观点认为,转化犯就是某种犯罪符合一定的条件,依法转化为一种更为严重的犯罪的形态。[②] 还有观点认为,转化犯是指行为人实施一个故意犯罪本罪的同时,或者在本罪造成的不法状态持续过程中,由于行为人实施了特定行为,而这一特定行为与其本罪行为的结合足以填充另一犯罪构成,从而使行为人的行为符合转化罪的犯罪构成。[③] 从这些观点可以看出,转化犯都是由于法律的特别规定,涉及此罪向彼罪的转化。在群体性事件中的共同犯罪中,存在转化犯的情形,一种情形是全案转化,此时,不存在实行过限的情形。另一种情形是部分转化,成立转化犯,此时存在实行过限的情形。部分转化犯的实行过限情形应当分为两种情况来看,第一种,在并不要求行为人具备转化罪的犯罪故意的情况下,行为人并没有发生犯意的转化,并没有超出共同故意的范围,不成立实行过限,而是全体共犯都依转化罪定罪处罚。第二种,在要求行为人具备转化罪的犯罪故意的情况下,则有可能成立实行过限。

三、群体性事件中犯罪参与者实行过限的刑事责任

我国现行刑法虽然对实行过限的刑事责任问题未作出明文规定,但结合刑法理论以及司法实践中的具体做法,可以认为我国刑法中对实行过限的刑事责任的处理有如下两种情形:一是实行过限刑事责任的一般处理原则。刑事责任承担的根据在于行为具备了刑法规定的全部犯罪构成要件。其他共同犯罪人对超出共同故意范围的犯罪行为(过限的犯罪),既无主观上的罪过,又无客观上的行为,根本就不存在对过限犯罪承担刑事责任的法律根据。因此,对于实行过限的总的处理原则是由实施过限行为的行为人单独承担过限犯罪的刑事责任,其他共同犯罪人只对基本共同犯罪承担刑事责任,这也是个人责任原则的当然要求。具体

---

① 参见陈兴良:《转化犯与包容犯:两种立法例之比较》,载《中国法学》1993 年第 4 期。

② 参见姜伟著:《罪数形态论》,法律出版社 1994 年版,第 316 页。

③ 参见肖中华:《论转化犯》,载《浙江社会科学》2000 年第 5 期。

说来，对于其他共同犯罪人来说，因为其行为只符合了基本共同犯罪构成，只在基本共同犯罪的范围内承担刑事责任。而对于实施过限行为的行为人来说，其不仅在共同犯罪故意的支配下实施了共同犯罪行为，而且在超出共同故意范围的新的罪过心理支配下实施了过限犯罪行为。因此，其行为通常符合了两个犯罪构成——基本共同犯罪构成和过限犯罪构成，相应地，就需要对这两个犯罪行为承担刑事责任，即基本共同犯罪的刑事责任和过限犯罪的刑事责任。当然行为人的行为成立两个犯罪，并不意味着两罪一定并罚，在具体的罪名认定以及量刑时还要结合犯罪性质以及罪数形态加以考量。二是实行过限刑事责任具体处理原则。虽然对过限行为人来说，需对两个犯罪行为承担刑事责任，即共同犯罪行为与过限犯罪行为，但在刑事责任认定上，并不是对这两个罪分别定罪量刑，然后简单相加即可。因为犯罪性质的特殊性以及两个犯罪之间可能存在的关联、重合性，所以，在实行过限的具体认定中，笔者认为，应当区分重合性过限与非重合性过限两种情况。重合性过限与非重合性过限是按照过限之罪与共谋之罪有无重合性为标准对实行过限的一种分类，笔者认为，这种分类对于实行过限刑事责任的认定与分配也很有意义。

第二节　群体性事件中犯罪参与者共犯脱离问题

一、共犯脱离与犯罪中止之理论分歧

（一）共犯脱离概念界定的观点

共犯关系的脱离，是指部分共犯在犯罪完成之前退出共犯关系，但剩余共犯继续完成了原定犯罪的情形。[①] 共犯的脱离的概念，最早是由日本学者为了弥补共同犯罪中止的立法和理论不足而提出的。这一理论的提出在于解决退出者的归责问题，研究脱离者对脱离之前的行为承

---

① 参见王昭武：《共谋射程理论与共犯关系脱离的认定——兼与刘艳红教授商榷》，载《法律科学（西北政法大学学报）》2016 年第 1 期。

担何种责任？对脱离后的行为或者结果是否承担责任？[1] 目前一般认为，如果成立共犯脱离，则退出者不对退出后由其他共犯所实现的犯罪承担刑事责任，仅仅对退出之前的行为及其结果承担相应刑事责任。也有学者认为共犯人中途从共犯关系中退出，并积极阻止他人继续实施犯罪，但结果还是发生的，容易想到的就是作为共犯的中止处理。但是，既然已经发生了结果，还是作为中止犯处理似乎与中止犯的规定不符。

其实，不能生硬地将单独犯中成立中止、未遂的标准套用到共犯相关问题的处理上。由于共犯之间并非"连带责任"，行为人仍然是在对自己的行为及其结果负责。若行为人的脱离行为切断了与其他共犯人随后实施的行为与结果之间的因果关系，根据"因果共犯论"，行为人不对与自己行为没有"因果性"的犯罪事实承担责任，故在共犯中，即便发生了既遂的结果，部分共犯人仍有成立未遂或中止的余地。这在理论上称为"共犯的脱离"。[2] 有学者认为："所谓共犯关系之脱离，乃共犯开始后，尚未既遂前，共犯其中一部分人，心生悔悟，而自共犯关系离去之谓。犯罪有多数人参与者，其中一部分人，于中途中止犯罪之续行，而自共犯关系脱离之情形，乃平常颇为常见之现象。"[3]也有学者认为："所谓共犯关系的脱离，是指共犯关系成立之后，完成犯罪之前，部分处于共犯关系的人切断与共犯的关系而从该共犯关系中解脱出来，其他共犯人基于共犯关系实施实行行为，引起了犯罪结果的场合。"[4]相对而言，笔者较为赞同第一种定义，第二种观点过于啰唆和复杂，对于概念的定义来说，需要简明扼要准确，并且以切断其因果关系作为构成要件。第三种观点中有心生悔悟的说法，不好判断。根据刑法理论通说，中止犯的成立并不要求行为人必须出于悔悟动机，只要具有中止的任意性即可。因此，共犯的脱离中也无须要求行为人具有"心生悔悟"的动机，否则，只会人为限制共犯的脱离的成立范围。第四种观点以切断与共犯的关系没有明确

---

① 参见金泽刚著：《论共犯的脱离》，载《法学研究》2006 年第 2 期。

② 参见陈洪兵著：《共犯论思考》，人民法院出版社 2009 年版，第 203 页。

③ 甘添贵著：《刑法之重要理念》，瑞兴图书股份有限公司 1996 年版，第 162 页。

④ ［日］大谷实著：《刑法总论》，黎宏译，法律出版社 2003 年版，第 349 页。

化，太过于笼统。

（二）共犯关系脱离与犯罪中止理论争议

共犯关系脱离理论是日本学者从共犯中止理论中的“救济措施”中提出来的，我国刑法学界受其影响，也在共犯中止的范畴中对共犯关系脱离问题进行了混同研究。[①] 然而，共犯中的中止与共犯关系的脱离理论有所交集和区别。脱离与中止的区分，有学者认为脱离与中止是同一概念。[②] 也有学者认为脱离与中止有关联，也有区别。脱离是指参与犯罪的数人之间，在参与结构上的解消，也即归责关联上的脱钩；共同犯罪之中止所涉及的乃参与犯罪的数人，其中部分之人怎样成立中止的问题。同时，脱离是与犯罪参与者的分道扬镳，其出现的时间点可以是未遂阶段，而中止必须是犯罪已进入着手阶段之后，方有中止犯成立的可能。[③] 两者之间的联系是脱离可能是中止成立主要条件。如有学者认为：“共犯关系脱离理论属于共同犯罪独有的问题，从本质上来说是一个归责的问题，是为了合理评价脱离了共犯关系共犯的罪责；犯罪中止理论在本质上应属于犯罪停止形态的问题，主要是为了区别共同犯罪的中止未遂与障碍未遂、既遂的界限。”[④]也有学者认为：“共犯关系的脱离也有可能适用共犯的中止犯规定，但两者的本质有所区别，只有在成立脱离的基础上，同时具有中止行为的任意性与结果未发生这两个要件，脱离者始成立中止犯，因而共犯脱离与单独正犯中止犯是可以并存的概念。”[⑤]鉴于目前我国现行刑法对共犯关系的脱离没有明确规定，对于脱离共犯关系的行为人的犯罪承担的刑事责任范围主要是参考是否成立中止犯来判断。如有学者认为，按照我国刑法规定，中止犯罪者如果未能防止犯罪结果的发生，不能以犯罪中止处理，但中止行为和行为人为防止犯罪结果发生所做的诚恳努力，可以在量刑时作为酌定从轻情节予

---

① 参见赵慧：《论共犯关系的脱离》，载《法学评论》2003 年第 6 期。

② 参见陈子平著：《刑法总论》，中国人民大学出版社 2009 年版，第 441 页。

③ 参见甘添贵：《中止犯之基本理念》，载甘添贵著：《刑法之重要理念》，瑞兴图书股份有限公司 1996 年版，第 163 页。

④ 葛磊：《论共犯关系脱离的认定——从结果归责出发》，载林维主编：《共犯论研究》，北京大学出版社 2014 年版，第 93 页。

⑤ 金泽刚：《论共犯关系之脱离》，载《法学研究》2006 年第 2 期。

以考虑。[①] 有学者反驳这一观点，认为让中途放弃犯罪的人对由其他所引起的犯罪结果承担既遂犯的刑事责任，不符合共犯脱离场合的实际情况。同时，其行为和结果之间因果关系已经中断。[②] 也有学者认为，共同犯罪虽然具有整体性特征，但是实际上是由每个共犯的独立行为组合而成的，其他个别共犯自动停止自己的犯罪，就与共同犯罪脱离了关系，与之后其他共同的行为不再有任何联系，因此，其自动停止犯罪应当视为中止。[③] 还有学者认为，部分共犯人只要表示了从共同关系中脱离的意思，并且脱离了共犯行为，其他剩下的共犯也知道这一情况的，仍然把犯罪行为进行到底的场合则成立共犯关系。同时认为对共犯关系的处理，不能局限于是否成立中止犯的狭隘理解，而应当从因果共犯的角度将其作为成立中止犯的前提的独立现象。[④] 观其各个学者对共犯关系脱离与中止的关系争论，归纳起来有几个观点：一是共犯关系的脱离是犯罪中止的前提；二是共犯关系的脱离独立于犯罪中止，是一种特殊的犯罪形态。实际上，共犯关系的脱离在我国的司法实践中是以犯罪中止来处理的。笔者同意最后一种观点，即部分共同犯罪人只要表示了从共同犯罪中脱离的意思，并且脱离了共犯的行为，并且通知了其他共犯人的情形，构成共犯关系的脱离。有观点认为，共犯关系的脱离必须要有积极阻止其他共犯的行为才能构成共犯关系的脱离，笔者不赞同这种观点。因为根据个人责任原则，中断了自己犯罪行为即可，其他共犯人的犯罪行为与其并没有连带关系。

二、群体性事件中共犯关系脱离认定

在群体性事件中存在共犯脱离的现象，但是我国刑法并没有规定关于共犯关系脱离的规定，一般而言，在处理相关案件时，理论界通常是比

---

① 参见马克昌主编：《犯罪通论》，武汉大学出版社1999年版，第595页。

② 参见黎宏：《共犯脱离论文评议》，载林维主编：《共犯论研究》，北京大学出版社2014年版，第44页。

③ 参见赵秉志主编：《中国刑法案例与学理研究》，法律出版社2001年版，第147页。

④ 参见刘艳红：《共犯脱离的判断基准：规范因果关系遮断说》，载《中外法学》2013年第4期。

照犯罪中止的规定，按照“一人既遂，全体既遂”的原则进行处理，再把共犯脱离的现象作为酌定量刑的情节予以考虑。然而，共犯关系有其独特性，并不能全部按照犯罪中止来处理。

（一）群体性事件中实行犯共犯关系的脱离

实行犯，也称之为正犯。是指亲自实施构成要件该当行为，也即亲自实施行为者。[①] 有观点认为，在共犯关系中，实行犯通过自己的行为直接侵犯法益，促成共犯意思的实现，对共犯行为起到支配作用。只要实行犯基于自己的意思想要中止共犯的发展，基于其在共犯中的支配性作用，除了共同正犯外，一般情况下都能达到目的。因此，不成立共犯脱离的情形。[②] 实行犯的脱离可以根据故意犯罪的预备阶段、着手实施完毕后、着手实施完毕到犯罪结果发生之前三个阶段进行分析。

1. 共犯预备阶段的实行犯脱离。实行犯如果最初参与犯罪的共谋、准备，则存在预备阶段的实行犯脱离，反之，则不存在预备阶段的实行犯脱离。然而，判断实行犯在预备阶段的脱离可以根据其自愿脱离的程度、效果来认定犯罪中止、共犯脱离、犯罪未遂或者犯罪既遂的形态。因此，实行犯在预备阶段的脱离者不仅需要自己自愿放弃犯罪或者防止犯罪结果的发生，同时需要对其他共犯做出遏制的努力，但又不能阻止其他共犯人犯罪的场合。

2. 着手实施完毕后的实行犯脱离。实行犯已经着手实施犯罪，但由于真心反悔，中途放弃犯罪，脱离共犯关系。[③] 这里可以分为三种情况讨论，一是实行犯自己脱离，对其他共犯影响不大，此种情况可以按照未遂或者既遂处理，酌情考虑其悔悟的情况从轻处理，不构成实行犯的脱离；二是实行犯自己脱离后，又劝说其他共犯放弃犯罪的，则整个犯罪构成犯罪中止；三是实行犯出于真心悔改脱离后，未成功说服其他共犯，对于共犯脱离者，可以构成共犯脱离，其他共犯则以共犯未遂或者既遂处理。

① 参见［日］大谷实：《日本刑法中正犯与共犯的区别——与中国刑法中的“共同犯罪”相比照》，王昭武译，载《法学评论》2002年第6期。

② 参见赵慧：《论共犯关系的脱离》，载《法学评论》2003年第5期。

③ 参见张曙光：《我国共犯关系脱离的刑事政策研究》，载林维主编：《共犯论研究》，北京大学出版社2014年版，第126页。

3. 着手实施完毕到犯罪结果发生之前的实行犯脱离。在这个阶段分为两种情况,如果实行犯实施犯罪行为完毕后,由于良心发现,采取措施防止犯罪结果的发生,则构成犯罪中止。如果个别实行犯在此期间悔悟,并采取了措施防止犯罪结果的发生,但未成功,则成立犯罪既遂。但是对其悔悟的情况可以酌情处理,可以按照共犯脱离来处理。

(二)群体性事件中构成教唆犯共犯关系的脱离

“教唆犯的特征在于制造犯意并通过他人实现其犯罪意图。”“制造犯意表明教唆犯是以对他人灌输犯罪意图为己任的共同犯罪人,是犯意制造者,从而区别于其他共犯。”“通过他人实现犯罪意图表明教唆犯本人并不亲自实行犯罪,而只是唆使他人去实行,是犯罪的幕后唆使者,从而区别于正犯。”①

1. 着手实行前教唆犯的脱离。被教唆人在着手实行前教唆犯的脱离是否存在呢? 有学者认为,从教唆犯独立性学说的角度来说,教唆行为本来就是实行行为,具有可罚性,因而从教唆开始实施其行为时起,就可以成立共犯关系的脱离。而有学者认,从教唆犯的从属性说的角度来说,被教唆者开始实行犯罪之前,不成立教唆关系,因此,被教唆者实施犯罪预备的行为无教唆犯成立问题,更无共犯关系脱离。也有学者认为,根据我国现行刑法规定,预备行为具有可罚性,教唆他人犯罪只要在被教唆人接受教唆和实施被教唆罪的预备行为起,教唆人与被教唆人就结成了共犯关系,此时就有可能存在教唆犯从共犯关系中脱离的情形,故教唆犯的脱离是以共犯关系的成立为前提,在被教唆人着手实行犯罪行为之前的预备阶段,也是存在教唆犯脱离的情况的。②

2. 被教唆人着手实行后教唆犯的脱离。被教唆人着手实施犯罪行为后,是否成立共犯关系脱离。一种观点认为,只要为阻止被教唆者的行为或者防止结果的发生付出了真挚的努力,就可以成立共犯关系的脱离。③

---

① 陈兴良著:《本体刑法学》,商务印书馆 2001 年版,第 554 页。

② 参见付晓雅、高铭暄:《论共犯关系脱离的具体认定与法律责任》,载《法律科学(西北政法大学学报)》2016 年第 1 期。

③ 参见[日]大塚仁著:《刑法概说(总论)》(第三版),冯军译,中国人民大学出版社 2009 年版,第 297 页。

另一种观点认为，只有消解了既存的共犯关系或者切断了因果关系才能成立脱离。被教唆人在着手实行之后，教唆人对被教唆人表示了脱离的意思，并用尽了各种方法来组织其实行行为，而正犯仅仅是一时中止了实行，之后又实行了犯罪的情况下，对于被教唆人已经实施的实行行为，应当认定为教唆犯的中止犯。[①] 第一种观点是为了救济犯罪中止的缺陷而考虑的，该观点混淆了共犯脱离与共犯中止的界限。笔者同意第二种观点，把教唆犯的脱离作为共犯的特殊问题处理，有效地区分了中止犯和共犯脱离的区别。因此，被教唆人着手实行后，教唆人必须要积极劝阻被教唆人实行犯罪行为，同时必须采取措施防止结果的发生方能构成共犯关系的脱离。

（三）群体性事件中帮助犯共犯关系的脱离

帮助犯一般都是在共同犯罪中起到辅助作用的人，没有直接参加犯罪实行行为，而是以实行行为之外的方式帮助实行犯，帮助其实现犯罪结果的人。有学者认为，帮助犯就是为他人犯罪提供方便的人。[②] 帮助犯脱离共犯关系的意思无需得到正犯的同意，至于脱离者脱离共犯的关系的意思表示，则可以根据帮助类型不同而不同，如单纯物理性帮助，只需要取回工具做出相当的努力即构成共犯关系的脱离；如果是技术性的帮助，则需要帮助犯有说服正犯放弃犯意的行为；如果是单纯的心理加功，只需要单纯退出行为即可认定为脱离，如果是激励行为的心理帮助，则需要帮助犯具有正犯放弃犯意的相当努力。

三、群体性事件中共犯关系脱离者的刑事责任

（一）群体性事件中参与者在行为着手之前退出刑事责任

大多数的观点认为，犯意联络是共同犯罪的形成标准。也有观点认为，犯意联络不是共同犯罪的必要要件。如果二人以上形成犯意联络，行为人的犯意联络不真实或者只是附和参与，没有起到教唆、传授犯罪方法等作用，在此期间的参与者退出，可以不用对后续犯罪承担任何刑

① 参见［日］大谷实著：《刑法总论》，黎宏译，法律出版社 2003 年版，第 253 页。

② 参见黎宏著：《刑法学》，法律出版社 2012 年版，第 292 页。

事责任。在群体性事件中,积极参与者退出的刑事责任。首先,组织者的退出。如果共同犯罪的组织者在犯罪实行前就采取了积极措施解散了成员,并且向所有参与人员宣布取消犯罪计划,在此情况下,仍然有部分成员实施了原来的共谋之罪的,组织者不应该对后面的犯罪承担刑事责任。然而,如果组织者只是向个别的成员声称放弃犯罪,也没有实施接触计划的措施,不知情的其他成员仍然认为是原计划没有发生改变的,则组织者对后续的犯罪承担刑事责任。其次,教唆者的退出。教唆犯是指通过利诱、色诱、激将等手段制造犯意意图,通过他人实现其犯罪意图的人。[①] 教唆人在被教唆人实行犯罪之前,采取了有效措施消除了被教唆人的犯罪意图,被教唆人又因其他原因而实施犯罪的,可以认定为教唆者脱离了共犯关系。[②] 最后,提供物资帮助者的退出。群体性事件中涉及的罪名中有资助者刑事责任主体。我国现行《刑法》第 290 条第 3 款规定,多次组织、资助他人非法集资,扰乱社会秩序,情节严重的,处三年以下有期徒刑、拘役或者管制。此类参与者在退出时如果及时消除了物质的帮助对后续犯罪影响的,则可以认定为提供物资帮助者脱离了共犯关系,不应该对后续的犯罪承担刑事责任。

（二）群体性事件中犯罪参与者在行为着手之后退出刑事责任

行为着手后的脱离,有一般参与者的脱离与主要参与者脱离的区别,一般参与者中的脱离者只要在犯罪行为进行过程中对其他人表明脱离的意思,并且其他人也了解的,则可以成立脱离,则不承担刑事责任。主要参与者如主犯或者首要分子不仅要自己脱身不干,同时还必须以实际行动阻止他人去干。不然二者之间的因果关系的切断难以认定。如有学者认为在主犯或者首要分子采取了积极行为阻止其他的人,使当初共谋实施的实行行为难以实现的话,即便后来由于其他人而引起了犯罪结果,由于该结果不是由于当初的共谋行为所引起的,则共犯关系解除。[③]

---

① 参见高铭暄主编:《刑法学原理》(第二卷),中国人民大学出版社 1993 年版,第 485 页。

② 参见王尚明:《关于共犯退出刑事责任问题的实务研究》,载《法律适用》2015 年第 5 期。

③ 参见黎宏:《共犯脱离论文评议》,载林维主编:《共犯论研究》,北京大学出版社 2014 年版,第 43 页。

第三节　网络群体性事件中犯罪参与者刑事责任问题

一、网络群体性事件中犯罪参与者认定困境

网络在线行动,是当代中国社会冲突紧张的核心所在,从宏观层面可视作对中国现代性后果的总体回应,如急剧变迁中的社会群体极化和身份认同危机等,而从中观和微观层面理解则是中国网民以一种持续互动的方式与其所处的政治、文化、社会、经济和全球化状况所进行的斗争。① 互联网对抗争行为的影响区分为三种类型,即"互联网作为动员结构"、"互联网作为政治机会"以及"互联网作为框架化工具"。② 互联网在中国的发展进程中显示出对国家和社会具有双重赋权的效应,国家利用互联网不断提升治理能力,而社会群体也尝试利用互联网来改变国家的政治和政策实践,公民个体的行为正在逐渐转变为以公共政治参与为目的的集体行为。③

网络催生了经济的发展,带给我们许多便利,同时,也出现很多的网络违法行为或者网络犯罪行为。网络犯罪已经成为一个重大的课题,"网络除了空间是虚拟的,其他都是实在的。"④而网络犯罪一般包括纯正的网络犯罪和不纯正的网络犯罪。纯正网络犯罪是指以网络及连接在网络上的计算机信息系统为攻击目标的犯罪类型。不纯正网络犯罪是指以网络及连接在网络上的计算机信息系统为犯罪工具,或者仅仅将网络作为犯罪场所,犯罪的指向对象是现实空间的利益。⑤ 不纯正的网络犯罪实际上将网络作为一个新的媒介,其本质与传统的犯罪相同。但

---

① See Gucbin Yang, *The power of the Internet in China*, Columbla University Press, 2009, pp. 209 - 218.

② R. Kelly Ganelt, Protest in an information Society: A Review cf Literature on Social Movements and New ICTs, Informaation, Communication&society, 2006, 9(2), pp. 453 - 475.

③ See Yongnian Zheng & GuoguangWu, Information Technology, Public Spece, and Collective Action in China, *Comparative Political Studies*, 2005, 38(5), pp. 507 - 536.

④ 于志刚著:《虚拟空间中的刑法理论》,中国方正出版社2003年版,第2页。

⑤ 于志刚著:《共同犯罪的网络异化研究》,中国方正出版社2010年版,第2页。

是网络所派生出来新的利益形式，传统的刑法规则已经不能满足网络发展的形式。同时，随着网络场域虚拟性、主体虚拟性、社会关系的虚拟性增强特征，网络参与者越来越普遍。在此背景下，群体性的网络违法犯罪行为日益增多，当前比较典型的“人肉搜索”，这是参与者对他人隐私权的不断的侵犯。

为了应对网络犯罪，我国相继出台了网络犯罪的刑法规范内容，如1997年、2000年两次网络犯罪的立法，2008年《刑法修正案(七)》增设的网络犯罪内容，2011年“两高”《关于办理危害计算机信息系统安全刑事案件应用法律若干问题的解释》，2013年“两高”《关于办理利用信息网络实施诽谤等刑事案件适用法律若干问题的解释》。其中，2013年9月6日《关于办理利用信息网络实施诽谤等刑事案件若干法律问题的解释》第3条：利用信息网络诽谤他人，具有下列情形之一的，应当认定为《刑法》第246条第2款规定的严重危害社会秩序和国家利益：引发群体性事件的；引发公共秩序混乱的；引发民族、宗教冲突的；诽谤多人，造成恶劣社会影响的；损害国家形象，严重危害国家利益的；造成恶劣国际影响的；其他严重危害社会秩序和国家利益的情形。[①] 这是首次把“群体性事件”一词放在刑法领域规范其行为，对于群体性事件的定罪量刑有重大的意义。该解释直接使用“群体性事件”一词暗含着群体性事件不仅仅是社会学或者政治学的概念，而是真正运用到司法实践中的法律概念。同时，作为侮辱罪和诽谤罪中需要公诉的情形之一，也具有司法意义。

(一)“网络共同犯罪”内涵认定困境

根据我国《刑法》第25条的规定，共同犯罪是指二人以上共同故意犯罪。作为共同犯罪的特殊表现形式，网络共同犯罪可以从以下几方面理解：其一，在广义上，网络共同犯罪是指数个行为人共同实施的危害网络秩序所构成的犯罪行为。其二，在狭义上，网络共同犯罪当是通过网络而实施的针对网络系统及网络数据的共同犯罪行为。[②] 网络共犯是网

① 参见2013年9月6日《关于办理利用信息网络实施诽谤等刑事案件若干法律问题的解释》规定。

② 参见赵秉志、张新平：《试论网络共同犯罪》，载《政法论坛》(中国政法大学学报)2002年第5期。

络犯罪的一种特殊形态，一般来说，网络犯罪有两种典型的划分，一是以网络系统为载体的犯罪；二是以网络系统为侵害对象的犯罪。[①] 网络系统为载体的犯罪是以网络为手段或者载体侵害传统法益的犯罪，网络系统为侵害对象的犯罪是指以网络手段侵害网络系统的犯罪。这两类网络犯罪当中，都存在多人共同参与实施的可能性。2011 年《关于办理危害计算机信息系统安全刑事案件应用法律若干问题的解释》中的第 9 条规定，明知他人实施《刑法》第 285 条、第 286 条规定的行为，并且具有以下三种情形之一的，一是为其提供用于破坏计算机信息系统功能、数据或者应用程序的程序、工具，违法所得五千元以上或者提供十人次以上的；二是为其提供互联网接入、服务器托管、网络存储空间、通讯传输通道、费用结算、交易服务、广告服务、技术培训、技术支持等帮助，违法所得五千元以上的；三是通过委托推广软件、投放广告等方式向其提供资金五千元以上的，都应当认定为共同犯罪。该条的第二项和第三项明确规定了为网络犯罪提供帮助和资金资助行为按照共同犯罪论处的司法适用标准。主要是为了惩治网络犯罪提供帮助、资助的网络服务提供者和广告公司。其中，《刑法》第 278 条之二规定，明知他人利用信息网络实施犯罪，为其犯罪提供互联网接入、服务器托管、网络存储、通讯传输等技术支持，或者提供广告推广、支付结算等帮助，情节严重的，处三年以下有期徒刑或者拘役，并处或者单处罚金。然而，如何认定明知呢？有学者认为，应明确认定“明知”的司法标准，既不能放纵帮助网络犯罪并从中谋取非法利益的共同犯罪人，也要保护以中立帮助者身份出现的网络服务商、网络广告商的合法权益。建议借鉴《信息网络传播权保护条例》第 14 条至第 24 条的网络服务提供者的免责、担责规定，以及《关于办理网络赌博犯罪案件适用法律若干问题的意见》第 2 条的规定，以公众举报或行政机关责令改正后进行技术、资金帮助、执法人员调查过程中故意销毁、隐匿相关数据等情形为依据，建立认定网络服务商和网络广告商符合本条中的“明知”的司法标准。[②] 也有观点认为，社交网络

---

① 参见刘守芬、丁鹏：《网络共同犯罪之我见》，载《法律科学》2005 年第 5 期。

② 参见皮勇：《我国新网络犯罪立法若干问题》，载《中国刑事法杂志》2012 年第 2 期。

服务商的刑事责任是基于“技术帮助行为”而承担的刑事责任，承认片面共犯。犯罪人之间的联系在越来越便捷的同时亦越来越松散，但是，技术帮助行为对犯罪的重要性却明显提升，“片面共犯”理论可以解决越来越多的共同犯罪无明显主观意思联络的难题，在一定程度上缓解传统犯罪网络异化对刑事法律体系带来的冲击，应当允许适当地运用。但是以上没有解决社交网络服务商的刑事责任。[①]

（二）群体性事件中网络共同犯罪主体状态不真实

众所周知，网络具有虚拟性、智能性、隐蔽性、复杂性等特征，在网络世界中，网络用户的个人情况一般是具有隐蔽性，因此，网络上的犯罪行为人的主体状态不真实已经是一种常态。然而，如果在共同参与网络群体性事件中的行为人是限制行为能力人或者无行为能力人，该如何认定呢？到底是构成间接正犯还是构成共同犯罪，这都是一个值得商榷的问题。笔者认为构成共同犯罪，但对于无行为能力人不处罚。

（三）群体性事件中网络共同犯罪人的“意思联络”不明确

根据传统观点共同犯罪理论，共同犯罪故意是共同犯罪成立的主观要件，其要件要求各个共犯人之间存在犯意联络的问题。然而网络因素的介入，使得网络共同犯罪的主观方面具有不同于传统共同犯罪主观方面的特点，如网络作为一种新型的通信工具，网络为传统的犯意联络建立了新的方式。[②] 也有学者认为，如果各共同犯罪人只是把网络作为通信的媒介而共同犯罪行为仍然是在网下完成的，则不影响共同犯罪故意的认定，但如果犯罪行为在网上实现时，会影响共同犯罪故意的认定，增加共同犯罪认定的难度。[③] 通说认为，共同犯罪人之间必须存在意思联络才能成立共同犯罪。意思联络是共同犯罪人双方犯罪意思上的互相沟通，可能存在于组织犯与实行犯之间、教唆犯与实行犯之间，并不要求所有的共同犯罪人之间都必须存在意思联络。[④] 而网络共同犯罪的意思

---

① 参见田刚：《信息时代社交网络服务商法律责任体系的反思与重构——以微博平台谣言的预防和制裁为视角》，载《北京警察学院学报》2015 年第 1 期。

② 参见赵秉志、张新平：《试论网络共同犯罪》，载《政法论坛》2002 年第 5 期。

③ 参见于志刚著：《共同犯罪的网络异化研究》，中国方正出版社 2010 年版，第 15 页。

④ 参见高铭暄、马克昌主编：《刑法学》（第三版），北京大学出版社 2007 年版，第 180 页。

联络则与传统的共同犯罪特点不一样：一是网络共同犯罪具有意思联络形式的多样性。如电子邮件、论坛、电子公告、微信等网络载体使得共同犯罪的意思联络具有多样性。二是意思联络主体的匿名性。此时，由于网络犯罪的虚拟特有属性，共同犯罪人之间可能从来就不认识，共同实施了犯罪行为之后也可能永远不会再联络，造成“主体缺场”的现象。三是意思联络内容的模糊性。网络共同犯罪多借助即时通讯软件、BBS 留言等现代通讯媒介进行犯罪沟通，其意思联络的明确性和准确性都不高。正如有观点认为，网络犯罪中，行为人并不相互见面，共同犯罪人达成的意思联络即使有据可查，也往往由于意思内容模糊、简单或者暗语使用而难以判断行为人的认识程度和具体内容，也就不能判断共同故意的形成。①

（四）网络聚众性犯罪中的“意思联络”不明确

群体性事件部分涉及聚众性犯罪，群体性事件在网络中的发展越来越明显。网络空间中同样存在类似于传统聚众性犯罪的犯罪形式，即网络聚众性犯罪。网络聚众性犯罪是指一名或者几名犯罪人首先提出计划或者行动，众多具有相同意图的犯罪人自愿参加，一起集体行动实施犯罪的形式。② 一般而言，首先，由一名或者几名犯罪人在互联网上提出计划或者创造条件；其次，互联网上有相同意图的行为人在该网络交流场所获得计划信息后，按照计划安排在特定的时间对待特定的对象集体实施犯罪。如纠集到特定的网站上实施犯罪活动。③ 然而，网络聚众性犯罪的意思联络具有特殊性，也即发起者与犯意接收者之间的意思联络单向性，这与传统的意思联络的双向性相背离。因此，有学者认为，必须要先突破共同犯罪中的意思联络不仅包括双向意思沟通，也包括单向意思沟通。④ 也有学者认为，网络聚众犯的合意形式仍然具有共同犯罪意思联络的性质，行为人之间已经形成共同的犯罪故意。⑤ 也有学者认为，

① 参见刘守芬、丁鹏：《网络共同犯罪之我见》，载《法律科学》2005 年第 5 期，第 101 页。

② 参见于志刚：《共同犯罪的网络异化研究》，中国方正出版社 2010 年版，第 16 页。

③ 参见皮勇：《论网络“聚众”性犯罪及其刑事立法》，载《人民检察》2004 年第 2 期。

④ 参见皮勇：《论网络“聚众”性犯罪及其刑事立法》，载《人民检察》2004 年第 2 期。

⑤ 参见刘守芬、丁鹏：《网络共同犯罪之我见》，载《法律科学》2005 年第 5 期。

片面性的单向的犯意表示并不能产生犯意联络。① 还有学者认为，如果意思的联络单向性没有影响到意思联络的有效性和真实性，则构成网络共同犯罪；如果意思联络的单向性影响到意思联络的有效性和真实性，则不构成网络共同犯罪。② 还有学者认为，即便共同犯罪人之间尚不明确自己是与多少个人共同实施犯罪，甚至不明确实行犯的犯罪手段和方法是什么，只要他明确共同犯罪的具体犯罪目的便可以成立共同犯罪。③

（五）群体性事件中网络共同犯罪行为构成之不足

按照传统的观点，犯罪参与者之间成立共同犯罪，要求各共犯者之间必须要有共同犯罪的行为。在网络共同犯罪中，各个犯罪参与者都是通过键盘数字或者符号的信息来输入完成，不同的犯罪参与者表现出不同的侵犯性指令和程序，其单独的行为掩盖在整体的行为的背后，因此，行为人的行为分工、行为人之间的联系程度、各个行为人的行为对危害结果所起作用的大小、不同行为人与犯罪结果之间的因果关系等都不能得到准确的评价。④

二、网络群体性事件中犯罪参与困境之突破

如在网络教唆犯罪当中，因为网络的开放性，网络信息发布后，将会有很多的接触者，结果就会导致不特定的多数人实施犯罪，其行为到底是构成教唆犯？还是煽动犯？还是片面教唆犯呢？有观点认为，利用网络对不特定的多数人进行教唆的行为影响面大、诱惑力大，其具有相当的社会危害性，当然具有可罚性，但是现有的教唆理论不能解决这些问题，因此，应当改变传统理论当中关于教唆对象的特定性要求。⑤ 传统的观点认为教唆犯罪的对象必须是特定的，对由于接受教唆信息的群体并不特定，造成行为不具有教唆性质的情况，可以理解为“煽动”行为。根

---

① 参见邵维国：《论共同犯罪人的意思联络》，载《大连海事大学学报》2003 年第 3 期。

② 参见于志刚著：《共同犯罪的网络异化研究》，中国方正出版社 2010 年版，第 18 页。

③ 参见赵微：《论共同犯罪“意思联络”的客观预备性》，载《武汉大学学报》2007 年第 6 期。

④ 参见张俊霞：《网络共同犯罪若干疑难问题探讨》，载《河北法学》2007 年第 11 期。

⑤ 参见唐棣：《网络教唆行为入罪之必要性探讨》，载《贵州教育学院学报》2006 年第 5 期。

据具体的情形，行为人或者构成单独犯罪，或者不构成犯罪。[①] 也有观点认为教唆对象特定性，将网络教唆行为单独规定罪名加以处罚。[②] 除此之外，还有认为是构成片面共犯的观点。然而，除了网络中的参与者之外，还有网络服务提供者的刑事责任如何认定？网络服务提供者是仅指诸如网络服务商、公益性网站等提供网络信息服务、网络接入服务、网络平台服务等网络服务的单位。根据网络服务提供者提供服务内容的不同，可以将其分为两大类：第一类是网络信息内容提供者，指自己组织信息通过网络向公众传播的主体。第二类是网络中介服务者，指为传播网络信息提供中介服务的主体，网络接入服务提供者、网络平台提供者等均属于这一类。[③]

① 参见刘守芬、丁鹏：《网络共同犯罪之我见》，载《法律科学》2005 年第 5 期。

② 参见赵秉志、张新平：《试论网络共同犯罪》，载《政法论坛》2002 年第 5 期。

③ 参见陆旸：《网络服务提供者的刑事责任及展开——兼评〈刑法修正案（九）的相关规定〉》，载《法治研究》2015 年第 6 期。

附录：群体性事件判决书

1. 蔡某甲、蔡某乙聚众冲击国家机关罪一审刑事判决书

浙江省泰顺县人民法院
刑事判决书

（2014）温泰刑初字第147号

公诉机关浙江省泰顺县人民检察院。

被告人蔡某甲。因本案于2011年4月16日被泰顺县公安局刑事拘留，同年5月23日被取保候审。因传讯不到案，于2013年9月17日被逮捕，同日被取保候审。

被告人蔡某乙。因本案于2011年4月16日被泰顺县公安局刑事拘留，同年4月27日被取保候审。因传讯不到案，于2013年9月17日被逮捕，同日被取保候审。

泰顺县人民检察院以泰检公诉刑诉（2014）1105号起诉书指控被告人蔡某甲、蔡某乙犯聚众冲击国家机关罪，于2014年7月17日向本院提起公诉。本院依法适用简易程序，实行独任审判，公开开庭审理了本案。泰顺县人民检察院检察员钱益奉出庭支持公诉，被告人蔡某甲、蔡某乙到庭参加诉讼。现已审理终结。

公诉机关指控：

2011年3月下旬至4月15日间，泰顺县人民政府明确了乡镇行政区划调整的方案，把三魁镇、西洋镇、洋溪乡调整为三魁镇。因对泰顺县乡镇行政区划调整方案不满，为了使泰顺县人民政府改变乡镇行政区划调整方案并向政府施加压力，泰顺县西洋、大安籍部分村民在个别人煽

动组织之下连日聚集在泰顺县人民政府大院内外，采取静坐、拉横幅、喊口号、围堵大门、堵塞通道、围攻工作人员等方式，致使县府机关单位工作无法正常进行，严重扰乱了县府机关正常的工作秩序，在当地造成了极为恶劣的影响。

被告人蔡某甲平日积极鼓动村民到泰顺县政府闹事，连续九日积极参与到县府闹事，还从西洋镇尾厝村里领出5000元月于到县府闹事的开支及补贴。

被告人蔡某乙平日积极鼓动村民到泰顺县政府闹事，先后十五日积极参与到县府闹事，参与在县人民政府内静坐、堵塞通道。

被告人蔡某甲、蔡某乙于2013年9月17日主动到泰顺县公安局投案。

上述事实，被告人蔡某甲、蔡某乙在开庭审理过程中亦无异议，并有证人蔡甲、包甲、蔡甲、周某某、翁某某、吴某某、蔡乙、包乙、蔡乙、蔡丙等人的证言及抓获经过；政府文件、法律宣传及广播稿等；照片说明、刑事判决书、前科情况核查记录表、户籍证明等证据予以证实，足以认定。

本院认为，被告人蔡某甲、蔡某乙积极鼓动村民并且多日参加到泰顺县政府大院闹事、静坐、堵塞通道等扰乱机关正常工作秩序的行为，造成国家机关尊严、威信等政治利益的严重损失，其行为构成聚众冲击国家机关罪。公诉机关指控罪名成立。被告人蔡某甲、蔡某乙主动投案，如实供述自己的罪行，系自首，且能认罪悔罪，依法予以从轻处罚并适用缓刑。根据被告人蔡某甲的犯罪事实、性质、情节和对社会的危害程度，依照《中华人民共和国刑法》第二百九十条第二款、第六十七条第一款、第七十二条第一款、第七十三条第二款、第三款之规定，判决如下：

一、被告人蔡某甲犯聚众冲击国家机关罪，判处有期徒刑八个月，缓刑一年。

（缓刑考验期限，从判决确定之日起计算。缓刑考验期间，应接受社区矫正，服从社区矫正机构的监督管理）

二、被告人蔡某乙犯聚众冲击国家机关罪，判处有期徒刑八个月，缓刑一年。

（缓刑考验期限，从判决确定之日起计算。缓刑考验期间，应接受社区矫正，服从社区矫正机构的监督管理）

如不服本判决,可在接到判决书的第二日起十日内,通过本院或者直接向浙江省温州市中级人民法院提出上诉。书面上诉的,应当提交上诉状正本一份、副本二份。

审判员　季龙斌

二〇一四年七月三十一日

书记员　赵微微

2. 谢某甲、吕某甲等聚众冲击国家机关罪一审刑事判决书

安徽省滁州市南谯区人民法院

刑事判决书

(2014)南刑初字第00203号

公诉机关安徽省滁州市南谯区人民检察院。

被告人谢某甲,男,1969年8月8日出生于安徽省滁州市,汉族,保安,居住地安徽省滁州市南谯区。2014年7月28日因涉嫌犯聚众冲击国家机关罪被安徽省滁州市公安局南谯分局刑事拘留,同年9月2日经安徽省滁州市南谯区人民检察院批准,同日由安徽省滁州市公安局南谯分局执行逮捕。现羁押于滁州市看守所。

辩护人李卞宗,安徽知秋律师事务所律师。

被告人吕某甲,女,1962年10月25日出生于安徽省滁州市,汉族,农民,居住地安徽省滁州市南谯区。2014年8月4日因涉嫌犯聚众冲击国家机关罪被安徽省滁州市公安局南谯分局刑事拘留,同年9月2日经安徽省滁州市南谯区人民检察院批准,同日由安徽省滁州市公安局南谯分局执行逮捕。现羁押于滁州市看守所。

辩护人王飞,安徽奇胜律师事务所律师。

辩护人赵之侨,安徽皖江律师事务所律师。

被告人潘某,男,1949年2月9日出生于安徽省滁州市,汉族,农民,居住地安徽省滁州市南谯区。2014年7月28日因涉嫌犯聚众冲击国家机关罪被安徽省滁州市公安局南谯分局刑事拘留,同年9月2日经安徽省滁州市南谯区人民检察院批准,同日由安徽省滁州市公安局南谯分局执行逮捕。现羁押于滁州市看守所。

被告人郎某甲，男，1970年1月5日出生于安徽省滁州市，汉族，农民，居住地安徽省滁州市南谯区。2014年7月27日因涉嫌犯聚众冲击国家机关罪被安徽省滁州市公安局南谯分局刑事拘留，同年9月2日经安徽省滁州市南谯区人民检察院批准，同日由安徽省滁州市公安局南谯分局执行逮捕。现羁押于滁州市看守所。

辩护人陈锡梅，安徽曙春律师事务所律师。

被告人王某甲，男，1960年11月21日出生于安徽省滁州市，汉族，瓦工，居住地安徽省滁州市南谯区。2014年7月28日因涉嫌犯聚众冲击国家机关罪被安徽省滁州市公安局南谯分局刑事拘留，同年9月2日经安徽省滁州市南谯区人民检察院批准，同日由安徽省滁州市公安局南谯分局执行逮捕。现羁押于滁州市看守所。

辩护人邹君，江苏苏源律师事务所律师。

安徽省滁州市南谯区人民检察院以南检刑诉（2014）165号起诉书指控被告人谢某甲、吕某甲、潘某、郎某甲、王某甲犯聚众冲击国家机关罪，于2014年10月31日向本院提起公诉。本院于同日立案，并依法组成合议庭，于2014年11月27日公开开庭审理了本案。安徽省滁州市南谯区人民检察院指派检察员王忠敏出庭支持公诉，被告人谢某甲及其辩护人李卞宗，被告人吕某甲及其辩护人王飞、赵之侨，被告人郎某甲及其辩护人陈锡梅，被告人王某甲及其辩护人邹君，被告人潘某到庭参加诉讼。现已审理终结。

安徽省滁州市南谯区人民检察院指控：2014年7月20日，谢凯、郎金晶在污水处理厂挖掘的大沟内游泳溺死，因赔偿事宜调解未果。郎金晶的亲属吕某乙（另案处理）、谢凯的亲属谢某甲便谋划邀集亲属、邻居近一百人于2014年7月25日到滁州市政府，不顾政府人员、公安人员、保安人员的劝阻，冲击市政府南门，被告人吕某甲等人以哭、闹、撕、拽等方式冲击在门前列成人墙阻拦的公安民警和保安人员；被告人王某甲在门外叫嚷，拖拽现场保安人员，对民警范胜刚叫骂，并用手中茶杯砸范胜刚。被告人潘某、郎某甲为帮助其他人进入办公楼，将一扇玻璃大门拽坏破碎。在现场维持秩序的陈伟、李丹、曹翔宇、范胜刚、池某、周文俊、胡韦、蒋浩不同程度受伤。

公诉机关提供了相应证据,认为应当以聚众冲击国家机关罪追究被告人谢某甲、吕某甲、潘某、郎某甲、王某甲的刑事责任。提请本院依法判处。

被告人谢某甲对公诉机关指控的犯罪事实及罪名均无异议,其辩护人辩称:指控谢某甲犯聚众冲击国家机关罪的证据不足,如果认定谢某甲构成犯罪,考虑被告人具有自首、无前科,主观恶性小等情况,建议对被告人减轻处罚,并适用缓刑。

被告人吕某甲对公诉机关指控的犯罪事实及罪名均无异议,其辩护人辩称:被告人吕某甲的行为属于扰乱国家机关正常的工作秩序,尚未造成严重损失,不构成犯罪;即使被告人构成犯罪,被告人具有自首情节,情节轻微等情节,建议对被告人吕某甲从轻、减轻处罚。

被告人潘某对公诉机关指控的犯罪事实及罪名均无异议。

被告人郎某甲对公诉机关指控的犯罪事实及罪名均无异议。其辩护人辩称:被告人郎某甲犯聚众冲击国家机关罪的证据不足;如果构成犯罪,被告人主观恶性小,具有自首情节,认罪态度好,请求法庭对被告人适用缓刑。

被告人王某甲对公诉机关指控的犯罪事实及罪名均无异议,其辩护人辩称:被告人具有自首情节,悔罪表现,主观恶性小,请求法庭对被告人王某甲从轻处罚,并适用缓刑。

经审理查明:2014年7月20日,谢凯、郎金晶在工地水沟内溺水死亡,同年7月24日死者亲属与工地施工方在滁州市南谯区人民政府就赔偿事宜调解未果。谢凯伯父被告人谢某甲、郎金晶的亲属吕某乙(另案处理)预谋分别邀集人前往滁州市人民政府,给政府施加压力。次日上午,两家亲属、邻居七十多人在滁州市人民政府南大门外聚集,在吕某乙、被告人谢某甲的指挥下,不顾闻讯赶来的政府人员、公安人员、保安人员的劝阻,冲击滁州市人民政府南门。被告人吕某甲等人以哭、闹、撕、拽等方式冲击在门前阻拦的公安民警和保安人员;被告人王某甲在门外叫嚷、拖拽保安人员,并用手中茶杯砸民警范胜刚。被告人吕某甲等人强行冲进入市政府办公区后,数名妇女或躺或坐,开始哭喊、叫骂,与劝阻的公安民警、保安人员开始发生冲突,导致现场极为混乱,市政府南楼政府机关无法正常工作。被告人潘某、郎某甲为帮助其他人进入办公楼,将一扇玻璃大门损毁。在现场维持秩序的过程中,工作人员池某、胡韦、周文俊、蒋浩等人受伤。经依法鉴定,被损坏的玻璃门、门锁价值2496元。

另查明:被告人谢某甲、吕某甲、潘某、郎某甲、王某甲经公安机关电话通知归案后,如实供述自己的犯罪事实。郎某丙赔偿被损坏的玻璃门及一把U型锁2500元。

上述事实,有下列经庭审举证、质证的证据证明,本院予以确认:

1. 现场勘查材料及视频资料证明:案发现场情况。

2. 辨认笔录证明:谢某甲、郎某甲、潘某、王某甲、吕某甲之间相互辩护及对吕某乙的辨认,证人刘某、郎某乙等人对被告某。

3. 受伤民警照片及就诊发票、诊断记录等证明:池某、胡韦、周文俊、蒋浩等人受伤。

4. 价格鉴定结论意见书证明:被损毁玻璃门及U锁的价值2496元。

5. 交款记录、收条证明:郎某丙赔偿被损坏的玻璃门及U锁2500元。

6. 滁州市直机关事务管理局出具的情况说明证明,2014年7月25日8时30分许,滁州市人民政府南门受到数十名群众围堵,强行冲进大门后在一楼办公区域不断哭闹,并对上前劝阻的公安人员打骂,导致政府一楼各部门在近一个小时的时间内无法正常进行工作。

7. 抓获经过证明:经公安机关传唤,被告人郎某甲于2014年7月27日到案,被告人谢某甲、王某甲、潘某于2014年7月28日到案,被告人吕某甲于2014年8月4日到案。

8. 户籍信息证明,被告人谢某甲、吕某甲、潘某、王某甲、郎某甲的自然身份情况。

9. 证人谢某乙的证言证明:因为他堂侄子谢凯在滁州市南谯区乌衣镇建筑工地旁一水坑游泳时溺水死亡,2014年7月24日晚上,他三叔谢某丙打电话说谢某甲叫他们第二天早上到滁州市政府去。第二天8点左右,他们和亲戚七八十人哭闹冲击市政府南门,前面警察拦着不让进,就撕扯警察,后来门被挤碎了,有些妇女在大厅里哭闹。他到里面和警察、政府工作人员争吵,和警察发生口角,有人撕咬警察。谢某甲是他们姓谢的这边的总指挥、组织者,是谢某甲联络的人。

10. 证人雷某的证言证明:她侄子谢康勇的儿子谢凯7月20日下水游泳淹死了。2014年7月24日晚上,谢某甲打电话叫他们第二天早上到滁州市政府。第二天早上,她和谢某丙、谢某乙等人到市政府,看到嫂子王如英和几个妇女抱着小孩遗像边走边哭,好多男的跟在后面开始往大门里冲,门口警察不让进,她跟警察推搡、撕拽几下,门被挤开了。前面的人跑进大厅里,王如英躺在地上哭,警察来拉,她和警察吵。她听到哗啦一声,看见大门玻璃也碎了。更多的人跑进大厅,大厅很乱。她们几个妇女想往走廊里去,被警察和工作人员拦住,她们就跟警察吵,撕扯警察。她们这边谢某甲是组织者。

11. 证人刘某的证言证明:2014年7月20日她侄子谢凯和另一个姓郎的小孩在吕赵村的一处水沟里游泳时淹死了。家里人说小孩淹死是因为那个水沟是当地的污水处理厂施工挖的,没有警示牌,那工厂应该承担责任,为此他们找政府处理,但是没有达到他们的要求。7月25日,他们两家人一起到市政府,不听政府工作人员劝阻,径直往市政府大门走,前面是两家的几个妇女,手里抱着小孩的遗像,其他人都跟在后面。门口警察拦着不给进,她们往里挤,几个妇女撕扯警察的衣服,跟警察争吵。挤进大厅后,她婆婆在里面哭,她就在旁边拉她,后来不知道怎么搞的门口玻璃突然碎了。有几个妇女撕扯的,她就认识吕某甲,其他都不认识。她们去市政府就是找市政府给他们处理一下小孩淹死的赔偿问题。

12. 证人周某的证言证明:7月24日,他们家人都在区政府里跟污水处理厂的人谈处理小孩溺水的事情。第二天一早,他到市政府,他们两家人就举着照片往南门走了,妇女边走边哭的,男的跟在后面,前面的妇女就开始往大门里冲了。不少人跟警察拉扯撕拽,后来玻璃被冲碎了,人跑进大厅里哭闹。

13. 证人谢某丙的证言证明:他侄孙谢凯前几天在乌衣镇吕何杨村吕西队一个工地挖机挖的水坑洗澡时溺水身亡了,当时溺亡的还有谢凯。7月24日晚上,他侄子谢某甲打电话叫他第二天早上到市政府上访。他和他老婆雷某、姐姐谢金美、妹妹谢金翠、妹婿雷之荣一起八点到市政府南门。当时有一二十个警察拦着不让进大门,大门最前面好几十个妇女就开始冲撞市大门。撞开后,人就冲了进去,后来很多人还想往楼上冲,但是被警察拦下来了,还有几个妇女睡在地上哭。

14. 证人曹某的证言证明:2014年7月24日晚上,吕天星打电话说明天用他的轿车送人去市政府,他就答应了。2014年7月25日早上,他就开车带了一男一女来到了市政府,看见吕天星家亲戚朋友六七十个人往市政府南门去上访,他就跟着过去了。到市政府南门后,上访人员就往市政府办公大楼里面冲,警察拦着上访人员。上访人员就上前撕扯警察,好几个警察衣服都被撕破了。约十分钟后,玻璃大门被上访人员冲破了,玻璃碎了一地,上访人员就冲进去了。

15. 证人郎某丙的证言证明:7月20日,他儿子郎金晶在他们队后面的一处水沟里游泳时淹死了。7月24日,他们家人到南谯区政府跟对方谈赔偿一事,没谈好。晚上,吕某乙讲明天到市政府去上访,主动联系了几辆面包车、轿车,并要郎金晶照片。吕某乙又联系对方姓谢的溺水死亡家小孩照片,一起把照片拿到照相馆放大装框。第二天早上,他们一起有七八十人到市政府南门,有人劝他们到信访中心,他们不听。走到南门口,警察在门口拦着不给他们进去,他们就一起往里冲,把门玻璃挤碎了。因为他儿子被淹死的事情好几天都没有处理好,他才喊人到市政府的,想找上级政府处理。他家这次上访事件策划、总指挥是吕某乙。

16. 证人郎某丁的证言证明:7月20日,她亲侄子郎金晶溺水死亡。7月24日晚上,她弟弟郎某丙说郎金晶掉水淹死,到滁州市人民政府上访。她从南京坐车赶到滁州,排在上访队伍前面。她撕扯几个警察保安人员,有的被她抓伤,还在市政府大厅谩骂,大喊大叫,与工作人员大吵大闹。当天她们是从乌衣坐了几辆面包车到市政府上访的,车子是吕某乙叫来的。这次上访是吕某乙、吕某甲他们俩策划指挥的。吕某甲在现场闹得凶一点。

17. 证人郎某戊的证言证明:他哥郎某丙喊他去政府,后来他和王某甲几个人一起坐车子的。到了政府以后,他们两家人大概有百一人,开始往政府里面去。政府的人让他们去信访办公室,他们都没有理,直接往政府大门口去。到了大门口,警察在门口拦着不让进,几个女的在前面,他们男的在后面也往前挤,后来把政府大门顶开了。潘某在现场和郎某甲及一女子将市政府南门玻璃门撞击强拉,造成玻璃破碎,郎某庚在现场和警察撕扯,王某甲在现场拿水杯砸警察,吕某甲在大门玻璃跟前又蹦又跳,辱骂、撕扯警察,还有人厮打警察,吕某乙当天在上访现场外围。他们到政府闹事是想要政府出面处理小孩这个事情。

18. 证人郎某乙的证言证明:7 月 20 日,他们队的郎金晶和另一个姓谢的小孩在队附近的水沟游泳时淹死了。今天早上 7 点左右,他看到门口人陆续上了面包车,听父亲说门口邻居陪郎家人到政府去上访,他也就跟着上车了。到了市政府广场旁边,他看来了一共好几十人,他们商量了一下,然后就开始往市政府南大门走。有一些人过来劝他们到信访中心区,但是死者家属不听,郎某丙和姓谢的家人都抱着小孩的照片走在前面,其他人跟在后面。警察不让他们进南大门,郎某丙和姓谢的家的几个妇女就往门口冲,撕扯警察,挤开了一扇玻璃门,有一扇被挤变形玻璃门玻璃碎掉了。他看到有几个妇女在大厅里哭闹,有几个妇女撕扯警察。

19. 证人孙某甲的证言证明:7 月 25 日,郎某丙说他们为小孩淹死的事情要到市政府去讨个说法,叫她们家也去。她和丈夫张某甲跟车一起去了。到了市政府,他们和另一家人一起往南门走。警察拦着不给进去,他们就一起往前挤,跟拦着的警察拉扯,把门挤开了点,他们几个人就先进到大厅了。工作人员拦着他们,她丈夫就跟工作人员吵了起来,郎某庚睡在大厅的地上,然后就听到背后的玻璃哗啦一声碎了,接着就有好多人都进到大厅里了,有些妇女坐在地上哭闹。当天上访,吕某乙指挥她在上访队伍前面,她就按照吕某乙指挥拉着姨姐郎某乙走在上访队伍前面。

20. 证人郎某己的证言证明:她弟弟郎某丙家儿子郎金晶溺水死亡一事,因为赔偿问题在南谯区政府未谈好,第二天到滁州市人民政府上访,她弟媳孙某甲拉着她的手走在队伍前面。郎某丙家小孩溺水死亡的事,前前后后都是吕某乙和她弟弟郎某丙一起商量操办的。

21. 证人郎某庚的证言证明:他弟弟郎某丙因小孩溺水死亡之前找区政府赔偿,区政府没有给解决。7 月 24 日晚上,他弟弟召集他们第二天去市政府闹,让市政府给说法。7 月 25 日上午,他们家几十个亲戚分别坐几辆面包车到市政府南门,另外一个溺水死亡的小孩家亲戚大概几十人也到市政府,也朝南门走。有警察、保安拦住让他们去信访大厅,他们家亲戚当时都很激动,没理保安,并往政府里面冲,和警察发生争吵,发生推搡。冲进去五六个人后,门又被警察拦住了。当天吕某甲在门口跟警察吵、拉扯。吕某乙当天没有冲在前面,跟在后面指挥。郎某戊、郎某甲、王某甲、潘某、张某甲都在门口推搡拉扯警察的,当时他还看到王某甲拿茶杯打警察的,有没有打到,他不知道。

22. 证人吕某乙的证言证明:2014年7月20日,他老表郎某丙儿子和谢凯在乌衣镇吕赵村宗巴郢组一处水沟里淹死了。家里人和门口邻居认为淹死小孩的水沟是附近污水处理厂施工留下的,没有警示标志,让污水处理厂承担责任。第二天,两家人到乌衣镇政府要求处理,他们问律师,律师说与对方单位协商至少要一个星期。24日傍晚,谢凯的伯伯谢某甲打电话说在南谯区政府没有协商好,准备第二天打到市政府去。郎某丙叫他第二天陪郎某丙到市政府。郎某丙要求他打电话给谢某甲,把两个死者的照片放大带着。他打电话给谢某甲,拿到谢凯的照片和郎金晶的照片放大,又打电话给朋友第二天开车送他到市政府。25日早上,郎某丙喊了有几十人,都是门口邻居和亲戚一起坐车到市政府,和谢凯家人一起往市政府南门去,和门口警察和工作人员拉扯推搡,后来门被推开了,大门玻璃也挤碎了。

23. 证人张某甲的证言证明:他家表侄(郎某丙儿子)在滁州市南谯区乌衣镇建筑工地旁一水坑洗澡游泳时淹死了。2014年7月25日,郎某丙喊他和他老婆孙某甲去滁州市政府上访。在广场上,吕某乙说女的走前面,男的走后面。他和老婆孙某甲就与七八十人一起冲击市政府南门,和警察发生冲突,大门被冲破了。他进去还和警察、政府工作人员吵闹、推搡,发生吵架了。在市政府广场,村干部劝说不要闯市政府,到信访办去,他们都不听。他们这边郎某丁和吕某甲叫得最凶,走到南门口后有些警察拦在门口不给他们进去,当时吕某甲连蹦带跳的就冲到玻璃门跟前往里挤。市政府南门的玻璃是潘某和郎某甲从里面拉外面的人搞碎的。王某甲在门口推搡警察,拿茶杯打警察,郎某戊也在门口跟警察撕扯的,在大厅里吕某甲撕扯警察,跟警察吵的。他不清楚那个组织的,当时在南门现场的时候是吕某乙指挥他们的,他们都听他的。

24. 证人邢某的证言证明:7月25日上午,在市政府南门吕赵村吕西组、宗巴郢组一共去了七十多人。吕某甲当天在场比较激动,在市政府南门门口和劝阻的民警相互推搡,发生一些肢体冲突,南门一面门的玻璃被挤碎了,很多村民都冲进大厅里,有的睡在地上。因为郎某丙家小孩和谢某甲家小孩在乌衣镇吕赵村宗巴郢组前污水管网施工方起土区挖掘的深坑玩水时溺水死亡,村民到区政府上访和施工方谈判,要求赔偿,因赔偿款未达成一致,后又到市政府上访了。

25. 证人韩某的证言证明:2014年7月25日早上,郎金晶家和谢凯家有一百人左右,不听劝阻,往市政府大门冲。警察拦在门口不让进去,让他们到旁边的信访中心,这些人不听,在门口又哭又叫,往门里挤,有一些人抓扯、扭打执勤的民警,并把大门的一扇玻璃弄碎了,很多人一拥而入。他看到王某甲拿手里的茶杯砸现场执勤的民警,吕某甲在大厅里又蹦又跳,大吵大闹。郎金晶家这边的事都是吕某乙说了算。

26. 证人王某乙的证言证明:7月25日8点多钟,姓郎的家五十多人和姓谢的家二十多人来到市政府南门,他们在广场上劝到信访中心去谈,但不听。到门口被警察拦住,他们也劝,但两家人大吵大闹,非要进市政府,接着辱骂、抓扯执勤的警察,往大门里面冲,后来把大门玻璃都搞碎了。进到大厅后有一部分妇女在里面哭闹很长时间。是吕某乙指挥其他村民冲击市政府,吕某乙让女的冲在前面,男的跟在后面。谢凯、郎金晶溺水死亡,死者家人认为南谯污水处理厂施工方有责任,两家人找政府处理,从21日到24日这几天区政府都出面协调的,但是两家人要赔偿金额太高,和施工方没有谈好,于是7月25日就去市政府闹了。

27. 证人孙某乙的证言证明:他当天早上6时在宗巴郢组观察死者郎金晶家上访动向,7时30分发现郎金晶家人乘几辆面包车和几辆轿车向滁州出发,他们村干部就跟到市政府南门,郎金晶家人大约60多人,谢凯家人约30至40人。村干部极力劝阻,到市政府南门时上访人员就去拉门,保安和民警不让进去,上访人员就在现场哭闹、砸门、厮打民警。政府南门被冲挤破碎后,上访人员冲入政府南门大厅,在大厅内谩骂、厮打警察、保安人员,还有许多老年妇女男子在地上大哭大闹。吕某乙是溺水死者郎金晶家策划指挥主要人员。

28. 证人池某、张某乙等人的证言证明：2014年7月25日7点多，有大批人员聚集在市政府南门广场，然后往市政府南门里面冲，政府保安和警察劝阻，那些人就厮打他们政府保安人员和公安干警，政府保安人员的衣服被撕破了，身上被抓伤了。后玻璃大门把手被人拽掉了，有十几个人就冲进来了，在市政府一楼大厅哭喊大叫，市政府玻璃大门被搞坏了，玻璃碎了。好多人冲进来了，在市政府南门大厅闹事一个多小时，撕扯执勤民警、保安、政府工作人员，将政府保安接待前台桌椅砸了，严重影响政府办公秩序，市政府办公无法正常进行。

29. 被告人谢某甲的供述证明：7月24日，在区政府里跟污水处理厂的人谈处理小孩溺水的事情，没有谈成，他们家人就商量到市政府去。晚上吕某乙打电话问情况，他说他们家商量第二天到市政府。吕某乙说知道了。过了一时，他和吕某乙约定第二天早上八点到市政府。后来吕某乙打电话说他们明天把淹死的小孩照片带着，叫他通知谢康勇把一张谢凯的照片送给吕某乙，吕某乙一起带到照相馆去放大。他就打电话叫他弟弟谢康勇把谢凯的照片送给吕某乙。后来他打电话给三叔谢某丙说第二天到滁州市政府去上访，叫谢某丙喊家里的亲戚一起去的。第二天一早，他们坐车到市政府了，两家人举着照片往南门走了，妇女边走边哭，他们男的跟在后面，前面的妇女就开始往大门里冲了，不少人在冲的时候跟警察拉扯撕拽的，玻璃都被冲碎了，人都跑到大厅里哭闹。他是他们姓谢的这家主事的，他家人也是他联系的，姓郎的那边是吕某乙当家，他们两家人商量事情就是他和吕某乙联系的。他们就是想到市政府闹一闹，造成影响，给政府压力，好歹赔点钱。

30. 被告人吕某甲的供述证明：她是来投案自首的。2014年7月24日，郎某丙联系她，因郎某丙家小孩郎金晶在乌衣镇一个建筑工地的水坑洗澡时淹死的事情准备去市政府讨说法。第二天早上她和郎某丙等几十人一起坐面包车赶到滁州市政府，村干部劝他们到信访中心，他们都不听。姓谢的家人来了以后，他们就一起开始往政府大门走过去，两家几个妇女走在前面，男的跟在旁边和后面，郎金晶的母亲抱着小孩的遗像，哭哭啼啼的走到大门口，警察拦着，他们往门里冲。她当时心情很激动，大吼大叫，又蹦又跳的。挤在玻璃门边，他们跟警察拉扯推搡，把门挤开了。她们在前面的几个人跑到大厅里,她进去就在大厅喊叫,姓谢的家的几个妇女就睡在地上,郎某庚也睡在地上。过了一会她听门口哗啦一声,看到大门的玻璃碎了。一起来的人跑进来,有些人跟警察、工作人员吵闹,有的在地上哭喊。她看到郎某丁跟警察在争执,她就过去帮郎某丁,她抓一个警察胸口的衣服,还故意说:"警察还打人啊"。吕某乙当天去市政府的,在南门外面没进来,在外围指挥的。

31. 被告人潘某的供述证明:2014 年 7 月 25 日早上,郎某丙喊他去滁州市政府上访。他来到郎某丙家,已经有好多亲戚到了。他们上了郎某丙租的七八辆车子,在何吕杨村的马路边跟另一个淹死的小孩家人会合,然后就往滁州市政府去了。到了市政府后,女的在前面,他在中间就往市政府南门走。干部拦,他们不听。到了门前,警察拦住不让进。十几个女的就冲撞玻璃门,他在后面人群中挤,门被挤开,很多人都进到大厅里。他看到郎某庚躺在大厅的地下,想进去帮忙,拉政府的玻璃门把手时,里面还有人在推玻璃门,他用力一拉把手,玻璃门把手被拉坏,玻璃当时就碎了。他进到大厅里和里面上班的人争吵。去的女的在里面哭、闹,和上班的人争吵。

32. 被告人郎某甲的供述证明:7 月 24 日晚上,郎某丙叫他第二天一起到市政府要钱。第二天 7 点左右,郎某丙找好的车子等在他家旁边的水泥路上,他就跟着车去市政府了。两家人都捧着死者的照片,有人劝他们到市政府旁边的信访中心去,没人听。他们上了市政府南门的台阶,警察站在门口拦着,不让进,叫他们到信访中心。两个死者的家人冲在前面就往门里挤,跟站在门口的警察撕扯。他站在人群中间往里面挤,后面还有人推。他当时很冲动,有警察拦着他,他就跟警察推搡几下。他看到门把手被拉断了,郎某庚等几个人先进到大厅里了。他在南门大厅里,但是门口还有人要往里挤,警察拦着不给进,潘某和他就去拉门让人进来。潘某拉门把手,郎某乙老婆李克梅正在往里挤,他就想上去拉她一把,这个时候门玻璃哗啦一声碎了,他不想把门搞坏的,只是当时太混乱了,有挤的,有拉的,门就这样被搞碎了。这事是吕某乙和吕某甲组织的,他们始终都在给郎某丙家人出点子,当天都去的。吕某甲始终都在人群的最前面,往政府大门里冲,跟民警和工作人员吵、闹、撕扯,她都是冲在最前面闹得很凶。

33.被告人王某甲的供述证明:前几天,他老表郎某丙的儿子和另一个姓谢的小孩在村里的一处水沟玩被淹死了。郎某丙喊他跟郎某丙到市政府去闹一下,让政府赔偿死者家人。他跟郎某丙的车子去市政府,同去的好多人,都是本队门口人、死者家的亲属。到了市政府,他们和谢家人一起往市政府南门走了,最前面两家人的几个妇女手里捧着死了的小孩的照片。有人劝他们到旁边的信访中心,没人听。走到南门口,警察站在玻璃大门外面拦着,不让进。带头的几名妇女往门里挤,他们跟在后面往里挤,后面还有人推。警察叫他不要冲了,他还跟警察争执了几句,拉扯了几下,当时他手里拿着茶杯,他就把茶杯举起来往警察身上打了一下。这时候,他们前面的人把门挤开一点,郎某庚他们几个先进去了,后面人还接着往里挤,被挤开的一扇门玻璃突然碎了。郎某丁在大厅里哭闹;吕某甲冲门,在大厅跟一个胖胖的男的好像是政府的人吵嘴;郎某庚在大门口时候非常激动,又蹦又叫的,跟警察推搡、拉扯。潘某头破了,说是被掉下来的玻璃砸的。

本院认为:被告人谢某甲、吕某甲、潘某、郎某甲、王某甲聚众冲击国家机关,致使国家机关工作无法进行,造成严重损失的,其行为均已触犯我国刑法,构成聚众冲击国家机关罪,且系共同犯罪,依法应予惩处。公诉机关指控的犯罪事实清楚,证据确实、充分,指控的罪名成立,应予以支持。被告人谢某甲在共同犯罪中起组织、指挥作用,是首要分子;被告人吕某甲、潘某、郎某甲、王某甲积极参与,是积极参与者。被告人谢某甲、吕某甲、潘某、郎某甲、王某甲经公安机关电话通知归案后,如实供述自己的犯罪事实,是自首,依法对谢某甲减轻处罚,对被告人吕某甲、潘某、郎某甲、王某甲从轻处罚。根据被告人吕某甲、潘某、郎某甲、王某甲的犯罪情节和悔罪表现,没有再犯罪的危险,宣告缓刑对所居住社区没有重大不良影响,可对其宣告缓刑。经本院审判委员会讨论决定,依照《中华人民共和国刑法》第二百九十条第二款、第二十五条第一款、第六十七条第一款、第七十二条第一款、第七十三条第二款、第三款的规定,判决如下:

一、被告人谢某甲犯聚众冲击国家机关罪,判处有期徒刑一年六个月;

(刑期从判决执行之日起计算。判决执行以前先行羁押的,羁押一日折抵刑期一日,即自2014年7月28日起至2016年1月27日止。)

二、被告人吕某甲犯聚众冲击国家机关罪,判处有期徒刑六个月,缓刑一年;

(缓刑考验期限,从判决确定之日起计算。)

三、被告人潘某犯聚众冲击国家机关罪,判处有期徒刑六个月,缓刑一年;

(缓刑考验期限,从判决确定之日起计算。)

四、被告人郎某甲犯聚众冲击国家机关罪,判处有期徒刑六个月,缓刑一年;

(缓刑考验期限,从判决确定之日起计算。)

五、被告人王某甲犯聚众冲击国家机关罪,判处有期徒刑六个月,缓刑一年。

(缓刑考验期限,从判决确定之日起计算。)

如不服本判决,可在接到判决书的第二日起十日内,通过本院或者直接向安徽省滁州市中级人民法院提出上诉。书面上诉的,应当提交上诉状正本一份,副本六份。

审　判　长　梅　果
人民陪审员　赵家玲
人民陪审员　贡建萍
二〇一四年十二月十日
代理书记员　孙小庆

3. 任某甲、任某乙等犯聚众扰乱公共场所秩序、交通秩序罪一审刑事判决书

安徽省颍上县人民法院

刑事判决书

(2015)颍刑初字第00224号

公诉机关颍上县人民检察院。

被告人任某甲,男,1944年7月1日出生于安徽省颍上县,汉族,农

民。因涉嫌犯聚众扰乱交通秩序罪，于2014年11月20日被颍上县公安局取保候审，2015年2月5日被颍上县人民检察院决定继续取保候审。现在家中候审。

被告人任某乙，女，1973年11月9日出生于安徽省颍上县，汉族，农民。因非法拦截机动车辆影响正常行驶于2014年11月6日被颍上县公安局行政拘留10日，因涉嫌犯聚众扰乱交通秩序罪于同年11月14日转刑事拘留，同年12月17日经颍上县人民检察院批准逮捕，次日由颍上县公安局执行逮捕。现羁押于阜阳市看守所。

被告人任某丙，女，1966年3月8日出生于安徽省颍上县，汉族，农民。因非法拦截机动车辆影响正常行驶于2014年11月6日被颍上县公安局行政拘留10日，因涉嫌犯聚众扰乱交通秩序罪于同年11月14日转刑事拘留，同年12月17日经颍上县人民检察院批准逮捕，次日由颍上县公安局执行逮捕。现羁押于阜阳市看守所。

颍上县人民检察院以颍检公诉刑诉（2015）171号起诉书指控被告人任某甲、任某乙、任某丙犯聚众扰乱交通秩序罪，于2015年5月6日向本院提起公诉。本院受理后，依法组成合议庭，公开开庭审理了本案。颍上县人民检察院指派检察员花艳出庭支持公诉，被告人任某甲、任某乙、任某丙到庭参加了诉讼。现已审理终结。

经审理查明：2014年10月27日晚，颍上县黄桥镇赵吴村村民任某丁因在颍上县颍利路彭集段发生交通事故死亡，肇事车辆逃逸，为了给案件侦查机关施加压力，被告人任某甲、任某乙、任某丙遂计议堵塞公路。2014年11月4日下午13时至16时许、11月6日下午15时至19时，被告人任某甲、任某乙、任某丙带领数名亲属用白色孝布拴住颍利路彭集路段两边的栏杆将公路封堵，在路中间摆放花圈、烧纸，并将冰棺停放在路边、在路边搭设灵堂，堵塞交通、导致交通瘫痪达约7个小时，累计近200辆车辆无法通行。

上述事实，被告人任某甲、任某乙、任某丙在开庭审理过程中没有异议，且有书证接处警情况登记表、立案决定书、2014年10月27日交通肇事案件立案决定书、户籍证明、证人任某丁、彭某甲、彭某乙等人的证言、现场勘验检查笔录、现场图、现场照片、视听资料、颍上县司法局社区影响评估意见书等证据证明,足以认定。

本院认为:被告人任某甲、任某乙、任某丙因为近亲属的交通肇事案件没有及时破案,为给有关部门施加压力,三被告人经计议非法聚众堵塞交通,时间长达七个小时,情节严重,且系首要分子,其行为均已触犯刑律,构成聚众扰乱交通秩序罪,系共同犯罪,故公诉机关指控罪名成立,提请适用法律适当,本院予以支持。被告人任某甲、任某乙、任某丙当庭自愿认罪,有悔罪表现,可酌情从轻处罚,本院根据三被告人的犯罪事实、危害后果、认罪、悔罪等情节,决定对三被告人从轻处罚。为了打击刑事犯罪,保护公共道路交通秩序不受非法侵害,对被告人任某甲依照《中华人民共和国刑法》第二百九十一条、第二十五条第一款、第三十八条、第四十一条的规定;对被告人任某丙、任某乙依照《中华人民共和国刑法》第二百九十一条、第二十五条第一款的规定,判决如下:

一、被告人任某甲犯聚众扰乱交通秩序罪,判处管制二年。

(管制的期限,从判决执行之日起计算。)

二、被告人任某乙犯聚众扰乱交通秩序罪,判处有期徒刑九个月。

(刑期从判决执行之日起计算,判决执行前先行羁押的,羁押一日折抵刑期一日,自2014年11月6日起至2015年8月5日止。)

三、被告人任某丙犯聚众扰乱交通秩序罪,判处有期徒刑九个月。

(刑期从判决执行之日起计算,判决执行前先行羁押的,羁押一日折抵刑期一日,自2014年11月6日起至2015年8月5日止。)

如不服本判决,可在接到判决书的第二日起十日内,通过本院或者直接向安徽省阜阳市中级人民法院提出上诉。书面上诉的,应当提交上诉状正本一份,副本二份。

审 判 长　谌　敏

代理审判员　汪　筱

人民陪审员　汤　峰

二〇一五年六月二十九日

书 记 员　王文婧

参考文献

一、中文类

（一）专著

[1]中国行政管理学会课题组:《中国群体性突发事件成因及对策》,国家行政学院出版社 2009 年版。

[2]中国人民大学刑事法律科学研究中心编:《刑事法热点问题国际视野》,北京大学出版社 2010 年版。

[3]陈兴良著:《共同犯罪论》(第二版),中国人民大学出版社 2006 年版。

[4]陈兴良著:《刑法的价值构造》,中国人民大学出版社 2006 年版。

[5]陈兴良著:《本体刑法学》,商务印书馆 2001 年版。

[6]陈兴良著:《教义刑法学》,中国人民大学出版社 2010 年版。

[7]陈子平著:《刑法总论》,中国人民大学出版社 2009 年版。

[8]陈家林著:《共同正犯研究》,武汉大学出版社 2004 年版。

[9]陈忠林著:《刑法(总论)》,中国人民大学出版社 2010 年版。

[10]陈洪兵著:《共犯论思考》,人民法院出版社 2009 年版。

[11]陈世伟著:《论共犯的二重性》,中国检察出版社 2002 年版。

[12]曹坚著:《从犯问题研究》,上海社会科学出版社 2009 年版。

[13]陈月生著:《突发性群体事件与舆情》,天津社会科学院出版社 2005 年版。

[14]陈晋胜著:《群体性事件研究报告》,群众出版社 2004 年版。

[15]冯军著:《刑事责任论》,法律出版社 1996 年版。

[16]高铭暄著:《中华人民共和国刑法的孕育诞生和发展完善》,北京大学出版社2012年版。

[17]高铭暄、马克昌主编:《刑法学》,中国法制出版社2007年版。

[18]高铭暄、马克昌主编:《刑法学》(第五版),北京大学出版社、高等教育出版社2011年版。

[19]高铭暄著:《中华人民共和国刑法的孕育诞生和发展完善》,北京大学出版社2012年版。

[20]甘添贵:《中止犯之基本理念》,载甘添贵主编:《刑法之重要理念》,瑞兴图书股份有限公司1996年版。

[21]甘添贵著:《共同犯罪正犯成立与责任本质》,中国检察出版社2008年版。

[22]菅强著:《中国突发事件报告》,中国时代经济出版社2009年版。

[23]郭纯平著:《新世纪国内群体性事件研究——以构建和谐社会为视角的考察》,新华出版社2013年版。

[24]龚维斌、马福云著:《社会群体与群体性事件研究》,国家行政学院出版社2011年版。

[25]何秉松著:《刑法教科书》,中国法制出版社1997年版。

[26]何秉松著:《有组织犯罪研究——中国大陆黑社会(性质)犯罪研究》,中国法制出版社2002年版。

[27]黄丽勤、周铭川著:《共同犯罪研究》,法律出版社2011年版。

[28]黄荣坚著:《基础刑法学(下)》(第三版),中国人民大学出版社2009年版。

[29]何显明著:《群体性事件的发生机理及其应急处置——基于典型案例的分析研究》,学林出版社2010年版。

[30]柯耀程著:《刑法发展论的发展与检讨》,载刘明祥等主编:《刑事法探究》(第四卷),中国人民公安大学出版社2011年版。

[31]刘德法著:《聚众犯罪理论与实务研究》,中国法制出版社2011年版。

[32]李宇先著:《聚众犯罪研究》,湖南人民出版社2004年版。

[33]黎宏著:《刑法学》,法律出版社2012年版。

[34]卢建平著:《中国刑事政策研究综述》,中国检察出版社 2009 年版。

[35]梁治平著:《法意与人情》,中国法制出版社 2004 年版。

[36]刘斯凡著:《共犯界限论》,中国人民公安大学出版社 2011 年版。

[37]李林、田禾著:《中国法治发展报告》,社会科学文献出版社 2014 年版。

[38]李培林、陈光金著:《力挽狂澜:中国社会发展迎接新挑战——2008—2009 年中国社会形势分析与预测总报告》,社会科学文献出版社 2008 年版。

[39]刘凌梅著:《帮助犯研究》,武汉大学出版社 2002 年版。

[40]李国波著:《农村群体性事件法律研究》,中山大学出版社 2010 年版。

[41]刘德海著:《群体性事件的演变与评估》,中国社会科学出版社 2012 年版。

[42]马克昌著:《比较刑法原理——外国刑法学总论》,武汉大学出版社 2002 年版。

[43]马克昌主编:《刑法》,高等教育出版社 2007 年版。

[44]马克昌主编:《犯罪通论》,武汉大学出版社 2015 年版。

[45]莫晓宇著:《涉众型犯罪研究》,中国人民公安大学出版社 2015 年版。

[46]莫于川、肖竹著:《突发事件应对法制度解析与案例指导》,中国法制出版社 2009 年版。

[47]麻宝斌著:《中国社会转型时期的群体性政治参与》,中国社会科学出版社 2009 年版。

[48]齐文远、周详著:《刑法、刑事责任、刑事政策研究:哲学、社会学、法律文化的视角》,北京大学出版社 2004 年版。

[49]齐文远著:《刑法学》,北京大学出版社 2011 年版。

[50]钱叶六著:《共犯论的基础及其展开》,中国政法大学出版社 2014 年版。

[51]戚建刚著:《中国行政应急法律制度研究》,北京大学出版社2010年版。

[52]秦启文著:《突发事件的管理和应对》,新华出版社2004年版。

[53]邱志勇著:《群体性涉访事件处置研究》,群众出版社2006年版。

[54]宋维强著:《社会转型期中国农民群体性事件研究》,华中师范大学出版社2009年版。

[55]童德华著:《刑法中客观归属论的合理性研究》,法律出版社2012年版。

[56]童德华著:《规范刑法原理》,中国人民公安大学出版社2005年版。

[57]汤维建著:《群体性纠纷诉讼解决机制论》,北京大学出版社2008年版。

[58]王彩元、马敏艾、李颖主编:《群体性事件紧急处置要领》,中国人民公安大学出版社2003年版。

[59]王学辉著:《群发性事件防范机制研究》,科学出版社2010年版。

[60]万鹏飞著:《美国、加拿大和英国突发事件应急管理法选编》,北京大学出版社2006年版。

[61]王宏伟著:《反思:2008挑战中国的重大突发性事件》,中国广播电视大学出版社2009年版。

[62]魏东著:《教唆犯诠释与适用》,中国人民公安大学出版社2012年版。

[63]魏东著:《教唆犯研究》,中国人民公安大学出版社2002年版。

[64]王作富著:《刑法分则实务研究》(中),中国方正出版社2010年版。

[65]王作富著:《刑法》(第五版),中国人民大学出版社2011年版。

[66]吴光侠著:《主犯论》,中国人民公安大学出版社2007年版。

[67]肖中华著:《犯罪构成及其关系论》,中国人民大学出版社2000年版。

[68]肖本山著:《共犯过限论》,中国人民公安大学出版社2011年版。

[69]夏勇著:《人权概念起源——权利的历史哲学》,中国政法大学出版社2001年版。

[70]肖唐镖著:《群体性事件研究》,学林出版社 2011 年版。

[71]徐乃龙著:《群体性事件的预防与处置》,中国人民公安大学出版社 2002 年版。

[72]熊易寒著:《问题化背后:对当代中国社会冲突的反思》,山东人民出版社 2007 年版。

[73]许发民著:《刑法的社会文化分析》,武汉大学出版社 2004 年版。

[74]余致力著:《民意与公共政策——理论探讨与实证研究》,台北五南图书出版公司 2002 年版。

[75]应松年著:《突发公共事件应急处理法律制度研究》,国家行政学院出版社 2004 年版。

[76]于志刚著:《共同犯罪的网络异化研究》,中国方正出版社 2010 年版。

[77]于志刚著:《虚拟空间中的刑法理论》,中国方正出版社 2003 年版。

[78]阴建峰、周加海著:《共同犯罪适用中疑难问题研究》,吉林人民出版社 2001 年版。

[79]赵鼎新著:《社会与政治运动讲义》,社会科学文献出版社 2006 年版。

[80]曾庆香、李蔚著:《群体性事件:信息传播与政府应对》,中国书籍出版社 2010 年版。

[81]张明楷著:《刑法学》(第四版),法律出版社 2011 年版。

[82]张明楷著:《外国刑法纲要》,清华大学出版社 2007 年版。

[83]张明楷著:《刑法的基本立场》,法律出版社 2002 年版。

[84]张明楷著:《行为无价值论与结果无价值论》,北京大学出版社 2012 年版。

[85]张明楷著:《刑法格言的展开》,法律出版社 2003 年版。

[86]赵秉志著:《刑法》,高等教育出版社 2007 年版。

[87]赵秉志著:《中国刑法学研究会学术研究 30 年》,法律出版社 2014 年版。

[88]赵秉志主编:《中国刑法案例与学理研究》,法律出版社 2001

年版。

[89]赵秉志著:《扰乱公共秩序罪》,中国人民公安大学出版社 2003 年版。

[90]赵秉志著:《中国刑法适用》,河南人民出版社 2001 年版。

[91]苏彩霞著:《中国刑法国际化研究》,北京大学出版社 2006 年版。

(二)译著

[92][德]克劳斯·罗克辛著:《德国刑法学(总论)》(第三版),法律出版社 1997 年版。

[93][德]李斯特著:《德国刑法教科书》,许久生译,法律出版社 2000 年版。

[94][德]汉斯-海因里希·耶塞克、托马斯·魏根特著:《德国刑法教科书》,徐久生译,中国法制出版社 2001 年版。

[95][德]阿图尔·考夫曼著:《法律哲学》,刘幸义译,法律出版社 2011 年版。

[96][法]孟德斯鸠著:《论法的精神》,张雁深译,商务印书馆 1995 年版。

[97][法]卢梭著:《社会契约论》,何兆武译,商务印书馆 2003 年版。

[98][法]古斯塔夫勒庞著:《乌合之众——大众心理研究》,陈昊译,法律出版社 2011 年版。

[99][法]阿兰图·海纳:《我们能否共同生存》,狄玉明译,商务印书馆 2003 年版。

[100][古希腊]亚里士多德著:《政治学》,商务印书馆 1997 年版。

[101][美]艾尔东·莫里斯著:《社会运动领域的前沿领域》,刘能译,北京大学出版社 2002 年版。

[102][美]乔治·弗莱彻著:《反思刑法》,邓子滨译,华夏出版社 2008 年版。

[103][美]E. 博登海默著:《法理学——法律哲学与法律方法》,中国政法大学出版社 2004 年版。

[104][美]曼瑟尔·奥尔森著:《集体行动的逻辑》,陈郁等译,格致

出版社·上海人民出版社 1995 年版。

[105][美]罗·庞德著:《通过法律的社会控制——法律的任务》,沈宗灵、董世忠译,商务印书馆 1984 年版。

[106][美]E. A. 罗斯著:《社会控制》,秦智勇等译,华夏出版社 1989 年版。

[107][美]沃尔特·李普曼著:《公众舆论》,阎克文、江红译,上海人民出版社 2006 年版。

[108][美]B·维纳著:《责任推断:社会行为的理论基础》,张爱卿、郑葳等译,华东师范大学出版社 2004 年版。

[109][美]刘易斯·科塞著:《社会冲突的功能》,孙立平等译,华夏出版社 1989 年版。

[110][美]奥尔森著:《集体行动的逻辑》,陈郁等译,上海三联书店人民出版社 1995 年版。

[111][日]大塚仁著:《刑法概说(总论)》,冯军译,中国人民大学出版社 2003 年版。

[112][日]高桥则夫著:《共犯体系和共犯理论》,冯军译,北京人民大学出版社 2010 年版。

[113][日]松宫孝明著:《刑法总论讲义》,钱叶六译,中国人民大学出版社 2013 年版。

[114][日]西原春夫著:《刑法的根基与哲学》,顾肖荣等译,法律出版社 2004 年版。

[115][日]大谷实著:《刑法总论》,黎宏译,法律出版社 2003 年版。

[116][日]野村稔著:《刑法总论》,全理其、何力译,法律出版社 2001 年版。

[117][意]杜里奥·帕多瓦尼著:《意大利刑法原理》,陈忠林译,法律出版社 1998 年版。

[118][意]切萨雷·贝卡里亚著:《论犯罪与刑罚》,黄风译,北京大学出版社 2008 年版。

[119][意]恩里科·菲利著:《犯罪社会学》,郭建安译,中国人民公安大学出版社 2004 年版。

[120][英]菲利普·鲍尔著:《预知社会:群体行为的内在法则》,暴永宁译,当代中国出版社2007年版。

[121][英]哈耶克著:《自由秩序原理》,邓正来译,三联书店1997年版。

[122][英]洛克著:《政府论》,叶启芳、瞿菊农译,商务印书馆1982年版。

(三)论文

[123]柏骏:《群体性事件的行为模式与解释框架——基于江苏的实证研究》,载《江苏社会科学》2011年第3期。

[124]陈兴良:《宽严相济刑事政策研究》,载《法学杂志》2006年第2期。

[125]陈兴良:《期待可能性问题研究》,载《法律科学》2006年第3期。

[126]陈兴良:《转化犯与包容犯:两种立法例之比较》,载《中国法学》1993年第4期。

[127]陈忠林、徐文转:《犯罪客观要件中"行为"的实质及认定》,载《现代法学》2013年第35卷第5期。

[128]陈伟强:《共同犯罪刑事责任原则之价值与意蕴》,载《河南师范大学学报(哲学社会科学版)》2011年第40卷第1期。

[129]蔡一军:《群体性事件的刑法立场与处置对策》,载《行政与法》2012年第1期。

[130]陈晋胜:《群体性事件性质、原因的辩证分析》,载《中共山西省委党校学报》2003年第3期。

[131]陈晋胜、王鹏越:《群体性事件政治成因分析》,载《山西大学学报》2003年第2期。

[132]陈月生:《群体性突发事件构成要素、特征和类型的舆情视角》,载《理论月刊》2006年第2期。

[133]程春丽:《群体性事件引发刑事案件的刑法学思考》,载《中国青年政治学院学报》2013年第4期。

[134]陈可倩:《德、意、中共同犯罪人认定标准比较研究》,载《法商

研究》2014 年第 1 期。

[135]范愉:《私力救济考》,载《江苏社会科学》2007 年第 6 期。

[136]范明志:《我国司法突发事件应急机制初探》,载《法学》2010 年第 5 期。

[137]范明:《中外群体性事件问题比较研究》,载《中国人民公安大学学报》2003 年第 1 期。

[138]冯殿美:《论犯罪的共同实行行为》,载《山东大学学报(哲学社会科学版)》2011 年第 3 期。

[139]冯英菊:《共同犯罪中实行过限的判断——色诱抢劫案中女性帮助犯的定性》,载《中国刑事法杂志》2005 年第 2 期。

[140]付晓雅、高铭暄:《论共犯关系脱离的具体认定与法律责任》,载《法律科学(西北政法大学学报)》2016 年第 1 期。

[141]高恩新:《过程、行动与危机管理——当代中国农村重大群体性事件的发生机制研究》,复旦大学 2008 年博士学位论文。

[142]关鑫:《论公民不服从——兼论群体性事件的解决思路》,载《河北法学》2010 年第 4 期。

[143]顾培东:《试论我国社会中非常规性纠纷的解决机制》,载《中国法学》2007 年第 3 期。

[144]高永明:《群体性事件刑法规制的限度研究》,载《扬州大学学报(人文社会科学版)》2011 年第 15 卷第 5 期。

[145]高永明:《刑事政策下的刑事责任研究》,载《法律科学》2011 年第 26 期。

[146]高永明:《刑事责任概念的清理与厘清》,载《中国刑事法杂志》2009 年第 3 期。

[147]何永红、兰月新:《舆情视角下群体性事件的成因及对策研究》,载《现代情报》2014 年第 10 期。

[148]黄毅峰:《群体性事件行政问责的现状及对策思考》,载《求实》2010 年第 2 期。

[149]胡志宏:《法治视角下的群体性事件——以当前群体性事的三个热点为例》,载《政府与法治》2006 年第 8 期。

[150]黄浩:《群体性事件与群体行为研究》,载《贵州社会科学》2013年第9期。

[151]何哲:《群体性事件的演化和治理策略——基于集体行为和西方社会运动理论的分析》,载《理论与改革》2010年第4期。

[152]何殿美:《论犯罪的共同实行行为》,载《山东大学学报(哲学社会科学版)》2011年第3期。

[153]江溯:《犯罪参与的二重性》,载《中国刑事法杂志》2011年第6期。

[154]江溯:《犯罪参与体系中的行为概念与行为人概念》,载《昆明理工大学学报(社会科学版)》2009年第9卷第7期。

[155]江溯:《关于单一正犯体系的若干辩驳》,载《当代法学》2011年第5期。

[156]贾宝林:《利益、心态与地位:群体性事件动因的一个分析框架》,载《云南行政学院学报》2008年第3期。

[157]姜涛:《"宽严相济"刑事政策的制度基础与价值边界》,载《法商研究》2007年第1期。

[158]姜涛:《事前通谋与共同犯罪成立》,载《中国刑事法杂志》2014年第5期。

[159]蒋俊杰:《近年来我国群体性事件的新特点与治理对策研究》,载《云南行政学院学报》2014年第4期。

[160]贾济东、赵秉志:《我国犯罪构成理论体系之完善》,载《法商研究》2014年第3期。

[161]金泽刚:《论共犯关系之脱离》,载《法学研究》2006年第2期。

[162]金泽刚:《论共犯的脱离》,载《法学研究》2006年第2期。

[163]康均心、马力:《群体性事件:一个犯罪学应该关注的前沿问题》,载《法学评论》2002年第2期。

[164]李祖华:《聚众犯罪若干问题辨析》,载《中国刑事法杂志》2009年第3期。

[165]柳忠卫:《论共同犯罪的转化犯》,载《法律科学(西北政法大学学报)》2014年第3期。

[166]李小文:《主从犯的若干问题研究》,载《上海大学学报(社会科学版)》2008年第15卷第2期。

[167]刘明祥:《论中国特色的犯罪体系》,载《中国法学》2013年第6期。

[168]刘明祥:《主犯正犯化质疑》,载《法学研究》2013年第5期。

[169]刘洪:《我国刑法共犯参与体系性质探讨——从统一正犯的视野》,载《政法学刊》2007年第24卷第4期。

[170]兰迪:《我国大陆地区犯罪参与体系的归属研究》,载《江西警察学院学报》2014年第6期。

[171]林亚刚:《主犯若干问题探讨》,载《法制与社会发展》(双月刊)2003年第5期。

[172]林亚刚:《共谋共同正犯问题研究》,载《法学评论》2001年第4期。

[173]卢继元、吴冬冬:《理论建构视域下群体性事件研究综述》,载《宁夏大学学报(人文社会科学版)》2014年第3期。

[174]娄云、刘丹丹:《泄愤型群体性事件的刑事政策回应》,载《法制与社会》2013年10月。

[175]李波:《试析国外"群体性事件"法律处置策略》,载《法制与社会》2008年第34期。

[176]李娅、张梅玲:《群体性事件处置机制的国外模式》,载《党政论坛》2010年第10期。

[177]李震山:《中外"群体性事件"问题比较研究》,载《警政学报》(台湾)2003年第20期。

[178]刘超:《群体性事件研究》,中国政法大学2009年博士学位论文。

[179]李海良:《群体性事件刑法规制研究》,西南政法大学2013年博士学位论文。

[180]雪松、刘青杨:《群体性事件处理机制的法理检省与重建》,载《求是学刊》2012年第5期。

[181]刘雪松、宁虹超:《中国社会现代性转型期解决群体性事件的思

维进路——从法治秩序到法治文化》,载《学习与探索》2012 年第 5 期。

[182]刘雪松、宁虹超:《利益保障视野下“群体性事件”的法治进路》,载《学术交流》2012 年第 9 期。

[183]林汉堂:《聚众活动及其相关名词之概念探讨》,载《警学丛刊》1997 年第 1 期。

[184]吕世明:《警察对群众事件的应有认识》,载《世界警察参考资料》1989 年第 6 期。

[185]刘晓梅:《建设和谐社会进程中群体性事件的法社会学思考》,载《中国人民公安大学学报》2005 年第 3 期。

[186]刘能:《当代中国群体性集体行动的几点理论思考——建立在经验案例之上的观察》,载《开放时代》2008 年第 3 期。

[187]刘能:《当代中国转型社会中的集体行动:对过去三十年间三次集体行动浪潮的一个回顾》,载《学海》2009 年第 4 期。

[188]卢有学、桑骊:《聚众斗殴定罪转化新探》,载《学术论坛》2009 年第 10 期。

[189]李祖华:《聚众犯罪若干问题辨析》,载《中国刑事法杂志》2009 年第 3 期。

[190]刘德法、孔德琴:《论聚众犯罪的概念和法律特征》,载《河南省政法管理干部学院学报》2009 年第 3 期。

[191]刘守芬、丁鹏:《网络共同犯罪之我见》,载《法律科学》2005 年第 5 期。

[192]栾明璐:《实行过限的刑事责任探究》,载《西北农林科技大学学报(社会科学版)》2009 年第 9 卷第 6 期。

[193]陆旭:《网络服务提供者的刑事责任及展开——兼评〈刑法修正案(九)的相关规定〉》,载《法治研究》2015 年第 6 期。

[194]李文凯:《聚众犯罪的构成特征及司法认定》,载《河南省政法管理干部学院学报》2008 年第 4 期。

[195]卢建平:《中国有组织犯罪相关概念特征的重新审视》,载《国家检察官学院学报》2009 年第 12 期。

[196]卢建平:《社会敌意(社会冲突)的制度调控——兼论刑法的

面孔》,载《山东警察学院学报》2010 年第 9 期。

[197]李凤梅:《群体性事件中的犯罪认定问题研究》,载《中国检察官》2012 年第 6 期。

[198]李凤梅:《群体性事件中的刑事干预》,载《沈阳师范大学学报(社会科学版)》2012 年第 36 卷第 2 期。

[199]刘斯凡:《论共同犯罪性质的认定——以整体犯罪构成为视角》,载《中南大学学报》2011 年第 17 卷第 2 期。

[200]刘瑞瑞:《不作为共同正犯的共同性探讨》,载《中国刑事法杂志》2011 年第 5 期。

[201]李宏伟:《农村征地引发的群体性事件立法对策研究初探》,载《中央社会主义学院学报》2013 年第 4 期。

[202]梁根银:《公众认同、政治抉择与死刑控制》,载《法学研究》2004 年第 4 期。

[203]李润华:《认真对待量刑中的民意》,载《河南工程学院学报(社会学科版)》2013 年第 1 期。

[204]刘艳红:《共犯脱离的判断基准:规范因果关系遮断说》,载《中外法学》2013 年第 4 期。

[205]莫晓宇:《演进与检视:建国至今群体型犯罪的国家规制变迁与治理完善》,载《刑法论丛》2014 年第 1 卷。

[206]梅传强:《论维权性群体性事件中职务犯罪的法律处置》,载《河北法学》2014 年第 32 卷第 5 期。

[207]梅传强:《群体性事件中旁观行为的恶性转化研究》,载《河南大学学报(社会科学版)》2014 年第 54 卷第 2 期。

[208]彭辅顺:《聚众犯罪的立法检讨与改进》,载《山东警察学院学报》2010 年第 3 期。

[209]彭支援:《法学视角下集体行动的概念与正当性辨析》,载《行政论坛》2012 年第 2 期。

[210]皮勇:《我国新网络犯罪立法若干问题》,载《中国刑事法杂志》2012 年第 2 期。

[211]皮勇:《论网络“聚众”性犯罪及其刑事立法》,载《人民检察》

2004 年第 2 期。

[212]钱叶六:《共犯与正犯关系论》,载《中外法学》2013 年第 4 期。

[213]钱叶六:《共犯违法连带性说的合理性及其应用——基于共犯处罚根据论的探讨》,载《清华法学》2014 年第 3 期。

[214]齐文远:《社会治理现代化与刑法观的调整——兼评苏永生教授新著"区域刑事法治的经验与逻辑"》,载《法商研究》2014 年第 3 期。

[215]齐文远、夏凉:《徘徊于传统与现代的刑法观》,载《武汉大学学报(哲学社会科学版)》2015 年第 1 期。

[216]戚建刚:《论群体性事件的行政法治理模式——从压制型到回应型的转变》,载《当代法学》2013 年第 2 期。

[217]翟英范、皮艺军、张远煌:《弱势群体犯罪及其政策反思专题研讨会纪要》,载《河南警察学院学报》2014 年第 23 卷第 5 期。

[218]容志:《群体性事件现场演进与化处机制分析:制度行为视角》,载《湖北社会科学》2012 年第 9 期。

[219]石经海:《首要分子与主犯关系新论》,载《现代法学》2000 年第 22 卷第 6 期。

[220]舒洪水:《期待可能性理论的哲学基础与本土化思考》,载《法律科学》2008 年第 3 期。

[221]孙笑侠:《公案及其背景——透视转型期司法中的民意》,载《浙江社会科学》2010 年第 3 期。

[222]孙元明:《群体性事件概念阐释、类型解读、及其学科发展方向展望》,载《重庆社会主义学院学报》2013 年第 4 期。

[223]孙元明:《当前国内群体性事件及其发展趋势研究》,载《江南社会学院学报》2008 年第 3 期。

[224]孙元明:《国内群体性突发事件预警研究》,载《江南社会学院学报》2010 年第 1 期。

[225]史云贵:《中国社会群体性突发事件有效治理的理性路径论析——一种基于公共理性的研究视角》,载《社会科学》2010 年第 1 期。

[226]孙道萃:《揭开刑法的软性面纱:兼及通过软法的刑事治理》,载《中山大学研究生学刊》2011 年第 32 卷第 4 期。

[227]孙燕山:《中国社会转型期刑事政策调整特点探析》,载《河北学刊》2014 年第 34 卷第 6 期。

[228]宋福娟:《群体性事件中警察与媒体关系建设研究》,载《前沿》2013 年第 22 期。

[229]苏彩霞:《刑法国际化视野下的我国刑法理念更新》,载《中国法学》2005 年第 2 期。

[230]邵维国:《论共同犯罪人的意思联络》,载《大连海事大学学报》2003 年第 3 期。

[231]童德华:《期待可能性事由在刑法规范中的具体适用》,载《浙江社会科学》2003 年第 5 期。

[232]童德华:《刑法理论体系的开放发展——基于民意的建构性论证》,载《法学评论》2014 年第 5 期。

[233]童德华:《违法性认识在犯罪构成中的地位——两种意义的不要说和必要说的对话》,载《山东检查学院学报》2012 年第 1 期。

[234]童德华:《正犯的基本问题》,载《中国法学》2004 年第 4 期。

[235]田刚:《信息时代社交网络服务商法律责任体系的反思与重构——以微博平台谣言的预防和制裁为视角》,载《北京警察学院学报》2015 年第 1 期。

[236]唐棣:《网络教唆行为入罪之必要性探讨》,载《贵州教育学院学报》2006 年第 5 期。

[237]王树茂:《合理组织对犯罪的反应——刑法谦抑主义指导下的刑事政策观》,载《法学杂志》2006 年第 4 期。

[238]王昭武:《共谋射程理论与共犯关系脱离的认定——兼与刘艳红教授商榷》,载《法律科学(西北政法大学学报)》2016 年第 1 期。

[239]王尚明:《关于共犯退出刑事责任问题的实务研究》,载《法律适用》2015 年第 5 期。

[240]魏新文、高峰:《处置群体性事件的困境与出路——以警察权的配置与运行为视角》,载《中共中央党校学报》2007 年第 1 期。

[241]王顺洪:《引发群体性事件的因素及对策》,载《西南交通大学学报(社会科学版)》2011 年第 1 期。

[242]王凤涛:《群体性事件的刑法因应》,载《中北大学学报》2009年第5期。

[243]王文华:《群体性暴力事件与仇恨事件:刑法与刑事政策的回应》,载《甘肃政法学院学报》2011年第4期。

[244]王进娜、陈妮娜:《论刑法中的“聚众”》,载《决策与信息》(下旬刊)2009年第8期。

[245]王秀娟:《宽严相济刑事司法政策在群体性事件引发犯罪中的适用》,载《法制与社会》2010年10月(下)。

[246]王瑞山:《“报复社会”型危害公共安全行为研究——以2005年以来的22个案例为考察对象》,载《法学杂志》2011年第1期。

[247]韦欣仪:《国外关于群体性事件的理论研究与处置实践述评》,载《理论与当代》2009年第8期。

[248]王洁:《中国群体性事件研究》,中国政法大学2011年博士学位论文。

[249]王赐江:《群体性事件的类型化及发展趋向》,载《长江论坛》2010年第4期。

[250]王战军:《群体性事件的界定及其多维分析》,载《政法学刊》2006年第5期。

[251]王宝治:《社会自力救济行为的生成与预防——由2008年一系列群体性事件引发的思考》,载《河北学刊》2009年第4期。

[252]王宝治:《社会自力救济行为的法理分析——群体性社会事件研究的一个新视角》,载《河北法学》2009年第12期。

[253]万川:《群体性事件研究的回顾与前瞻》,载《北京人民警察学院》2005年第2期。

[254]王呈旭、许明月:《政治权利视角下的群体性事件分析》,载《学理论》2010年第3期。

[255]吴仁碧:《论我国刑法中的聚众犯罪》,载《西南政法大学学报》2009年第6期。

[256]王东明:《结果加重犯与过失共同犯罪关系论》,载《求索》2011年第8期。

[257]王雪峰:《群体性事件处置中警察权的规范化进路》,载《甘肃政法学院学报》2015年第2期。

[258]王尚明:《关于共犯退出刑事责任问题的实务研究》,载《法律适用》2015年第5期。

[259]肖扬宇:《首要分子:渊源、类别与行为性质》,载《河南大学学报(社会科学版)》2010年第3期。

[260]肖中华:《论转化犯》,载《浙江社会科学》2000年第5期。

[261]徐立:《刑事责任的实质定义》,载《政法论坛》2010年第28卷第2期。

[262]宣刚:《刑事政策制定中的民意考量》,载《湖北社会学科》2010年第2期。

[263]夏勇:《刑事政策的司法应用》,载《杭州师范大学学报(社会科学版)》2013年第2期。

[264]夏勇:《我国犯罪构成理论研究视角疏议》,载《法商研究》2003年第2期。

[265]肖唐镖:《当代中国的"群体性事件":概念、类型与性质辨析》,载《人文杂志》2012年第4期。

[266]肖唐镖:《群体性事件中的暴力何以发生——对1189起群体性事件的初步分析》,载《江苏行政学院学报》2014年第1期。

[267]许章润:《多元社会利益的正当性与表达的合法化》,或《清华大学学报》(哲学社会科学版)2008年第4期。

[268]向德平、陈琦:《社会转型时期群体性事件研究》,载《社会科学研究》2003年第4期。

[269]叶良芳:《实行过限之构成及其判定标准》,载《法律科学》2008年第1期。

[270]杨金彪:《分类分工与作用分类同一——重新划分共犯类型的尝试》,载《环球法律评论》2010年第4期。

[271]阎二鹏:《犯罪参与类型再思考——兼议分工分类与作用分类的反思》,载《环球法律评论》2011年第5期。

[272]阎二鹏:《共犯本质论之我见——兼议行为共同说之提倡》,

载《中国刑事法杂志》2010 年第 1 期。

[273]阴建峰:《实行过限之本体探索》,载《中国刑事法杂志》2010 年第 11 期。

[274]于佳宏:《司法中的民意与专家意见书》,载《中共天津市委党校学报》2014 年第 2 期。

[275]杨俊:《群体性事件中刑事政策的运用》,载《苏州大学学报(哲学社会科学版)》2014 年第 4 期。

[276]岳臣忠:《刑法视域下的群体性事件研究综述》,载《西南政法大学学报》2014 年第 16 卷第 3 期。

[277]岳臣忠:《论涉罪群体性事件的刑事干预原则》,载《西南石油大学学报(社会科学版)》2014 年第 16 卷第 2 期。

[278]岳臣忠:《刑法干预群体性事件之必要性探讨》,载《四川文理学院学报》2014 年第 24 卷第 3 期。

[279]杨玉海:《加拿大警方处置群体事件研究》,载《公安研究》2005 年第 5 期。

[280]于建嵘:《当前我国群体性事件的主要类型及其基本特征》,载《中国政法大学学报》2009 年第 6 期。

[281]于建嵘:《社会泄愤事件中群体心理研究——对"瓮安事件"发生机制的一种解释》,载《北京行政学院学报》2009 年第 2 期。

[282]于建嵘:《我国农村群体性突发事件研究》,载《山东科技大学学报(社会科学版)》2002 年 12 期。

[283]杨海坤:《我国群体性事件之公法防治对策研究》,载《法商研究》2012 年第 2 期。

[284]应星:《"气场"与群体性事件的发生机制》,载《社会学研究》2009 年第 6 期。

[285]于佳佳:《论犯罪集团首要分子的刑事责任》,载《中国刑事法杂志》2007 年第 3 期。

[286]周光权:《"被教唆的人没有犯被教唆的罪"之理解》,载《法学研究》2013 年第 4 期。

[287]周光权、叶建勋:《论对向犯的处罚范围——以构成要件观念

为中心》,载《中国刑事法杂志》2009 年第 10 期。

[288]张箐:《聚众斗殴罪的司法认定》,载《法学》2006 年第 3 期。

[289]张正新、金泽刚:《论我国刑法中的聚众犯罪》,载《法商研究》1997 年第 5 期。

[290]张明楷:《犯罪集团首要分子的刑事责任》,载《法学》2004 年第 3 期。

[291]张明楷:《关于共犯人分类刑事立法的再思考》,载《中国法学》1993 年第 1 期。

[292]赵慧:《论共犯关系的脱离》,载《法学评论》2003 年第 5 期。

[293]周详:《媒介对大众死刑观的塑造——中国废除死刑的路径分析》,载《法学》2014 年第 11 期。

[294]张明军、陈朋:《2011 年中国社会典型群体性事件的基本态势及学理沉思》,载《当代世界与社会主义》2011 年第 1 期。

[295]郑风田、许竹青、余航:《政府态度、网络媒体与我国群体性事件的扩散效应——一个中观角度的实证研究》,载《江苏社会科学》2012 年第 2 期。

[296]张传鹤:《我国群体性事件的最新发展态势、成因及对策研究》,载《山东社会科学》2010 年第 5 期。

[297]张百杰:《转型期中国群体性事件研究——基于法社会学的研究视角》,吉林大学 2011 年博士学位论文。

[298]周慧:《突发事件问责研究》,中国政法大学 2011 年博士学位论文。

[299]曾海若:《群体性事件:从政治概念到法律概念》,载《中国人民公安大学学报(社会科学版)》2010 年第 6 期。

[300]张东方:《国内群体性事件研究述评》,载《中南财经政法大学研究生学报》2011 年第 6 期。

[301]曾鹏、戴利朝、罗观翠:《在集体抗议的背后——论中国转型期冲突性集体行动的社会情境》,载《当代中国研究》2006 年第 2 期。

[302]张兆瑞:《国外境外关于集群行为和群体性事件之研究》,载《山东公安专科学校学报》2002 年第 1 期。

[303]张健:《群体性事件中的弱势群体问题研究》,载《理论学刊》2010年第1期。

[304]曾粤兴、于涛:《群体性事件的刑法伦理视角——以构建和谐西部为视角》,载《中国人民公安大学学报(社会科学版)》2010年第3期。

[305]朱力:《中国社会风险解析——群体性事件的社会冲突性质》,载《学海》2009年第1期。

[306]张明军、陈朋:《2011年中国社会典型群体性事件分析报告》,载《中国社会公共安全研究报告》2012年第1期。

[307]张传鹤:《我国群体性事件的最新发展态势、成因及对策研究》,载《山东社会科学》2010年第5期。

[308]赵秉志、张新平:《试论网络共同犯罪》,载《政法论坛》2002年第5期。

[309]赵秉志、张新平:《试论网络共同犯罪》,载《政法论坛(中国政法大学学报)》2002年第5期。

[310]赵微:《论共同犯罪"意思联络"的客观预备性》,载《武汉大学学报》2007年第6期。

[311]张俊霞:《网络共同犯罪若干疑难问题探讨》,载《河北法学》2007年第11期。

二、外文类

[312]Conde F M, Aran M G, Penal D., *Parte Gerneral*. 5th ed. Valencia: Tirant lo Blanch, 2002.

[313]Rush P, Yeah S., *Criminal Law Sourcebook*. Sydney: Butterworths, 2001.

[314]Snyman C R., *Criminal Law*. Durban: Butterworths, 1995.

[315]Sliedregt EV. *The Criminal Responsibility of Individuals for Violations of International Humanitarian Law*. Hague: TMC Asser Press, 2003.

[316]Kittichaisaree K., *International Criminal Law*. Oxford: Oxford University Press, 2001.

[317] Fletcher G P. , *Rethinking Criminal Law*. 2nd ed. Oxford: Oxford University Press, 2000.

[318] Smith J. C, *Hogan B. Criminal Law*. 11th ed. London: Butterworths, 2005.

[319] Gillies P. , *Criminal Law*. 4th ed. North Ryde: LBC Information Services, 1997.

[320] Cassese A. , *International Criminal Law*. Oxford: Oxford University Press, 2003.

[321] Bassiouni M C. , *Introduction to International CriminalLaw*. New York: Transnational Publisher, 2003.

[322] Roxin C. Taterschaft und Tatherrschaft. 7th ed. Berlin: Gruyter, 2000.

[323] G. L. Peiris. Judicial Activisim and Civil Disorder: The Philippine Experience in Retrospect, 16 U. Queensland L. J. 151, 1990 - 1991.

[324] Elmar B. Koch. Collective Action Clauses: The Way Forward, 35 Geo. J. lnt'l L. 665 2003 - 2004.

[325] Harvey George Friedman. Contingency Planning for the Administration of Justice During Civil Disorder And Mass Arrest, 18 Am. U. L. Rev. 77, 1968 - 1969.

[326] Xin He. Maintaining Stability by Law: Protest-Supported Housing Demolition Litigation and Social Change in China, Law and Social Inquiry, 2014.

[327] John M. Olin Fellow. State Collective Action, 119 Harv. L. Rev. 1855, 2005 - 2006.

[328] Richard E. Levy. Federalism and Collective Action, 45 U. Kan. L. Rev. 1241, 1996 - 1997.

[329] Bert Useem: Breakdown Theories of Collective Action, Annu. Rev. Social, 1998.

[330] P. EPark, F. wBurgese: Introduction to the Science of Sociology, University Chicago Press, 1921.

[331]C. Tilly:From mobilization to Revolution,Addison-wesleg,1928.

[332]D. McAadm: Political Process and the Development of Black Insurgency 1930 – 1970,University of Chicago Press,1982.

[333]Herbert Blumer: Elementary Collective Behavi or, in Alfred McClung Lee(ed.),New outline of the Principles of Sociology,1946.

[334]John D. McCarthy, Mayer N. Zald: The Trend of Social Movement in America: Professionalization and Resource Mobilization, General Learning Corporation,1973.

[335]Neil J. Smelser:Theory of Collective Behavi or,the Free Press, 1962.

[336]Park,Robert Ezra,Burgess. Ernest,W:Introduction to the Science of Sociology,University Chicago Press,1921.

[337]RalphH. Turner, Lewis, M. Killian: CollectiveBehavior, Prentice-Hall,1987.

[338]T. R. Gurr:Why Men Rebel Primeton,Princeton University Press, 1970.

[339]William Kornhauser, The Politics of Mass Society, Free Press, 1959.

[340]David G. Myers(U. S. A). Social Psychology. Posts & Telecom Press,China,2005.

[341]Freda Adler, Gerhard O. W. Mueller, William S. Laufer. Criminology(5th Edition). Published by McGraw-Hill,2004.

[342]Frank P. Williams III, Marilyn D. Mc. Shane: Criminological theory. Upper Saddle River,Pearson/Prentice Hall,2004.

[343]William J. Chambliss, Malden: The Blackwell companion to criminology,edited by Colin Sumner,Blackwell Pub,2004.

[344]Michael Jefferson:Criminal law,Law Press,China,2003.

[345]Gurr:Why Men Rebel,Princeton University Press,1970.

[346]Brinton:The Anatomy of Reuolution,Englewood Cliffs,Prentice-Hall,1965.

[347]Davies,J,C:When Men Reuolt and Why,The Free Press,1971.

[348]C. Tilly, From mobilization to Revolution, Reading, Mass: Addison-wesleg,1928.

[349]D. Mc Aadm, Political Process and the Development of Black Insurgency 1930 – 1970,Chicago;University of Chicago Press,1982.

[350]Herbert Blumer, Elementary Collective Behavior, in Alfred Mc Clung Lee (ed.), New outline of the Principles of Sociology, NewYork: Barnes & Noble,Inc.,1946.

[351]John D. Mc Carthy and Mayer N. Zald, The Trend of Social Movement in America: Professionalization and Resource Mobilization, Morris town. N. J.: General Learning Corporation,1973.

[352]NeilmJ. Smelser, Theory of Collective Behavior, New York: The Free Press,1962.

[353]Park, Robert Ezraand Burgess. ErnestW., Introduction to the Science of Soiology,University Chicago Press,1921.

[354]RalphH. Turnerand Lewis M. Killian,Collective Behavior,Engleword Cliffs:Prentice-Hall,1987.

[355]T. R. Gurr,Why Men Rebel,Primeton,N. J.: Princeton University Press,1970.

[356]William Kornhauser, The Politics of Mass Society, New York: Free Press,1959.

[357]Ambos K. Joint Criminal Enterprise and Command Responsibility. Journal of International Criminal Justice,2007,(5).

[358]Cassese A. The Proper Limits if Individual Responsibility under the Doctrine of Joint Criminal Enterprise. Journal of International Criminal Justice,2007,(5).

[359]Danner A M, Martinez J S, Guilty Associations: Joint Criminal Enterprise, Command Responsibility and the Development of International Criminal Law. California Law Review,2005,93(1).

[360]Hamdorf K. The Concept of a Joint Criminal Enterprise and

Domestic Modes of Liability for Parties to a Crime：A Comparison of German and English Law. Journal of International Criminal Justice，2007，(1).

[361]Wilt H V D. Joint Criminal Enterprise：Possibilities and Limitations. Journal of International Criminal Justice，2007，(5).

[362]O'Rourke A. Joint Criminal Enterprise and Brdanin：Misguided Overcorrection. Harvard International Journal，2006，(47).

[363]Danner A M，Martinez J S，Guilty Associations：Joint Criminal Enterprise，Command Responsibility and the Development of International Criminal Law. California Law Review，2005，93(1).

[364]Haan V. The Development of the Concept of Joint Criminal Enterprise at the International Criminal Tribunal for the Former Yugoslavia. International Criminal Law Review，2005，(5).

[365]Enrique Gonzalez Mac Dowell. Juridical Action for the Protection of Collective Rights and Its Legal Impact：A Case Study，Journal of Law，2002(30).

[366]Brishen Rogers. Acting Like a Union：Protecting Workers'Free Choice by Promoting Work collective Action，Harvard Law Review Forum，2010(1).

[367]Clark McPhail. Civil Disorder Participation：A Critical Examination of Recent Research，American Sociological Review，1971，36(6).

[368]Bert Useem. The State and Collective Disorders the Los Angeles RiotProtest of April_ 1992，Social Forces，1997，76(2).

[369]Larry D. Singell. The Socio-Economic Causes of the Recent Urban Disorders：Some Empirical Evidence，Land Economics，1971，47(3).

图书在版编目(CIP)数据

群体性事件中犯罪参与者刑事责任研究 / 杨灵芝著. -- 北京 : 法律出版社, 2020
ISBN 978-7-5197-4707-7

Ⅰ. ①群… Ⅱ. ①杨… Ⅲ. ①群体性—事件—刑事责任—研究—中国 Ⅳ. ①D924.04

中国版本图书馆 CIP 数据核字(2020)第117937号

群体性事件中犯罪参与者刑事责任研究
QUNTI XING SHIJIAN ZHONG FANZUI CANYU ZHE XINGSHI ZEREN YANJIU

杨灵芝 著

策划编辑 郑 导
责任编辑 郑 导
装帧设计 汪奇峰

出版 法律出版社
总发行 中国法律图书有限公司
经销 新华书店
印刷 永清县金鑫印刷有限公司
责任校对 杨锦华
责任印制 张建伟

编辑统筹 独立项目策划部
开本 710毫米×1000毫米 1/16
印张 15.75
字数 245千
版本 2020年6月第1版
印次 2020年6月第1次印刷

法律出版社/北京市丰台区莲花池西里7号(100073)
网址/www.lawpress.com.cn
投稿邮箱/info@lawpress.com.cn
举报维权邮箱/jbwq@lawpress.com.cn
销售热线/400-660-8393
咨询电话/010-63939796

中国法律图书有限公司/北京市丰台区莲花池西里7号(100073)
全国各地中法图分、子公司销售电话:
统一销售客服/400-660-8393/6393
第一法律书店/010-83938432/8433 西安分公司/029-85330678 重庆分公司/023-67453036
上海分公司/021-62071639/1636 深圳分公司/0755-83072995

书号: ISBN 978-7-5197-4707-7 **定价:** 68.00元